深圳奇迹

张军 主编

主创团队

陈丹　范子英
刘贯春　兰小欢
石烁　唐东波
文健君　徐力恒
赵达　张慧慧

人民东方出版传媒

东方出版社

目　录

附　录

大湾区与深圳未来高峰论坛

暨《深圳奇迹》新书首发式演讲实录

写在前面的话

这本书是关于深圳的。它是我主持的一个研究项目的副产品。

我第一次到深圳是 1987 年——那时候的深圳还在大兴土木。记得下雨天深圳大剧院那里还是一片泥泞的路面。那些年深圳流行港币，在为数不多的新建商场里可以看到很多内地难以见到的商品，都以港元标价。那时候深圳的小巴非常流行，也非常方便。到了深圳就要去沙头角的"中英街"看看，记得我曾和另外三位同学到市公安局大院办理了去"中英街"的手续。在"中英街"的香港一侧，逗留时间是有规定的，在一个店里看久了就会被喊话，叫你出来站到深圳这边，之后可以再回到香港的店里。那时内地人在香港的店里买的最多的东西好像是日本味精。而我则买了一块布料，至今还放在我家的柜子里。

从那以后我一直关注深圳的成长。在 2006—2007 年，我阅读了大量关于深圳特区的文献资料，系统整理过有关的政策文本和政策演变的过程，在 2007 年夏天于加拿大女王大学访学期间为我的新书写出了关于特区试验场的一章。现在也把这章收入本书中。

在我们写这本书的时候，媒体上总有一些对深圳的讨论不间断地冒出来。我很理解，对于中国，深圳是一个说不完的话题。从它诞生的那一天起，它就被争议和偏见所笼罩、所包围。40年前，甚至我们党的领导人之间在是否要建立特区问题上就有争论，就有不同的意见。深圳建设的头5年里，批评和争议更甚，姓资姓社的责问一时间甚嚣尘上，以至于邓小平先生不得不于1984年春节前前往南方视察，并为深圳写下"深圳的发展和经验证明，我们建立经济特区的政策是正确的"的题词。进入21世纪不久，一则"深圳被谁抛弃了"的文章又引发大讨论。但这些争议和讨论没有套住深圳崛起和转型的脚步，在近1997平方公里的土地上创造出巨大的财富超过香港与广州的GDP，不到40年的时间从一个小渔村不可思议地一跃成为中国的一线大都市，堪称奇迹。

今天的深圳早已不是铁丝网围起来的"特区"，不需要办理特区通行证进入深圳。今天的深圳不是购物中心，也不是旅游胜地，它是中国的硅谷，那里聚集了大量中国最具全球竞争力的科技公司、网络公司、通信公司，也拥有中国金融、房地产和制造业中无数的领袖型公司。

每一次去深圳，我都会有感慨、有震撼，也都会自问：深圳为什么可以取得它今天的成就？深圳的转型为什么如此成功？

2013年2月，我带领一个研究团队申报了国家自然科学基金委员会的重点研究项目，并于当年的7月在北京通过答辩和评委会的投票获得了资助，最终以"推动经济发达地区产业转型升级的机制与政策研究"（项目批准号：71333002）为题正式立项。这个项目从2013年开始，一直到2018年，进行了5年。这5年中，我们开展了丰富的讨论、研究与合作。在2017年2月的中期检查汇报中，我们的研究工作获得了与会专家的高度评价，成绩优异。

在开展项目研究的过程中，我们发现以日本和"四小龙"为代表的东亚经济体在产业升级和发展方面的经验尤其值得中国关注和借鉴。为了更好地了解东亚经济体在产业升级和发展历程中的关键事实和政策经验，2014年4月16日至18日，我们在复旦大学举行了以"经济发展与产业升级：东亚与中国"为主题的国际学术研讨会，来自日本、韩国、中国台湾、中国香港等东亚多个国家和地区高等院校和研究机构的专家学者结合东亚经济体在发展历程中产业升级的历史经验，对中国的产业升级，特别是东部沿海发达地区产业升级的发生机制和可能的政策选择进行了深入的探讨和交流。

这次会议上，Keun Lee、村上直树、瞿宛文等多位教授系统全面地报告了韩国、日本和中国台湾的产业升级历程，从理论上阐述了其中的经验和教训。会后，我们在《文汇报》发表《产业升级之中国道路与东亚经验》一文，集录了会议精彩观点，引发社会广泛关注。*Journal of the Asia Pacific Economy* 2015年第3期以及《世界经济文汇》2015年第1辑还以特刊形式发表了会议的论文。

事实上，这次会议对东亚产业升级经验的探讨和交流构成了我后续研究工作的主线。2015年，我们召开了第六届"转型与发展"双年会暨"产业升级与中国经济的未来：人口转型、金融市场与产业政策"研讨会（TED）。在东亚经验的基础上，TED与会专家继续深入讨论中国经济转型升级的理论路径与可行方案。TED的优秀论文以特刊的形式相继在 *Journal of Chinese Economic* and *Business Studies*、*China Economic Review* 和 *Economic Systems* 发表。

2015 年，我们在 *China & World Economy* 当年第 1 期发表了另一项研究成果 "The Future is in the Past: Projecting and Plotting the Potential Rate of Growth and Trajectory of the Structural Change of the Chinese Economy for the Next 20 Years"。在做了调整和更新后，这篇文章的中文版《鉴往知来：推测中国经济增长潜力与结构演变》发表在《世界经济》2016 年第 1 期。其他 17 篇重要的论文分别发表在 *China & World Economy*、*Journal of Chinese Economic and Business Studies*、《中国工业经济》、《经济学（季刊）》等重要期刊上。其中，我在《广西财经学院学报》2017 年第 5 期发表《展望中国经济的潜在增长率与转型升级》一文，全面总结了项目的主要成果。

在讨论中国经济转型升级的过程中，我与日本东京大学丸川知雄教授都深切感到，有必要评估青年人的就业状态、技能水平和创业意愿，这对理解中国经济的未来至关重要。由此，在我和丸川教授的努力下，复旦大学中国经济研究中心（RICE）、东京大学社会科学研究所以及复旦大学长三角社会变迁调查（FYRST）已经开展合作，即对上海青年人的就业、转职和创业情况进行社会调查。我对调查成果充满期待。

除了这些研究之外，案例的研究也不可少。实际上，考察沿海发达地区的产业升级现象，深圳自然是必须关注的对象。除了从更多文献中研究深圳的崛起和科技产业的发展进程之外，我的研究团队也先后两次去了深圳调研。第一次的调研主要集中在企业部门，特别考察了深圳的手机产业的演变与供应链金融的发展。特别是，2014年7月7日至11日，项目组对深圳市的手机行业进行了深度调研。我们密集走访了8家手机制造相关企业和1家服务于手机制造业的供应链企业，并与深圳市手机行业协会和深圳市物流与供应链管理协会进行座谈。这次调研活动旨在了解深圳手机产业的集群与升级状况，并特别关注如下几个方面的重要问题：

1. 深圳手机产业的兴起和发展。具体包括：(1) 深圳手机产业的发展历程：如何起步？如何发展壮大？有哪些关键的时间点或事件？(2) 相关企业的发展历程及经营现状。(3) 相关企业的技术升级是如何实现的？(4) 政府部门在深圳手机产业的发展中发挥了什么样的作用？影响深圳手机产业发展的具体政策措施有哪些？

2. 深圳手机产业链的细化分工。(1) 目前完整的手机制造产业链可以细分为哪些环节？(2) 每个环节上代表性的企业有哪些？(国内或国外？国内的话是否在深圳？) 哪些企业是原本就在本行业内的？哪些企业是从其他行业"转行"的？(3) 上下游企业之间如何互动与协调？(4) 国际贸易在不同产业链环节中的作用，以及深圳手机产业的国际市场。

3. 供应链服务及其他专业化服务。(1) 供应链服务的业务模式：提供哪些服务？如何整合各种平台和资源？价格如何确定？(2) 供应链服务的盈亏平衡点在哪里 (客户企业数量和业务规模)？(3) 寻求供应链服务的客户企业是否具备某些相同的特征 (例如企业规模、在深圳运营的时间长短等)？(4) 供应链服务行业内部的竞争：如何提供差异化的服务？是否也有行业内的自律或协调组织？(5) 如何协调与政府部门的关系？(6) 深圳手机产业中是否还存在与供应链服务相似的其他专业化服务？

2017年4月12日至15日，项目组再次赴深圳考察产业升级的实践与经验。在手机行业方面，我们走访了柔宇科技（ROY-OLE）、深圳市手机行业协会。在供应链行业方面，我们访问了深圳创捷供应链有限公司。并且，我们还考察了优必选科技公司、国创新能源研究所等高科技企业。为深度了解深圳产业政策，我们在深圳主办了"深圳产业转型与升级：经验与启示"系列讨论会，并相继邀请深圳市政研室、发展和改革委、财政局、经信委、金融办和科技局的有关领导，以及相关企业家代表，回顾和总结深圳产业转型升级的经验，并展望了深圳产业转型升级的下一步方向。我们汇总了深圳产业升级在经济地理、人力资本、产业政策、土地政策等方面的详细资料，并特别总结了深圳供应链的发展历程，以及深圳创投特点与经验。

我还记得，我们到达深圳的那天，由于大雨飞机严重延误，我们只能放弃先去酒店入住的计划，一落地便马上赶往位于南山区科技园的柔宇科技，好在没有迟到太久。柔宇科技的董事长兼CEO刘自鸿博士亲自为我们讲解了柔宇科技的发展历程，并且向我们展示了柔宇科技的部分产品，柔宇科技研发生产的超薄柔性屏让在座的每一位惊叹。第二天，我们一行人分别与深圳市人民政府政研室以及深圳市发展和改革委的领导进行了座谈。深圳市政研室的罗华荣调研员和发展和改革委的蔡羽副主任向我们详细介绍了深圳市的各项经济发展数据、发展历程及现状，并且与我们进行了深入的讨论。此处还要感谢深圳市发展研究中心主任吴思康、经济发展处处长范伟军对我们的热情接待。第三天上午我们一行人参加了由深圳市财政委员会牵头举行的座谈会，参与座谈的单位包括财政局、经信委、金融办和科技创新委员会等多个部门。通过深入的介绍和探讨，我们对深圳市的财政收支、经济金融、科技创新等方面有了全面的认识。第三天下午我们一行人再次考察了深圳市手机行业协会。手机生产可谓是深圳的一张名片，与手机协会副秘书长余京蔚的座谈让我们详细了解了深圳手机行业目前面临的转型困境。座谈会结束之后我们还受文健君总裁的邀约参观了创捷供应链有限公司。深圳调研之行的最后一站，我们选择了一家机器人研发生产领域的独角兽企业——优必选。在公司管理层的陪同下我们有幸参观了优必选的机器人研发实验室，以及目前绝大部分在市场上出售的机器人产品。与管理层的深度座谈让我们对优必选的发展历程和前景、整个机器人行业的未来方向以及深圳市宽松友好的创业环境都有了更加深刻的体会。

在2017年那次深圳考察期间，我萌生了一个想法，也许我们应该写一本关于深圳科技产业发展方面的非学术性的书。我们不希望这本书面面俱到，也不想写成技术性的研究著作，只是想把我们的直观观察和在调研中我们获得的有关资料，加上我们与企业和政府部门座谈中得到的对很多疑问的解答，分成几个话题写出来。从讨论思路、形成写作提纲再到对每个章节初稿进行多次的讨论与修改，前后持续了一年半的时间，终于写出了这本书。

在这里，除了要感谢在深圳接受我们调研和座谈请求的各个公司和政府部门的热情接待，也要感谢在深圳的复旦大学经济学院的部分校友对我们深圳调研之行给予的帮助。此处特别感谢文健君、宛楠、朱菁、万宏伟、周连奇、黄齐军的鼎力支持和帮助，是他们的付出让我们的深圳之行顺利进行且收获颇丰。

另外，我也要特别感谢学界同人林毅夫、李根、村上直树、瞿宛文、刘德强、刘孟俊、余淼杰、王勇、肖文、徐现祥、吴明泽、吴佳勋等对我们研究项目会议给予的大力支持。

还要感谢东方出版社的李烨和袁园对本书的出版所做的编辑工作和付出的努力。

最后，要衷心感谢国家自然科学基金委员会为我主持的重点项目"推动经济发达地区产业转型升级的机制与政策研究"（项目批准号：71333002）提供的慷慨资助。

张 军

2018 年 11 月 20 日

第一章
深圳"试验场"的激荡四十年

张 军

邓小平先生在 1985 年 8 月 1 日会见日本公明党第 13 次访华代表团时说:"前不久我对一位外国客人说,深圳是个试验,外面就有人议论,说什么中国的政策是不是又要改变,是不是我否定了原来关于经济特区的判断。所以,现在我要肯定两句话:第一句话是,建立经济特区的政策是正确的;第二句话是,经济特区还是一个试验。这两句话不矛盾。总之,中国的整个对外开放政策也是一个试验,从世界的角度讲,也是一个大试验。"①

今天的经济学家也都这么说,40 年来,中国经济的改革应该解读为一场大规模的社会实验和制度变迁过程。这话听起来是很震撼人心的,但是对于 40 年前的中国领导人而言,制度变革并不是一个可以事先设计得当的试验,没有人对此有足够的知识准备。而当改革的领导人邓小平决定把一个邻近香港的南方小镇辟为中国整体经济体制改革的一个试验场的时候,迎来的多半还是阻力、怀疑、挑战和指责。这才有了上面邓小平先生有所针对的那段话。

40 年来尽管风雨坎坷,深圳作为中国的第一个经济特区,也确实是名副其实的试验场。它有 1979 年第一个引进香港的"外资"兴办的来料加工企业;它有 1981 年在蛇口第一个采用的建

---

① 《邓小平文选》,第 3 卷,第 133 页。

筑工程招标制度；它有 1983 年向社会公开发行的全国第一张宝安联合投资公司的股票；它有 1985 年成立的第一个外汇交易中心；它有 1987 年第一个土地使用权的拍卖会；它有全国第一个劳动力市场和工资制度的改革；它还有 1990 年第一个探索出的国有资产三级授权经营的模式；它是建立劳动服务公司和实行劳动就业合同制的第一个尝试者，是最早进行外汇管理体制改革的先锋，也是实行党、政、企业分离，废除干部职务终身制和引进招聘上岗制度的先锋。①

20 世纪 80 年代初期，作为复旦大学经济系的学生，我并没有去过南方。一直到我攻读研究生学位的第二学年春（1987 年），我才有机会与我的同学一行 4 人第一次坐火车南下，去了广东的广州、深圳和珠海。那个时候，作为经济特区，深圳和珠海并不是可以随便进去的，出发前我们在上海办理好了去深圳和珠海的手续。今天我对珠海的印象并不深，可能是那个时候珠海特区才刚刚设立。只是还记得我们在珠海住在一个还没有完工的楼房里，虽然尚未完工，但珠海人却已经把楼房的房间作为旅馆出租了。我们还去了拱北，参加了一个环绕澳门岛的游船观光，拍了能看到的澳门的高楼大厦。这就是我现在尚存的对珠海唯一的印象。

而在深圳，我的印象相对就深刻了一些。深圳那个时候已经建设了好几年，一些现代化的建筑和购物中心建成不少。晚上走在热闹的中心地带，灯光广告牌眼花缭乱。由于很多商店只接受

---

① 这里的概括综合了以下研究文献：谷书堂主编，《深圳经济特区调查和经济开发区研究》，南开大学出版社，1984 年版；苏东斌主编，《中国经济特区史略》，广东经济出版社，2001 年版，第 5 页，第 94—95 页；暨南大学经济学院经济研究所、深圳市科学技术协会联合编写，《中国经济特区研究》，1984 年内部印刷。

港币，我们只能进行所谓的"window shopping"。我们还去了新建成的深圳大学，并且住在大学的招待所里。从深圳大学那里我们搭乘小巴去了蛇口工业区参观。其实在深圳，今天还给我留有最深刻印象的就是那时刚刚流行起来的小巴交通。小巴就是用作公共交通工具的小型面包车，它不像原来的公共汽车那么固定，而是以灵活便利赢得客户，都为私人经营，竞争非常激烈。香港至今还存在用小巴来缓解公共交通的需求。那个时候深圳一定是受了香港的影响。

另外，20 世纪 80 年代去深圳的人都想方设法要去趟在山沟沟里的所谓"中英街"。"中英街"是在沙头角镇上的一条小街，一边归属香港，另一边归属深圳。对很多年轻人来说，虽然去不了香港，但是能钻进"中英街"上香港那一边的商店逛逛，也满足了好奇心和虚荣心。有意思的是，在"中英街"，中国人跨到街道那一边的香港的商店是有逗留时间限制的。另外，去"中英街"先要到深圳公安局办理通行证，而且必须说明为什么要去"中英街"才能被批准。我只记得我在"中英街"买的一块香港的布料至今还在锁在家里的衣橱里，不知道该派什么用场。

它像一个阀门被打开了

20 世纪 90 年代初的那段时间，国内外的经济学家都对中国在 80 年代以来的改革策略表现出了浓厚的兴趣。一个关于转型经济学的领域迅速成长。中国自己的经济学家也是在这个时候开始研究和总结中国经济改革方式的。1991—1994 年，中国的经济学家在上海连续举办的经济学学术会议成为日后在中国流行多年的"过渡经济学"（economics of transition）的一个起点和基础。

在经济学家总结的中国经济改革策略的经验当中,"增量改革"(incremental reforms)和"试验改革"(experimental reforms)成为最没有异议的两个新概念。而"试验改革"所描绘的不仅是一种在改革中央计划经济管理体制上遵循的所谓"错了再试"(trial and error)的经验主义的方式,而且显然也刻画出了 20 世纪 80 年代经济学家所观察到的两项带有某些"自发实验"性质的经验事实:绝大多数中国农村地区的"包产到户"以及在广东、福建和沿海一带通商口岸的开放。

回想起来,这两件事情可以说是 40 年前发生在中国经济改革初期的最重要的事件,而且它们改变了中国的经济和经济的体制。我作出这样的评价并不是空穴来风,而是深思熟虑的结论。其实,道理是很容易想明白的,不需要我们在这里展开更多的讨论。简单地说,1979 年之后,中国的农村家庭普遍放弃生产队和人民公社的集体耕作制度,转向选择"家庭联产承包责任制"(俗称"包产到户"),解决了绝大多数中国农民的温饱问题,释放出了几亿的农村剩余劳动力,推动了农村的工业化和中国经济在部门结构上的变迁。而最早在广东、福建,后来在沿海一带开放通商口岸更是打开了中国封闭经济的缺口,它像一个阀门被打开一样,迅速地释放了中国经济被长期压抑着的"比较优势",有力地将中国带入了全球化的轨道。

有意思的是,这两件事情多多少少地带有"自发实验"的性质。即使有政府被动的默许和无奈的选择成分在里面,但"包产到户"肯定不是由政府设计和推广出来的实验制度,而是农户自发的选择。深圳特区的出现,看上去是我们设计好的一个试验,其实它也并不完全是偶然事件,其中也有很大的自发而必然的成分,它与宝安县禁而不止的偷渡逃港事件不能不联系起来。从这个意义上讲,这两个重要的事件背后掩埋的"火种"比我们通常所说的"改革开放"差不多要早上 20 年。很多人可能都注意到,周其仁教授 2008 年 1 月在北京的一次演讲中有一段内容,就提到了这两个事件发生的早期线索。

他提到,1959—1961 年中国的自然灾害逼出了波及全国多个省区的包产到户。在网络上我找到的周其仁这个演讲的现场记录中,周其仁说:"事实上,在 1961 年前后,全国发生了较大规模的包产到户,比如说河南,当时不叫包产到户,叫借地,就是农民向人民公社借土地来种,叫借地自救,安徽大概 40% 的生产队搞了包产到户,当时也不叫包产到户,叫救命田,把地划给农民自己种,渡过灾荒。"①

周其仁提到的第二个事件,发生在 1962 年的广东省宝安县(也就是现在的深圳)的偷渡香港的事件。他说,由于各种传言和国内的经济困难,就在宝安这个地方,曾聚集了数万人意图偷渡逃港。这些人来自全国 12 个省区、62 个市县。当时约 6 万人逃了过去,其中大部分被港英当局遣返回来。在这个偷渡猖獗的背景下,没有办法,当地确实被逼出要利用香港,发展边境贸易来建设宝安和开放市场的政策。用周其仁的话说,"回头看,这个事件埋下了未来开放的契机"②。

很多人今天说,深圳过去是一个宁静的小渔村。其实,它显然并不宁静。周其仁提到宝安县在 20 世纪 60 年代发生了这么大

---

① 周其仁是 2008 年 1 月 13 日在北京大学光华管理学院主办的第十届"光华新年论坛"上做这个演讲的,后来他根据演讲又修改发表了文章《重新界定产权之路》,《证券市场周刊》,2008 年 3 月 13 日,http://www.cenet.org.cn/article.asp?articleid=30173。

② 同上。

的偷渡事件，居然还闹到了总理那里。关于宝安这一段并不宁静的日子，我还找到了苏东斌教授主编的《中国经济特区史略》中提供的资料。① 资料显示，1898 年（即光绪二十四年）4 月 21 日，清政府在割让了属于新安县的香港岛和九龙半岛之后，又与英国签订了《展拓香港界址专条》，将新安县的新界也以 99 年的租期借给了英国。这样一来，深圳河事实上就成了一条"疆界"。河对岸的香港在 20 世纪 50—70 年代一举成为新兴工业化的经济场，而河这岸的宝安县（新安县在 1913 年改为宝安县）却因为它的"边防"地位而被封闭起来，经济和社会长期都没有什么变化。其实，在 1951 年宝安封锁边界之后，"偷渡"就发生了，并且不断蔓延。根据黄也平主编的《中国大决策纪实》一书提供的数据，宝安县的偷渡高潮分别发生在 1957 年、1962 年、1972 年和 1978 年。

陈宏在《1979—2000 深圳重大决策和事件民间观察》一书中提到，1979 年 5 月 6 日，来自惠阳、东莞、宝安 80 多个乡镇的数万群众，像数十条凶猛的洪流，黑压压地扑向深圳，两个海防前哨不到半个小时就被人山人海吞噬了。这场惊天骤变是被一则谣言引爆的。

最有意思的是，董滨和高小林在《突破——中国经济特区启示录》以及苏东斌教授主编的《中国经济特区史略》中都特别提到，刚刚恢复工作的邓小平在 1977 年 11 月 11 日视察广州的时候，广东省委向小平汇报了深圳这个不足 3 万人的小镇出现的恶性"逃港"潮。而邓小平听后却沉默了很久之后说"这是我们的政策有问题"，他还说，"此事不是部队能够管得了的"。这个话

---

① 苏东斌主编，《中国经济特区史略》，广东经济出版社，2001 年版，第 36—40 页。

在当时着实让很多人难以理解。① 而等到 1979 年 5 月 14 日国务院副总理谷牧视察深圳时，针对逃港事件却说了鼓舞人心的话："现在往那边跑的多，将来一定是往我们这边来的多。我们大家共同努力吧。"②

有意思的是，对于中国政府设立深圳经济特区的目的，确实有过不同的讨论。我们刚提到的这个持续的偷渡事件对于中国改革，领导人选择深圳建设特区的决策是有深刻影响的。尤其是，它对于中国政府接受深圳特区的最初建议是非常关键的因素。但是如果因此说，深圳特区的设立完全是偶然的事件导致的结果，那就错了。

另一个纯粹的看法，也是在我翻阅的大多数中英文研究文献里的基本观点是，深圳特区的设立在战略上理解为中国政府实现开放，并与世界经济逐步一体化的一个"桥梁"和"窗口"。不过，对于这个纯粹经济理性的逻辑解释很早就有人提出过怀疑。比如，《亚洲公共管理杂志》（*The Asian Journal of Public Administration*）在 1985 年年底出版的一期关于中国经济特区的特刊上，邝启新（James Kung）博士发表了《中国经济特区的起源与表现》的研究文章。他在文章中这样说："假如经济原则是适用的话，那么人们就会问，类似的政策为什么不在主要的工业城市，如广州、上海和天津采用，那里现有的工业基础和熟练劳动力的环境

① 董滨和高小林在《突破——中国经济特区启示录》一书中描述道：坐在一旁的中共广东省委组织部副部长刘波听得非常清晰，他先是惊诧，继而疑惑……省委领导的心掉进了云里雾里。直到 10 天后邓小平离穗回京，这两句话仍然没有揭开谜底。

② 苏东斌主编，《中国经济特区史略》，广东经济出版社，2001 年版，第 39 页。

更适合于外商投资。换句话说，如果在这些城市采用当前的'增长极'（growth pole）战略的话，单位投资的边际成本会更低。"①

所以，我们不能否认，在邓小平和中国改革领导人的头脑里存在着寻找一个体制试验场和改革突破口的想法。关于这一点，我们下面用深圳特区从酝酿到批准的整个过程给予证明。在这里我们想指出的是，最好还是把深圳特区理解为一个试验场。邓小平和中国的领导人都明白，突然开放像上海、广州这样的大城市不仅社会风险和代价极高，而且在那个时候，外资是否对中国政府的全面开放政策拥有足够的信心与安全感仍是一个很大的不确定的问题，在这种情况下，选择深圳作为试验场，利用其毗邻香港的地理优势，通过新体制试验和吸引港澳资本的落户政策，最终向西方投资者证明，中国的开放政策和推进经济市场化的改革是一个可以信赖的承诺（credible commitments）。从这个意义上讲，选择深圳作为特区试验场其实是一个典型的经济社会成本—收益分析的理性结果。

1979 年，那是一个春天

在 1979 年 5 月，谷牧副总理讲"现在往那边跑的多，将来一定是往我们这边来的多"这句话的时候，应该说是鼓励大于自信的。即使我们不怀疑中国人的能力，我们仍然对当时的特区决策充满着重重的疑虑。事实上，在 20 世纪 70 年代末，虽然党的十

---

① James Kung, 1985, "*The Origins and Performance of China's Special Economic Zones*", *The Asian Journal of Public Administration*, vol. 7, no. 2（December）：198-215。

一届三中全会决定放弃以阶级斗争为纲的指导思想，形成了转向经济建设的共识，但是如何开始经济建设？什么是经济发展的可行模式？如何改革一个形成了几十年的僵化的计划经济体制？经济改革有没有可遵循的方案？到底从哪儿开始？什么是突破口？应该保留多少计划？引进多少市场？改革的目标模式到底是什么？对于政府而言，这些还都是未知数。而且那个时候，以苏联经济学教科书为教条的马克思主义政治经济学还处于经济理论界的正统版本的时期，社会和经济制度的"性质"（或者"主义"）仍然是中国经济学家考虑问题的核心概念框架。因此，今天我们一定对30多年前深圳和珠海等为什么能被中央考虑并批准成为"特区"充满好奇。

回想起来，中国经济这40年的改革过程，固然出现了许多新奇的、创造性的做法和现象，值得我们今天认真总结和研究。但从根本上讲，中国在经济转型中始终采纳的是一种折中的道路。我们在中国的党政文件和媒体上经常见到的，也习以为常的说法常常是"多种经济成分并存"或者"多种所有制形式并存"。为什么那么多的政治家、官员、老一代的经济学家不容易接受市场经济、私营企业、私有制或者经济自由化、私有化之类的提法，却在"多种经济成分并存"这个提法上表现出惊人的一致和认同。真是奇怪，中国经济转型的这30多年，始终没有脱离"多种经济成分并存"的制度框架。如果它是杂乱的和缺乏逻辑的拼盘，那么它的生命力来自何处？

显然，现在的经济学家还没有对这个具有中国特色的经验和制度结构给予更多的关注，但它却是我一直不愿意放弃思考的题目。为此我也总是不断地去阅读《邓小平文选》第3卷，而每一次阅读都有新的感受。作为政治家，邓小平在第3卷中的每句话似乎都是不可替代的，都有它在中国经济转型和发展中的意义和力量。同样，尽管深圳的这个试验带有自发和倒逼的性质，但是在当时的政治条件下要在广东沿海一带正式设立经济特区并且中央要作出这个关于特区的决定，听上去并不是理所当然的，更不会没有政治上的斗争。但是，这个决策似乎又没有我们想象的那么复杂和困难。这当然与邓小平在 20 世纪 70 年代末头脑中就有的局部开放思想和沿海发展战略有直接的关系。

"1979 年，那是一个春天，有一位老人，在中国的南海边画了一个圈……"这是唱遍大江南北的歌词，形象而夸张地描述了深圳经济特区的由来。为了弄清楚深圳特区被提出和批准经济特区的政治决策的过程，我查阅了很多的资料，最初发现整个决策过程的线索特别多，要理出一个头绪还真不容易。后来我慢慢弄明白了，这里面不光涉及深圳特区的形成及其决策过程，还有一段关于深圳的蛇口与香港招商局的插曲，而蛇口工业区的成立要早于深圳特区。这个故事我后面讲述，但总的来说，围绕深圳而发生在 1978—1979 年这一年的高层决策是非常值得记述的一个关于40 年中国经济改革的片段。让我从 1978 年关于蛇口的故事说起。

历史的安排往往就是这么巧妙。在 1978 年年初，可以说中国还处于百废待兴和改革开放的前夜，可是中国的高层领导人却掀起了一股出国考察热。据说一年里有 13 位副总理和副委员长以上的领导人先后 20 次访问了 50 个国家。邓小平也在这一年访问了欧洲和亚洲多个国家。[1] 在 1978 年 10 月的最后一个星期里，邓

---

[1] 转引自董滨和高小林著，《突破——中国经济特区启示录》，武汉大学出版社，2000 年版，第 17 页。但是在虹霞在《中国经济特区的形成之路》一文中则提到领导人的出国访问是 21 次，访问了 51 个国家。见《纵横》，1999 年，第 4 期，第 39—42 页。

小平访问了日本，11 月 5 日至 14 日，邓小平到泰国、马来西亚、新加坡访问。

邓小平访问日本时，日本现代科技的发达给他留下了深刻印象。他在日本体验了"新干线"，还参观了松下电器公司。我在后来的电视上看到有这样一个片段，印象颇深：邓小平在参观松下电器时，在一间展示微波炉的展示厅里亲口品尝了用微波炉加热后的烧卖。

后来，邓小平到了"新马泰"，对它们充分利用外资进行经济发展的经验留下了深刻的印象。邓小平在 1979 年 10 月的一次讲话中说："我到新加坡去，了解他们利用外资的一些情况。外国人在新加坡设厂，新加坡得到几个好处：一个是外国企业利润的 35% 要用来缴税，这一部分国家得了；一个是劳务收入，工人得了；还有一个是带动了它的服务行业，这些都是收入……我认为现在研究财经问题有一个立足点要放在充分利用、善于利用外资上，不利用太可惜了。"①

就在 1978 年 4 月的时候，国家计划委员会和外贸部也曾组织了"港澳经济贸易考察团"去香港和澳门考察。回到北京后考察团向国务院提交了一份考察报告《港澳经济贸易考察报告》，报告建议，把靠近香港和澳门的宝安和珠海划为出口基地，力争三五年里建设成为对外生产基地、加工基地和吸引港澳客人的旅游区。刚从西欧考察回来的谷牧副总理深感开放的重要性和紧迫性，自然对这个及时送上来的报告十分赞赏。于是，当年的 6

---

①　邓小平的这段讲话是转引自下面这个文献资料：http://gz.fjedu.gov.cn/lishi/ShowArticle.asp?ArticleID＝3842。后来查证，收入了《邓小平文选》。

月，该报告就得到中央领导人华国锋的同意，并且鼓励把出口基地办起来。①

这个决定促使当时交通部驻香港的商业机构"香港招商局"（前身是由李鸿章 1872 年创办）副董事长袁庚产生了一个想法，他在 1979 年的元旦之后向国务院副总理李先念递交了一个建议报告，主张在靠近香港的深圳蛇口建立一个码头，发展招商局与香港的贸易。他的理由很简单，香港的地价和劳动力价格都太贵，如果能在蛇口建立与航运有关的一个工业区，既可以充分发挥广东的土地和劳动力的比较优势，又可以利用香港的资金和技术，岂不是一举两得。

这个想法一定是打动了国务院副总理李先念与谷牧，他们约见了袁庚，听完汇报后李先念决定给袁庚"一个半岛"去试验。袁庚先生后来回忆说，他当时"思想不够解放"，不敢要个半岛，而只要了 2.14 平方公里。就这样，"香港招商局蛇口工业区"先于深圳特区在 1979 年年初挂牌成立了。于是才有了后来关于"蛇口模式"的说法。事实上，在经济特区以及后来在整个中国推进的体制改革都在很大程度上与"蛇口模式"有联系，甚至可以说是从"蛇口模式"扩散出去的。这个问题我们会在后面专门讨论。

中国经济改革的前 40 年往往就是这样，只要是成功的做法，试验区的经验和模式很快就会扩散出来，被别的地方吸收。我 2007 年 5 月去参观安徽凤阳小岗村"大包干纪念馆"时就有一个

---

① 以下关于蛇口工业区方案被提出和决策过程的描述参考了《中国经济特区史略》，参见苏东斌主编《中国经济特区史略》，广东经济出版社，2001 年版，第 47—49 页。

很深的感受。我在想：为什么邓小平和时任安徽省委书记的万里对小岗村 1978 年"违规"的"包产到户"采取了宽容的政策而没有坚决取缔？一直有人传说，在邓小平看来，小岗村的"包产到户"不过是一个小的试验，等做了之后甚至看到了结果再下结论也不迟。我在国外讲课中经常会把这个细节与著名的耐克鞋的一句广告语"just do it!"联系起来，每次都会引来同学的阵阵笑声。

当然了，成立的香港招商局蛇口工业区还只是一个弹丸之地，但它的确反映了当时的一些领导人，包括副总理李先念、谷牧等对开放中国经济有着的一种紧迫感。而在这个时候，邓小平头脑中设想的似乎就更遥远更透彻了。我至今并不能完全解释，为什么邓小平在 1977 年 11 月第二次复出后，会首选到广东、到深圳这个边陲小镇去考察。实际上，他在从深圳回到北京之后，就一直念念不忘深圳这个地方，在中央的会议上多次提到深圳。我想，深圳的恶性偷渡逃港事件肯定让老人家想明白了一个道理。也就在这个时候，他已经有了所谓"让一部分地区先富起来"的想法和政治策略了。于光远先生曾有过一个回忆，提到了邓小平的一个细节。

在邓小平诞辰 100 周年（2004 年）的一天，著名经济学家于光远先生在北京的家中接受了记者的采访。其中问到有关深圳经济特区决策前后的话题，于光远先生回忆说："1975 年我在国务院政治研究室工作，就在这个期间邓小平又被打倒。1977 年邓小平第二次复出，国务院政治研究室也改名国务院研究室。1978 年我参加了那次中央工作会议，这个会议实行党中央五个常委集体领导的办法，这五个常委就是党的十一大选举出来的主席华国锋和叶剑英、邓小平、李先念、汪东兴四位副主席。他们差不

多每个星期都要听一次华东、中南、西南、西北、华北、东北
六个代表团的汇报,汇报时各常委发言和插话,各代表团去汇
报的人回去就传达。大会对传达没有什么限制,各常委也就利
用这个方式去讲想让参会的人知道的话。其中有一次邓小平讲
他的'一部分城市可以先富起来'的主张,举了十来个这样的
城市为例,第一个就是深圳,而且说的就是深圳这个地名,而
不是宝安。"[1]

　　其实,就在这次中央工作会议之前,因为国务院于 1978 年 6
月决定同意《港澳经济贸易考察报告》的建议,要在靠近香港和
澳门的宝安和珠海建设生产加工和出口基地。于是,在 1979 年 2
月,国务院正式下达了 38 号文件,明确提出在宝安建立出口基
地和新型的边防城市。为了凸显宝安的重要性,1979 年 3 月中央
和广东省委决定将宝安县改成深圳市,并在后来改为省辖市。[2]

　　于光远先生还回忆道:"邓小平在中央工作会议上提出'一部
分城市可以先富起来',把深圳放在首位,就是要划出一块地方
来实行特殊的办法。而这件事情的责任就落在吴南生身上,他在
1998 年和记者谈话时讲了自己当时的心情,其中包括'发愁这块
地方叫什么名称好呢?',他想可以叫'出口加工区',但这就和

---

　　[1]　欧阳薇荪,《于光远谈邓小平与深圳特区》,http://www.hznet.
com.cn/kjdt/hzkj/2004/0004/hk2404t02.htm。
　　[2]　根据徐汝超写的文章《深圳特区 327 平方公里? 比陕甘宁有政治
野心》的资料介绍,深圳市委第一次常委会就研究市名的问题,叫宝安
市好还是叫深圳市好。有的人认为深圳比宝安在国际上的知名度高,不
知道宝安的也知道有深圳,另外知道深圳的外国人都明白这个地方离香
港很近,就在罗湖口岸一带;同时,深圳有深水的意思,特别是广东、
香港同胞认为水是好兆头,是发大财的好地方,常委会就决定用深圳市
作为新市的名字,上报省和中央,经国务院批准后正式公布。

台湾一样,那就糟糕了,也可以叫'自由贸易区',但那又'好像资本主义摆在脸上了'。吴南生为这件事请教叶剑英,叶剑英要广东省赶快向邓小平汇报。邓小平听说要划出的地方的名称老是定不下来,他就说那就叫它特区吧,陕甘宁边区就是'特区',邓小平这句话使吴南生觉得事情就好办了。"①

对于邓小平对特区发表的这个说法的来龙去脉,后来吴南生先生有过一个更详细的考证。② 而且对这个话转述过程交代得非常清楚,也涉及很多的人,这里我就不去细说了。其实,我在阅读中注意到,广东的领导人在 1979 年年初已经有按照特殊政策的待遇先走一步的想法了。

根据中山大学岭南学院的徐现祥和陈小飞的文章,1979 年 1 月底,广东省委书记吴南生就带领工作组到汕头市开展调查工作。其间他产生了一个大胆的设想,在汕头可否仿照台湾的做法也办一个出口加工区。在历史上汕头是中国对外开放历史悠久的港口城市,在五口通商时代就开始了。甚至恩格斯都曾为汕头写下了这样的文字:"其他的口岸差不多都没有进行贸易,而汕头这个唯一有一点商业意义的口岸,又不属于那五个开放的口岸。"新中国成立初期,汕头还是一个商业繁荣的地方,与香港的差距并不大。③ 吴南生的设想得到汕头地方领导认可。之后,习仲勋

① 以下关于蛇口工业区方案被提出和决策过程的描述参考了《中国经济特区史略》,参见苏东斌主编《中国经济特区史略》,广东经济出版社,2001 年版,第 47—49 页。

② 吴南生,《真实的历史:敢闯的记录——读〈经济特区的由来〉有感和一件重要历史资料的说明》,《南方日报》,2002 年 3 月 31 日。

③ 转引自卢荻的文章《广东经济特区的主要拓荒者吴南生》(上),《广东党史》,1990 年,第 5 期,第 8 页。

和吴南生一起向在广州的叶剑英副主席汇报这个设想，叶帅听了非常高兴，希望广东省委尽快向小平同志汇报。①

1979 年的 4 月 5 日至 28 日，中央经济工作会议期间，广东省委第一书记习仲勋在会议上公开向中央"要权"。他说，如果中央能给点权的话，"广东几年就可以搞上去，但是在现在的体制下，就不容易上去"。他尤其谈道，广东要求中央能在深圳、珠海、汕头划出一部分区域实行单独的管理，给些特殊的政策，自主权大一些，作为华侨回来投资办厂的地方，可以叫作"贸易合作区"。习仲勋还在叶剑英的授意下在邓小平家里向邓小平做了汇报。②

在这个时候，提出希望实行特殊政策的当然不仅是广东，福建也曾提到了特区试验的这个想法。国务院副总理谷牧还组织中央部委领导去广东和福建进行了考察并向中央提交了报告。1979年 7 月 15 日中央下达了 50 号文件，即《中共中央国务院批转广东省委、福建省委关于对外经济活动实行特殊政策和灵活措施的两个报告》，决定在深圳、珠海、汕头和福建的厦门，划出一部分区域试办出口特区，给地方更多的自主权，发挥比较优势，吸引外资，把经济搞上去。但主张先在深圳和珠海试验，取得经验后再考虑汕头和厦门。50 号文件特别强调了要重点把深圳的出口特区办好。

《中国经济特区史略》中披露，1979 年的 12 月 11 日，国务院副总理谷牧主持召开第一次特区筹建的专题汇报会议（京西会议）。吴南生在汇报筹建工作时建议，把"出口特区"改成"经

---

① 徐现祥、陈小飞，《经济特区：中国渐进改革开放的起点》，2008年，打印稿。

② 转引自董滨和高小林著，《突破——中国经济特区启示录》，武汉大学出版社，2000 年版。

济特区"比较好。1980 年 5 月，中央正式批准，将"出口特区"改成"经济特区"。① 根据徐汝超的介绍，对于深圳特区的划定面积是有争论的。为了划出深圳特区的范围，深圳的领导张勋甫、贾华和方苞等带队实地察看，最后经市里反复讨论的范围为，东起背仔角，西至南头—甲村，东西长 49 公里，北沿梧桐山、羊台山分水岭，南至深圳河，南北宽约 6.5 公里，总面积 327.5 平方公里。②

但是这个规划的范围遭到当时的"省特区办"的否定，理由是深圳搞这么大的特区规划不现实，不是一般的大，而是大得无边，比全世界特区的总面积还大。张勋甫等人就回复"省特区办"，深圳特区比延安时期"陕甘宁"小得多，杀出一条血路来推广到全国，特区是全国的特区，6 平方公里这么小怎么杀？"省特区办"来电话说：你们比陕甘宁有政治野心。最后这个事情一直等到请示了北京的国家进出口委（当时的主任是江泽民）才最终获准这个 327 平方公里的范围。③

与此同时，一部针对特区的法规条例也在紧锣密鼓地制定着。仅仅 2000 字的《广东省经济特区条例》经过一年多的讨论和 13 次之多的修改，终于在 1980 年 8 月 26 日在五届全国人大第 15 次会议上被批准公布。一部地方的法规在全国人大的会议上审议批准尚属首次，而 8 月 26 日这一天也就从此成为深圳经济特区的诞生日。

---

① 苏东斌主编，《中国经济特区史略》，广东经济出版社，2001 年版，第 51—52 页。

② 徐汝超，《深圳特区 327 平方公里？比陕甘宁有政治野心》，http://xuruchao.blshe.com/post/5802/169245。

③ 转引自董滨和高小林著，《突破——中国经济特区启示录》，武汉大学出版社，2000 年版。

无处不在的深圳影子

我清楚地记得，在 20 世纪 80 年代后期，包括在 90 年代初的一段时间里，总能听到一些声音，特别是经济学者对深圳经济特区的比较负面的评价和批评，甚至有些批评涉及中国的政治和意识形态问题，以至中央领导人和邓小平要出来发表意见平息这些公开的争议。不过，对这些问题的记述我准备放在下一节，当然我在下一节要记述的主要内容还是集中在经济学家之间的研究和争议上，而在本节，我想讨论一下深圳的试验在创新原有的计划管理体制和试验新的体制方面所作的贡献。在我看来，这个贡献应该是深圳特区对中国经济转型的最大贡献。而有意思的是，40年来在对深圳的批评和质疑中大多数针对的却是它的产业结构和增长模式，忘却的是它在体制试验上的贡献。

在我自己的书柜里藏有多本关于深圳特区的研究著作。除了《中国经济特区史略》之外，还有一些在 20 世纪 80 年代中期出版的书籍，这些书籍大多数是写于 80 年代初，调查和总结深圳特区在体制改革和试验上的经验。很多我的学生曾经在我的书柜里发现这些有关经济特区的文献资料时都会觉得奇怪，那个时候我怎么会对经济特区感兴趣呢？其实，在复旦大学读书期间，我并没有把深圳特区作为我的研究题目，一直到了 90 年代初去英国萨塞克斯大学（University of Sussex）之后，才对经济特区试验和沿海发展战略有了一些接触，因为那个时候我的指导老师华大伟（David Wall）先生正在从事关于中国特区和沿海发展战略的研究，我后面还会再来提到这些事情。总之，因为有了这样一个需要参与特区和沿海发展战略研究项目的机会，我才不得不收集了一些早期的研究文献。现在看起来，调查和记录深圳特区体制

化的合约结构,即承包公司内部再进行的逐级向下的发包制度(subcontracting),而且承包出去的不仅是工程,还承包造价和质量。经济学家对这样的发包制度是有成熟的理论分析的。"承包"(或者包工)这种市场合约体制成为今天中国在建筑施工领域的基本制度规范。

第二,人事制度改革。从大的方面来讲,40 年来中国干部人事体制的改革和演进是非常有记述价值的。它肯定是中国经济体制改革的重要组成部分,我会专门安排另外的章节来记述和讨论中国的地方官员治理制度的改革历程,因为如果把地方政府和官员的角色去除掉,这个经济体制就要坍塌下来。事实上,经济学家在过去 20 年显然已对这个问题给予了比较多的关注。

不过,在人事体制方面,深圳蛇口工业区最早的试验涉及的只是属于经济学和管理学上所讲的"人力资源管理"的范畴。蛇口工业区企业高级管理人员、政府部门主管的任命工作都从过去的上级主管部门直接委派改革成聘任制度,取消职务终身制度。聘书上写明的是职责、权利、待遇、解聘和续聘等内容,公开透明。一般任期为两年。这样的改革试验显然加快了管理部门的人力资本的更新速度,为职业经理人市场的建立和后来向公司治理模式的转型奠定了基础。

第三,劳动就业制度的改革。中国自从计划经济体制建立之初就实行"统包统配"的固定用工制度。它的经济学性质被形象地描述为"铁饭碗"和"大锅饭"。深圳的劳动就业制度试验是1980 年左右从在蛇口的外资和合资企业中开始的。之后推广到整个深圳特区。1982 年深圳根据蛇口的经验制定了《深圳市劳动合同制暂行办法》,把劳动合同制作为特区的主要用工形式。众所周知,劳动合同制的引入需要有完全社会化的新的社会保障制度的支持，所以深圳率先在全国建立起来了由劳动保险公司统筹办理的"社会劳动保险基金"。由这个基金来解决劳动合同执行中因为解雇和辞退等造成的职工困难补贴和退休金的来源问题。基金由企业和职工按月缴纳。在这个制度的试验中，深圳采取了"老人老办法，新人新办法"的双轨过渡的方式，以避免就业体制转轨引起的社会成本过高的问题。实际上，这个试验给其他地区改革劳动就业制度提供了重要的经验。

第四，工资决定机制的改革。劳动就业制度的改革必然也要求改革原来的工资决定机制。蛇口工业区最早的工资决定是按照十类工资区的标准支付基本工资和基本工资的1—1.5倍的工业区补贴。尽管在当时这个工资水平大大高于内地，但依然是延续计划体制的做法。而且到了1982年前后，其弊端越来越暴露出来。根据南开大学经济学家对蛇口工业区13家企业的工资改革的调查，1983年10月蛇口开始对工资决定机制进行改革，主要是实行多元工资制度。根据他们的调查，蛇口工业区改革后的工资由基本工资加岗位、职务、职称工资，再加边防津贴和副食品补贴，最后加浮动工资四大部分组成。根据1984年3月的统计，在工资总额中，基本工资占30.5%，两项补贴占10.3%，岗位、职务和职称工资占37.2%，而浮动工资占22%。[①]

在这个工资结构中，基本工资、边防津贴和副食品补贴是基本固定的，因此真正可变的是工资的另外两项内容，即岗位、职务、职称工资以及浮动工资。而且，蛇口工业区的岗位、职务和职称工资被细分为15个等级，最高158元，最低30元。浮动工

---

① 谷书堂主编，《深圳经济特区调查和经济开发区研究》，南开大学出版社，1984年版，第109—116页。

资是浮动的，其来源有三：其一，按照人均工资提取每月 14 元的奖金；其二，每月 16 元从基本工资和岗位、职务和职称工资中提取的浮动部分；其三，从利润留成中提取的基金。[①]

第五，关于土地批租制度的引入。这是中国经济改革 40 年来，在财政分权的状况下实现经济增长的一个重要制度，也是随着问题的暴露，最近几年在中国的学术界最有争议的一个制度。

对于深圳特区而言，土地批租制度的引入显然是解决融资问题的需要。据说，就在 1979 年 4 月的中央经济工作会议上，广东省委第一书记习仲勋去邓小平家里汇报广东关于单独管理和特殊政策的设想时，曾经提出请中央给予资金上的支持，但是邓小平的回答是"中央没有钱，你们自己去搞，杀出一条血路来"。而吴南生 1980 年到深圳负责特区的基本建设（所谓的"四通一平"）时，除了来自银行的 3000 万元贷款，能想出办法的也就是土地收入了。他们在开发罗湖小区时曾经估算，土地按照每平方米 5000 港币计算，可用作商业用地 40 万平方米的总收入可以达 20 亿港币。[②]

第一步，深圳特区先尝试了有偿使用国家土地的制度。1982 年，深圳最终起草颁布了《深圳经济特区土地管理暂行规定》，率先对划拨土地进行了有偿、有期使用的改革。规定还说明了各类划拨用地的使用年限及土地使用费的标准。其中，工业用地最长年限为 30 年；商业用地 20 年；商品住宅用地 50 年；教育、科

[①]　谷书堂主编，《深圳经济特区调查和经济开发区研究》，南开大学出版社，1984 年版，第 115 页。

[②]　苏东斌主编，《中国经济特区史略》，第 3 章，广东经济出版社，2001 年版，第 61 页。

技、医疗卫生用地 50 年。[1]

第二步，在 1987 年之后，深圳部分地区借鉴了香港的土地批租制度，率先在特区试验了土地出让或者批租的制度。在这个制度下，取得土地的投资者或者开发商，为了获得一定年限的使用权，需要缴纳一笔出让金。1987 年的下半年，深圳特区曾分别将 3 块土地先后以协议、招标和拍卖的方式出让使用权，获得地价款 2000 余万元。[2]

在总结土地有偿使用和土地出让试验的经验基础上，《深圳特区土地管理条例》于 1988 年 1 月 3 日正式实施。条例明确规定，土地使用权和所有权相分离。政府拥有土地的所有权，但土地的使用权不但可以出让，而且可以转让、抵押、出租。就在同年 4 月，国的《宪法》进行了再次修改，其中将"土地使用权可以转让"写入了《宪法》，等于追认了深圳土地制度改革的合法性。在 1992 年邓小平"南方谈话"之后，地方政府的土地批租制度开始在特区之外被广为采用，成为各级地方政府重要的财政收入来源。

"土地批租制度"是香港的译法，其对应的英文为"the land leasehold system"。在这个制度下，批租只涉及土地的使用权，不改变土地的所有权。业主取得的只是某一块土地在一定年限内的使用权，业主之间能转让的也仅仅是土地的使用权。而当批租期限届满，承租人就要将这块土地的使用权连同附属其上的建筑物，全部无偿地归还给土地所有权人。

---

[1] 暨南大学经济学院经济研究所、深圳市科学技术协会联合编写，《中国经济特区研究》，1984 年内部印刷，第 129 页。

[2] 这个数据来自陈善哲写的《深圳个案凸现土地使用权与房产权的"时差"困局：土地到期"空中楼阁"告急》，《21 世纪经济报道》，2004 年 10 月 8 日。

　　深圳率先实行的这个土地使用权与所有权的分离，在土地国有制的局限条件下，对于城市土地要素的使用和配置效率的改善当然具有重要的意义，也帮助实现了土地的级差地租。我记得经济学家张五常先生曾对这个土地的"两权分离"在中国经济体制当中扮演的角色给予过很高的评价。根据张五常的解释，事实上，中央与地方的财政分权体制，特别是1994年的分税制度下，中央与地方共享的增值税的来源主要就是与土地批租不可分离的新增投资和生产活动，从这个意义上讲，中国的财政分权下形成的激励模式似乎与一个"租金分成"的模式很类似。

　　我在这里并不想花篇幅去进一步评价这个土地批租制度以及它带来的问题。当我要在统计上获得地方政府的土地批租的收入数据时，我发现并不容易。虽然1994年至今，土地批租的收入全归地方政府所有，但我的学生给我查找的数据却多是涉及土地的税费收入，而并没有批租的收入。的确，从统计上看，地方政府利用土地批租所获得的收入并不能完全从政府的税费收入和财政预算中得到充分的反映。事实上，在中国与土地有关的各种名义税种和税率中，即使包括最大的土地增值税，来自土地的各种税费也只占到地方预算财政收入的5%—8%，而土地批租的收入是不列入地方政府的预算收入的。例如，在2006年中国的城镇土地使用税和土地增值税还不到250亿元，当然也就不会超过当年3万亿税收收入的8%（图1-1）。

　　但是，来自土地出让的收入到底会有多大呢？有各种不同的估计。因为地区和城市的不同，现有的估计值落在财政预算收入的15%—35%的范围内。对于相当一部分的中国县市而言，可能用于基础设施投资的财政资金中有60%—70%是来自土地出让金的。这就是人们今天往往把土地出让金戏称为地方政府的"第四财政"的道理。

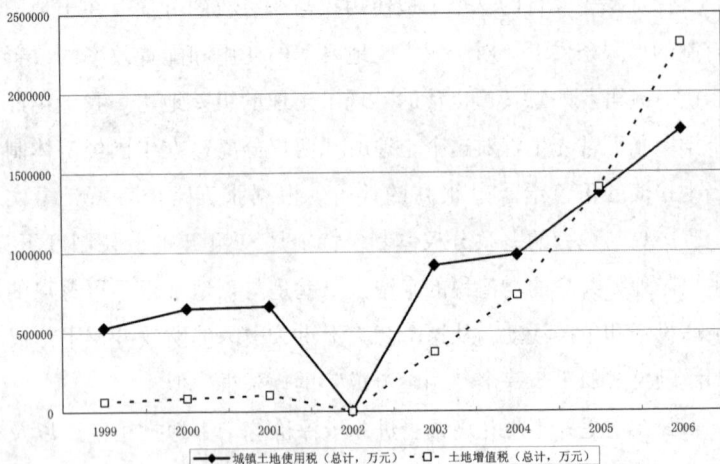

图 1-1 城镇土地使用税和土地增值税趋势（全国总计，万元）

资料来源：国家统计局，《中国统计年鉴》，2000—2007 年各卷，中国统计出版社

政治经济学视野下的深圳特区

有一个关于中国经济特区起源的很有意思的学术研究。具体来说，这个研究是一位叫 James Kung Kai-Sing 的学者写的，发表在 1985 年 12 月出版的《亚洲行政管理杂志》（*Asian Journal of Public Administration*）上。文章的题目是 "The Origins and Performance of China's Special Economic Zones"（中国经济特区的起源和表现）①。

---

① James Kung Kai-Sing（1985），"The Origins and Performance of China's Special Economic Zones"，*Asian Journal of Public Administration*，7：2，198-215.

据查，发表这篇论文时，作者还是香港理工大学的讲师，正在英国剑桥大学攻读博士学位。我认识他很晚，但我知道他的名字应该是在 20 世纪 90 年代后期。那个时候我看到美国《比较经济学杂志》(*Journal of Comparative Economics*) 上有一组围绕林毅夫的一篇关于中国农业集体化危机的论文展开讨论的文章，其中就有一篇文章是这位作者写的。当时我并不知道他的中文名字，不过后来我在林毅夫北京的家里拜访林毅夫时顺便问到这位 James 是谁，林毅夫告诉我他是中国香港人，中文名字是邝启新，还特别说香港人中有不少邝这个姓的。从那以后我就记住了这个罕见的姓氏。可是后来有机会见到 James 本人了，而且还认识了他的不少学生和合作者，却发现他的中文名字是龚启圣，目前在香港科技大学担任教授，是发展经济学和政治经济学领域的著名学者。有意思，我至今不能解释，为什么林毅夫能给出邝启新这个名字呢？

龚启圣在文章中提出的核心问题是，在将近 10 年的平衡增长①与自力更生之后，中国为什么戏剧性地转而采取了开放政策，特别是成立了 4 个经济特区？具体而言，他在文章中问了以下 2 个问题：第一，如何认识经济特区对于中国近期改革的重要性？是否还有替代方案？例如，为什么中国要等到 1984 年才开始寻求振兴主要工业城市，例如广州、上海及天津？为什么这些主要城市拥有基础设施和劳动力，却没有采取特区的那些改革措施，反而中国需要去成立新的经济特区？

第二，4 个经济特区的表现到底如何？它们是否完成了中国政府提出的任务目标？我们需要用什么指标来衡量它们的表现？

---

① 关于"平衡增长"的表述，原文如此。

龚启圣对第一个问题的回答大概是：第一，外国投资者对投资主要城市缺乏信心。虽然主要城市（广州、上海和天津）的基础设施和劳动力基础更好，单位投资的边际成本更低，但是一旦考虑中国在过去 30 多年（1949—1978 年）发生的一系列政治风波和动荡，投资者更担心投资无法得到保护。因此，即便中国马上向西方无差别地开放主要城市，也很难吸引到外资。

第二，中国需要考虑开放对社会主义国家形象的冲击。从中国角度看，在相当长的一段时间内对西方是关门的，缺乏"与资本主义打交道"的经验，因此在这一阶段一旦开放主要工业级港口城市（广州、上海和天津），中国将面临更大的经济和政治风险。

第三，他还认为，开辟特区是有利于中国实现统一的。成立南方沿海的经济特区作为缓冲区，以此完成中国恢复对香港地区，乃至从更长远的角度对台湾地区恢复行使主权的历史任务。

那么，如何解释设立经济特区的缘由与动机？经济特区的概念，其背景来源于 1978 年十一届三中全会宣布的中国经济新政策。全会宣布停止使用"以阶级斗争为纲"的口号，并要求改善中国经济绩效，改变相对落后的境况。正是在这个背景下，中国采取了"门户开放"政策，以实现社会主义现代化。由此，广东与福建这两个沿海省份被给予特别地位，以此试验一条与社会主义不同的经济发展模式：利用资本主义企业与资本，但同时要服从地方政府的规划与审批。

4 个经济特区相继成立，包括广东省的深圳、珠海和汕头，以及福建省的厦门。根据暨南大学特区港澳经济研究所所长陈肇斌教授在《中国特区经济》一书中的说法，成立经济特区的主要目的是，划出特别区域作为桥梁和窗口，以吸引外资、技术、知识，以及管理技巧（management knowhow）。[①]

龚启圣认为，成立经济特区的想法在中国共产党内部是有意见分歧的。自 1979 年特区概念出现，到一年以后最终被官方决策同意，其间中共内部对特区性质进行了激烈争论。长期领导中国的经济建设并且在党内拥有很高威望的领导人陈云对于经济特区的运作方式一直持谨慎怀疑的态度。根据时任新华社副社长曾建徽 1984 年在《瞭望》周刊的文章，1982 年陈云曾经批示："特区要办，必须不断总结经验，力求使特区办好。"[②] 陈云的这个意见对特区在早期的发展有很大的影响。

1982 年，在经济特区成立仅仅 3 年后，反对经济特区的意见就颇具规模了。反对的声音主要有两类。第一类是直接反对，认

---

① 赵元浩、陈肇斌著，《中国特区经济》，科学普及出版社广州分社，1984 年版。

② 参见曾建徽写的文章，《一项重要决策的诞生——对外开放的新步骤》，刊于《瞭望》周刊 1984 年，第 24 期，第 9—13 页。对于创办特区，至少在 1992 年之前，陈云一直有自己的看法。据记载，1981 年时他谈道，现在只能有这几个特区，不能增多，要认真总结经验。1982 年春节，他又强调："特区第一位的问题是总结经验。"1984 年 4 月，陈云在听取中央书记处书记、国务委员谷牧关于沿海城市开放问题的汇报时说：特区货币究竟怎么办？是一个特区发，还是每个特区都发？"如果特区货币只在特区内发行，也没有什么了不得的问题。如果各个特区都发货币，那么实际上就是两种货币并存。而两种货币并存，人民币的'腿'会越来越短，特区货币的'腿'会越来越长。因为'优币驱赶劣币'，这是货币的客观规律。"后来，陈云在中国银行工作人员一封反映特区货币发行问题的信上批示："特区货币发行权必须在中央，决不能让特区货币与人民币在全国范围内同时流通。如果不是这样做，就会出现国民党时期法币发行之前的状况。"陈云紧紧把住了特区货币发行权在中央和特区货币不能在内地流通这两条，使主张发行特区货币的同志也感到再搞特区货币意义不大了，便撤回了原来的要求。参见朱佳木写的文章：《陈云不赞成发行特区货币》，刊于《党史博览》2016 年第 6 期。

为特区的概念等同于"租借"和"卖国";特区增加了经济犯罪的机会,也加剧不平等。反对者认为,在社会主义改造 30 年后,允许外资进入中国并投机倒把,这是倒退和复辟半殖民地。

第二类反对意见认为,"关门"政策才适合经济特区。与按老制度运行的其他地区相比,经济特区应当在规模上较小,在发展上更慢一些才对。

事实证明,第二类反对意见没有站住脚,特区的发展非常快。在这种情况下,1984 年 1 月 24 日—29 日邓小平首次考察深圳和珠海经济特区,并写下了著名的一句话"深圳的发展和经验证明中国建立经济特区的政策是准确的",为经济特区背书。之后不久,中央通过一系列会议进一步决定开放 14 个沿海城市,允许这些城市采取部分类似深圳的政策措施。

不过,邓小平为深圳的背书并没有消除第一类反对意见。这类意见虽然主要从意识形态角度出发,但也揭示了特区存在的实际问题,特别是经济犯罪愈演愈烈,例如腐败与走私。可以说,持第一类观点的反对者更关注经济发展的社会影响。

龚启圣认为,直到他的文章发表的 1985 年,中国官方表述仍然将纯粹的经济逻辑作为设立特区的主要依据。但他指出,即便中国官方对设立经济特区的理由不以特区的社会影响为主,但在成立特区的动机上,也许还是必须将政治原因与经济原因相结合才能合理地解释这个问题。那么,龚启圣是如何解释中国建立经济特区的缘由的呢?

在龚启圣看来,如果只用经济逻辑解释经济特区成立的原因,那么它就必须能回答这样的问题:为什么不在主要城市采取类似经济特区的政策?例如广州、上海和天津,这些城市在现有工业基础设施以及技能劳工方面,对外资而言都应该能够提供更为合适的环境。换句话说，如果在这些城市执行促进增长的政策，单位投资的边际成本会明显更低。

因此，龚启圣试图构造一个系统的政治经济逻辑来解释中国设立经济特区的缘由。这个解释包括三个因素：第一，社会成本与收益；第二，地缘政治因素；第三，中国恢复对香港，乃至从更长远的角度对台湾地区恢复行使主权的政治策略。

关于社会成本—收益分析，龚启圣在文章中认为，众多西方观察家误读了中国20世纪70年代末开启的经济改革，将其误解为中国融入世界资本主义经济体系的渐进步骤。这些人看到了经济计划系统对市场元素的强调和经济去中心化，但他们没有看到的是，中国在融入世界资本主义体系的第一步就选择采取经济特区政策，这应当被视作中国战略的一部分，那就是一方面保存社会主义（广州、上海和天津），另一方面在国家控制的前提下，实验并利用资本主义经济力量（经济特区）。

龚启圣的逻辑是，如果中国真心希望无差别地向西方开放经济，那么中国就会直接重振上文提到的主要城市了（广州、上海和天津）。与经济特区相比，这些城市现有的基础设施底子好，投资这些城市的边际成本将会大大下降。

中国之所以采取经济特区政策作为建设社会主义的道路，主要原因也许还是出于社会成本—收益考虑。正如邓小平所说，经济特区本质上是"试验室"，在这里可以用较低的社会成本来进行一场国家资本主义的"试验"。如果成功了，那么基于这种实验可以形成重要政策结论，并适用于其他地区。即便失败了，其对国家整体的破坏也可以被控制住。一旦这种情况发生，中国可以提前终结经济特区试验，并宣布社会主义仍然优于资本主义，仍然是中国实现现代化的更优道路。

因此，龚启圣认为，从社会成本—收益分析框架来解读经济特区，可以认为设立经济特区的意图不在于说明中国对资本主义进行无差别开放；相反，可以清晰地看到，虽然新一届中国领导人郑重承诺要改革中国经济，但是，他们考虑到中国缺乏"与资本主义打交道"的经验，如果此时将中国主要城市向外资开放，并允许外资主导，这将是极为冒险的。

在龚启圣看来，中国希望在一开始吸引香港和澳门（而非跨国资本）资本来投资，为的是鼓励国际资本根据港澳资本的示范模式能陆续来华投资。正如中国官方的说法，在这一背景下，对中国而言更为理性的策略是，划出一些人口稀疏地区，并发展这些地方，在实验基地的基础上，使其转为西方国家企业园区的改良版本。

关于对香港恢复行使主权的考虑，龚启圣在文章中说，因为毗邻香港，深圳经济特区就能够担当"缓冲区"（在政治上和意识形态上）。深圳可以成为香港资本主义性质与中国其他地区社会主义性质的"杂交体"。

龚启圣猜测，经济特区这个概念也蕴含了一个更为乐观的看法。中国期待经济特区能够在香港回归方面完成"历史使命"。中国可以在香港地区与经济特区之间做第一层地区分工，并在经济特区与中国其他地区之间做其他层面的地区分工。中国也期待这样一种模式可以适用于台湾地区（对厦门特区而言）。

在龚启圣看来，如果期待经济特区完成"历史使命"，就要看它们在树立经济发展模范方面做得如何。这就需要评估一下特区的表现。他以深圳为例做了如下的分析。

在经济特区成立的早期阶段（1979—1980年），深圳发展得很慢。深圳的主要发展体现在"三来一补"。这种组装加工工作涉及服装、金属和塑料制品，也包括农产品，如蔬菜、鲜活水产。此类投资的规模很小，通常每个项目在 10 万港币左右。

深圳发展的起步较慢，主要原因有两点。第一，基础设施缺乏，投资规模小。由此，对基本建设的投资少，基础设施投资力度不足（见表 1-1），并且公布的外资规模也仅有 1.2 亿港币（见表 1-2）。

表 1-1 基本建设投资

单位：亿元人民币

1978 年	1979 年	1980 年	1981 年	1982 年	1983 年	1984 年上半年
–	0.4988	1.2487	2.7039	6.3265	8.8593	6.03

数据来源：《人民日报》，1984 年 3 月 29 日，第 5 版

表 1-2 公布的外商投资金额

单位：亿元港币

1978 年	1979 年	1980 年	1981 年	1982 年	1983 年	1984 年上半年
–	1.2	2.5	5.9	8.8	11.3	5.9

数据来源：《人民日报》，1984 年 3 月 29 日，第 5 版

第二，决策和立法滞后。虽然广东省人大第二次会议于 1979 年 12 月 26 日通过了在深圳、珠海和汕头成立经济特区的决议，但是相关规定仍然在草案阶段，直到 1980 年 8 月份全国人大常委会才通过了相关规定。

作为外因，香港可以解释投资规模小的问题。在深圳成立经济特区的同时，香港正经历严重的通货膨胀，实际工资与地价都在上升。这极大地增加了香港制造业的生产成本，而制造业正是当时香港经济的基石。同时，组装加工工作对技术要求不高。本地生产成本高，但组装加工技术门槛不高，这使得香港将组装加

工工作转移到了深圳，并且不需要太高的资本支出。可见，在早期阶段，香港投资者主要关心的是，通过将组装加工分包给深圳，可以降低其生产成本。

第二阶段（1981—1982 年），出现了一些工业发展，但是增长的主要动力来自房地产的迅猛发展，再加上一系列旅游相关的项目。

第三阶段，1983 年标志着深圳经济发展的分水岭。受惠于1982 年对基础设施的巨量投资，深圳的工业产值迅速增加。

龚启圣说，也就是在第三阶段，深圳遭受了多方的批评。第一，深圳成为以贸易为中心的经济体，这会侵蚀中国的外汇创收能力。第二，由第一点引申，深圳的进口远远大于出口。第三，深圳非但没有依赖外资来刺激经济增长，反而吸引了大量中国自己的企业利用深圳作为套利的窗口。第四，深圳没能促成西方先进技术向中国的转移。

龚启圣在文章中认为以上批评并不公允。第一，现在就断定深圳的发展绩效，还为时过早。无论从出口导向工业化角度，还是从引入外资的角度，深圳还在积累阶段，结构质变尚未发生。第二，宏观经济不均衡。中国百废待兴，国内需求远大于生产水平，经济出现了严重的不均衡问题，特别体现在家电方面。深圳作为市场经济和自由口岸，出现了进口大于出口的现象，国内资本逐利而聚，这是国内不均衡问题的表现。第三，技术转化条件不成熟。关于技术转移的问题，可以拿香港为参照。其实，以深圳的水平，目前就提出发展高科技产业并不现实。技术转化需要时间、资本投入和示范引导。这需要深圳的探索，更需要中央政府的支持。

40 年来，深圳特区一跃成为中国内地最具创新活力的地方，聚集了一大批中国最有国际竞争力的公司，深圳也成为当今中国的一线大都市。这些成就在 20 世纪 80 年代初是根本无法想象的。公允地看，在 20 世纪 80 年代初，深圳等特区所提供的示范效应、创业活力以及其利用更灵活的政策促进经济发展的能力，对于那之后的中国经济改革的影响毫无疑问都是有益的。

那些曾经对深圳的批评

在深圳特区成立以来，人们对它的批评就不绝于耳。这当然并不难想明白，在 20 世纪 80 年代初期"左"的思潮依然流行，因此在深圳实行特殊的制度试验和开放，引入"资本主义"的商业模式和生产方式，在政治上是有一定风险的。在姓"资"姓"社"的问题仍然是一个核心理论问题的时候，争论的焦点自然首先在特区的制度是否符合社会主义的性质上。于光远先生的回忆提供了一个小小的片段：

"当然事情并没有完。1982 年的 1 月，冷空气大量南下了，北京有一个单位制定了白头文件，题目是'上海租界的由来'，说的是清朝末年由于上海道台的腐败，帝国主义在上海设立了租界，我们因此丧失了主权。这是攻击搞深圳特区的人的语言，意思是说搞特区不是搞社会主义，有一段时间这样的舆论铺天盖地而来。另外，又发生了一个以计划经济为主的问题。1982 年 4 月 22 日到 5 月 5 日，在北京有一次专门为广东深圳而召开的会议，主持人最后讲话说，坚持计划经济为主市场经济为辅的方针必须进一步统一认识，我认为深圳搞那么大的规划是不现实性的，不是一般的大，而是大得无边，深圳特区面积 327 平方公里，比全世界特区的总面积还要大，这么大的一块特区面积，全都搞起来不是一个简单的事情。吴南生说他手边有这个人讲话的原件，他是按照这位同志的原件念的，原件中还说特别需要指出的是有的人想和计划经济脱钩，想割一块出去自己搞，我认为搞计划经济是客观需要，不是哪一个领导想怎么搞就怎么搞，你想的是不可能的。现在资本主义国家，包括日本、美国、法国认为要搞计划经济，南斯拉夫搞得太自由化了。事实说明不搞计划经济是不行的。计委的主要任务是搞好综合平衡，按客观规律办事，计委工作要有全面的观点，不要怕困难，不要怕得罪人。"①

于老自己认为深圳特区的制度是符合社会主义性质的。1983年第2期的《经济研究》发表了于老的文章《谈谈对深圳经济特区的几个问题的认识》。他的主要理由是，深圳特区不是政治社会制度的特区而是经济政策和管理的特区，而且特区里仍然有公有制企业的主导地位。可以想象，他的这个看法并不会得到多数人的认同。有的学者认为深圳特区的制度是社会主义国家中的资本主义，受到社会主义国家和政府的控制。大多数老一代经济学家比较倾向于认为深圳特区的性质就是"国家资本主义"这个论断。著名经济学家许涤新先生在《北京周报》1984年1月21日发表的文章具有代表性。他认为，设立深圳特区的目的是通过收买政策实施同国外资本和华侨资本的合作，引进他们的技术和管理，最终是发展社会主义。这与中华人民共和国成立初期中国政府靠收买政策发展与民族资本主义的合作在性质上是一样的。②

---

① 欧阳薇荪，《于光远谈邓小平与深圳特区》，http://www.hznet.com.cn/kjdt/hzkj/2004/0004/hk2404t02.htm。

② 转引自 [韩] 朴贞东著，《中韩经济特区比较研究》，中国社会科学出版社，1993年版，第34页。该书在1997年还出版了英文版：Jung-Dong, Park, 1997, *The Speical Economic Zones and Their Impact on Its Economic Development*, Praeger Publisher。

当中国内地的老一代经济学家正在为深圳特区纷纷定性的时候,1985 年 5 月出版的香港《广角镜》第 152 期发表了香港大学亚洲研究中心陈文鸿的文章《深圳的问题在哪里?》,也开始对深圳特区 5 年来的试验结果进行评估和质疑。有人称这是打响"特区失败论"的第一枪,而且揭开了深圳"第一次大围剿"的帷幕。

陈文鸿的文章得出的结论是:中央和深圳政府对深圳经济特区的期望,是建成能发展成为以工业为主体的综合体经济,可是,深圳事实上直至目前而言,工业仍从属于贸易,经济是以贸易为主。就这方面而言,深圳这方面的成绩还未如理想。这个结论来自他的简单而"定量"的分析。

根据他的分析,第一,资金以外资为主、产业结构以工业为主、产品以出口为主是中央给深圳定下的发展目标,深圳特区尚没有做到所说的三个"为主"。1983 年进口大于出口,引进的主要是被中国香港、日本淘汰不用的设备;引进的外资只占 30%,这 30% 中又主要是港资;1983 年深圳工业总产值 7.2 亿元,而社会零售商品总额为 12.5 亿元,做生意赚的钱比工业挣的钱多得多。

第二,陈文鸿指出,特区其实赚了内地的钱。他在文章里诙谐地说:"更妙的是,一些上海人跑到深圳买了一把折骨伞,发现竟是从上海送去香港,又转回深圳的。上海人很高兴,说是比在上海买少花了几块钱;深圳人也高兴,说赚了几块钱。香港百货公司也高兴,同样说赚了几块钱,真不知谁见鬼了!阿凡提到井里捞月亮。"

第三,陈文鸿又对深圳的贸易模式提出了批评。他认为深圳的经济是依赖贸易的,而在贸易中又主要是对国内其他地方的转口贸易，无论是直接的或间接的，转口商品主要是进口商品或包含相当比例的进口商品。外引内联的资金之所以投资深圳，主要是因为这个庞大的贸易和由此而来的高利润。深圳5年多发展以来的表面繁荣，也主要根植在此。

有意思的是，陈文鸿文章所引用的数字，几乎全是摘自内地或者特区报刊公布过的。陈文鸿通过对这些数字的逻辑推理和估算来得出结论。例如，陈文鸿实际上是根据深圳公布的1983年社会商品零售总额和人口总数来推算出深圳市的人均社会购买力高达4170元人民币的结论的。而在同一时期，上海的人均社会购买力为912元，北京为896元，广州为504元。深圳比上海、北京高出三四倍，比广州高出七倍多。这显然是不符合常理的。因此，文章得出结论认为，深圳的市场繁荣，主要是靠内地顾客来维持的。

在20世纪80年代中期，国内的经济学家还多以概念和定性分析见长，而陈文鸿的文章虽然简单，但却是"让数据说的话"。所以，文章虽然没有涉及深圳特区的性质，但却提出了让那些关注深圳特区性质的人感到鼓舞的问题与结论。而且，显然让人耳目一新的文章风格在那个时候肯定最具杀伤力、影响力和传播价值。于是，文章一发表，引起哗然。而如果是在互联网的今天，陈文鸿的名字定会红遍中国大江南北。

其实，根据我的记忆，在20世纪80年代中后期，不仅仅是陈文鸿，其他一些经济学家也对深圳特区有相似逻辑的批评。这里让我想起1992年9月我初到英国萨塞克斯大学时与华大伟教授的一场对话。[①] 我前面曾经提到，华大伟先生在那个时候正在从

---

① 华大伟教授不幸在2007年8月病逝于英国。

事关于中国特区和沿海发展战略的研究。我到了萨塞克斯大学之后就去办公室找他。他对我说，那个时候正在为世界银行准备一个评估深圳特区的背景报告。他拿出了一些他写就的有关的文章。他对我说，希望我能帮助他收集一些资料和数据，同时也能参与他的这个项目。我问他对特区的基本评价是怎样的。他直截了当地说，经济特区是一个扭曲的环境。它像磁石一样把内地的资源吸引过去，在短时间里产生耀眼的光芒。

正在这个时候，在成都的《经济学消息报》的主编高小勇先生与我联系，希望我在英国期间能为《经济学消息报》写点评论文章或者开一个专栏。我答应了并开始动手写一些评论。有一次我对华大伟建议，也许我可以把他关于深圳特区的文章编译出来，在报纸上发表。于是《经济学消息报》不久在第一版就发表了华大伟的文章。题目是《发光的并不都是金子》(All that glitters is not gold)。他说这是他在中国的报纸上发表的第一篇文章。那是 1993 年。

他的这个观点，我当时并不十分同意。我认为他总是无法摆脱西方主流的概念和框架来审视中国，因而在研究中国问题上总是持批评态度的。不过，他对中国非常友好，这些批评也显然是善意的。我们从那时候起就成了很好的朋友，每年在中国和英国多次见面。我还策划并编辑出版过一本他的研究文集。只是我们之间并没有任何研究上的合作。

总之，在深圳特区建设的最初阶段，尤其是特区的试验在党内和政治上还有不同意见的时候，深圳遭遇到这些来自学术界的批评自然就备受关注了。在这种背景下，邓小平 1992 年 1 月的"南行"中才再一次来到深圳，发表一系列针对深圳特区试验的讲话，而且从中我们可以感受到在这之前的那场争论的火药味。

邓小平 1992 年 1 月 19 日再次来到深圳。他在深圳参观过程中说："对办特区，从一开始就有不同意见，担心是不是搞资本主义。深圳的建设成就，明确回答了那些有这样那样担心的人。特区姓'社'不姓'资'。"

1 月 23 日邓小平在深圳开往珠海的快艇上还说："现在有右的东西影响我们，也有'左'的东西影响我们，但根深蒂固还是'左'的东西。有些理论家，政治家，拿大帽子吓唬人，不是右而是'左'。'左'带有革命的色彩，好像越'左'越革命。'左'的东西在我们党的历史上可怕呀！一个好好的东西，一下子被他搞掉了。右可以葬送社会主义，'左'也可以葬送社会主义。中国要警惕右，但主要是防'左'。右的东西有，动乱就是右的！'左'的东西也有。把改革开放说成是引进和发展资本主义，认为和平演变的主要危险来自经济领域，这些就是'左'。我们必须保持清醒的头脑，这样就不会犯大错误，出现问题也容易纠正和改变。"

他最后说："我们推行三中全会以来的路线、方针、政策，不搞强迫，不搞运动，愿意干就干，干多少是多少，这样慢慢就跟上来了。不搞争论，是我的一个发明。不争论是为了争取时间干。不争论，大胆地试，大胆地闯。农村改革是如此，城市改革也应如此。"①

不搞争论，那是政治上的务实和策略。但争论的过程确实让更多的人去思考了这样一个更根本的问题：局部性的改革和试验改革，尽管有其策略性的意义和价值，的确会产生局部与整体经

① 转引自苏东斌主编，《中国经济特区史略》，广东经济出版社，2001 年版，第 107—108 页。

济体制的落差，如果处理不当，将引发普遍的"寻租"现象。事实上，在一些经济学家批评深圳特区的管理体制时常常会用发达国家的"企业园区"（enterprise zones）或者国际上流行的"出口加工区"（export processing zones）作为参照组。深圳特区在当时显然已经超出了"出口加工区"的概念，也不再是完全封闭的管理体制。不仅如此，深圳特区还在鼓励和促进与内地省份和内地企业的经济联系（所谓"内联"）上大做文章。这本来是一个推动深圳特区的善意想法，但在实际上诱导出了越来越严重的内地企业利用深圳这个特区而寻求"直接非生产性寻利"（UDP）现象。这算是一个意想不到的结果。

我清楚地记得，1993年我还在英国萨塞克斯大学时，我的同事陈志龙教授也参与到华大伟教授的研究项目中，并受邀专程来英国考察"企业区"，了解英国一些老工业地区实施特殊政策待遇的"企业区"（类似于我们的"开发区"）的体制和管理模式。后来他回到上海写了不少内部研究报告递送政府部门。也就在这个时候，中央政府酝酿多时的关于扩大开放地区的政策也出台了。在我的印象中，到了20世纪90年代中期，早期那种备受关注的寻租现象逐渐消退了，说明在深圳和其他一些地方的特区试验所产生的局部扭曲效应基本消失，更大范围和地区的体制趋同在加速发生着。这就是特区试验的目的。

第二章　十年深圳：
为什么能从"弃儿"到二次腾飞

刘贯春

> "经济的旺区，文化的沙漠"，曾几何时，一度被用来形容深圳是一座没有文化的城市。
>
> ——题记

"文化沙漠"一词最早用于深圳市，特指文艺、科学、教育、精神生活等方面较为匮乏的地区，一般用于迅速崛起发展的国家和城市。① 由于深圳是典型的移民城市，自改革开放以来，来自

---

① 然而，由龙岗区平湖中学历史老师陈海滨历经 5 年研究写成，深圳报业集团出版社出版的《深圳古代史》正式出版发行，58 万字的著作率先提出六个"深圳中心论"。陈海滨认为，《深圳古代史》最大的特点就是"深圳中心论"。他说："深圳地区在历史上扮演了不同的中心，先秦——珠三角的'文化中心'；东晋——粤东的'政治中心'；唐朝——广东滨海的'军事中心'；宋元——广东地区的'经济中心（之一）'；明代——广东一带的'海防中心'；清代——中华民族最早的'抗英中心'。""特区设立后，深圳就流行'小渔村'和'文化沙漠'之说。"陈海滨说，"古代深圳不是'小渔村'，而是一定领域的'区域中心'；古代深圳不是'文化沙漠'，而是一定领域的'文明中心'。"尽管如此，多数人依然认为，深圳是一座没有文化底蕴的城市。

全国各地的人们甚至世界各地的人们在此聚集生活，外来文化与本地文化经历了一个冲突到融合的过程，使得传统文化逐渐消失或变迁。由于新文化发展历程短，尚未经受时间的考验，深圳发展没有得到大家的认同。30 年前的深圳，到处是工地，整个城市充斥着脚手架，到处是摆摊设点的生意人。随着时间推移，工厂不断增加，熙熙攘攘的工人聚集于此。然而，每当春节来临，深圳市的人一走而光。根据 2005 年《中国青年报》的采访，尹昌龙博士回忆道："在 1995 年过春节的时候，深圳满大街没几个人，连最爱做生意的潮州人都回了家，冷清得我直想哭。而到了 2005 年春节，一方面是火车票、飞机票全面吃紧，另一方面是各大酒楼全部爆满，深圳市已经实现了从工地、市场向城市的转变。"

2002 年 11 月 16 日，28 岁的呙中校以"我为伊狂"为网名，分别在人民网"强国论坛"和新华网"发展论坛"上贴出了长达 1.8 万字的《深圳，你被谁抛弃》。这篇文章犹如一枚深水炸弹，引爆了这座城市的集体情绪，让人们对这座城市的定位进行了重新思考。此前广泛传言："深圳本土发展起来的两大高科技企业——中兴和华为拟把总部迁往上海，平安保险在上海宣布将在陆家嘴金融贸易区投资 20 亿元建造平安金融大厦，并将核心业务部门迁往上海，而招商银行迁址一事亦在全面论证之中。"[①] 特别地，20 世纪 90 年代以前的"孔雀东南飞"现象已然发生转变，

---

① 除了这"四大金刚"的"迁都"传闻外，还有一些已经是事实但似乎不重要的消息——中信证券总部拟回迁北京，才在深圳成立不久的汉唐证券总部已迁往上海，另外，全球 500 强之首的沃尔玛在未来一段时间将会把采购总部由深圳北迁到上海。沃尔玛"迁都"不但严重打击了深圳建设国际物流中心的信心，而且给深圳吸引外资的努力泼了一瓢冷水。

上海与北京成为大学生心目中最具吸引力的城市。简言之，该文章指出："在这场 21 世纪经济话语权的竞争与高级人才的争夺之中，深圳显然已经落于下风。没有了政策优势，又受制于地理经济条件，深圳的这种劣势在竞争中越来越明显。"

自《深圳，你被谁抛弃》12 年后，深圳职业技术学院邓志旺博士于 2014 年 10 月 27 日撰写的《深圳抛弃论十二周年纪：再过 10 年北上广将不敌深圳》再次引起疯狂讨论。其核心观点在于："从过去 12 年来看，深圳的发展质量、发展速度及发展前景，早已把北上广等一线城市抛在了身后，甚至一直被深圳视为学习榜样的香港，也即将被深圳甩在身后。在未来 10 年，深圳将一骑绝尘领跑中国城市，北上广将不敌深圳。"邓博士主要从如下四个方面进行论证：第一，深圳 GDP 依旧牢牢把握经济总量第四的位置，且这个成绩并不依赖于国企和外企，而是私营企业和个体企业；第二，深圳的金融实体更能代表中国未来的方向，如果民营资本进入，其金融产业必将超越北京和上海，成就中国金融产业最具活力的城市；第三，深圳这座"文化沙漠"城市重点发展文化产业，不仅搞起了文博会，还发展了自己的动漫、游戏、音乐、演艺、旅游等文化大产业；第四，深圳是中国的科技之都，从航天科技到材料技术，从制造到产品，是唯一有可能代表中国走向世界科技前沿的一座城市。

尽管上述言论存在很多个人"臆断"，但纵观过去近 20 年的发展，不难看出深圳在新一轮中国城市竞争格局中非但没有被抛弃，反而呈现快速的赶超态势，大有把"北上广"抛之脑后的姿态。可见，虽然深圳只有 30 多年的历史底蕴，但是其快速发展正在逐渐改变人们以往的看法。2016 年 7 月 19 日在前海中洲天睿论坛上，深圳大学经济学院博士生导师、深圳市人大代表魏达志教授不无惋惜地提出："上海不是深圳的对手，这是上海所有制结构所决定的，更是上海这座城市的独特政经氛围所决定的。"魏教授指出，上海的所有制结构为央企、地方国企、外资企业、民营企业，比重为1∶1∶1∶1，最具活力和最具创新能力的民营企业占比仅为产业结构的1/4。与之相比，深圳的所有制结构中90%的企业为民营企业和个体企业，国企、央企和外资企业所占的比重基本可以忽略不计，营商环境竞争十分充分。简单来看，尽管上海的经济总量依旧远超深圳，但本地品牌几乎没有，而深圳却走出了华为、中兴、腾讯、万科、大疆、比亚迪等一大批全球知名企业。

那么，作为一座历史文化底蕴不足的城市，为何深圳比全国其他城市做得更好？虽然深圳市的高等院校相对匮乏，但是较于一线城市的北京和上海，其科技创新能力却十分突出。立足于深圳市人才政策，本章试图回答如下三个问题：第一，介绍深圳在研发支出、专利申请及人才引进领域取得的成效；第二，从精准人才政策的视角对科技创新效果进行细致剖析，并探讨其他地方的人才政策是否会对深圳产生冲击；第三，结合深圳的人才政策效果及产业发展历程，从技能人才匮乏和人才成本核算的双重视角，探究高等教育及引进国内外知名院校的必要性。

深圳科创的"孔雀开屏"

一、筑巢引凤，百鸟咸至

近年来，在深圳市政府人才政策及各区特有政策的大力支持下，深圳市在人才引进方面取得了卓著成果。整体来看，截至

2016 年年底，深圳累计引进高层次人才 8275 人，海外留学人员 8 万余人，拥有专业技术技能人才 452 万人，占常住人口的 38%。在人才的有力支撑下，深圳实现了新常态下的新发展，2016 年 GDP 达到 1.95 万亿元，增长 9%。地方一般公共预算收入达到 3136 亿元，增长 15%。全社会研发投入超过 800 亿元，占 GDP 的比重为 4.1%，处于世界先进行列。

遗憾的是，不同区的数据相对匮乏，我们仅能搜集到南山区和坪山新区的相关数据，具体表现为：南山区已经成为深圳市人才高地、创新人才集聚地。截至 2017 年年初，南山区拥有全职院士 12 人，比上年增加 4 人；国家"千人计划"人才 168 人，同比增加 40 人，占全市的 81%；"孔雀计划"人才 1453 人，占全市的 70%；深圳市高层次专业人才 2503 人，海归人才超过 5 万多人，人才总量居全市第一。同时，坪山新区拥有海内外高层次人才 1126 人，包括国家"千人计划"、地方级领军人才、海外高层次人才等，这些人才主要集中在新能源（汽车）、生物、新一代信息技术等主导产业的技术研发岗位。

特别地，深圳市人才引进的各项指标显著增长，具体表现为：在 2012 年至 2017 年上半年，深圳市共引进各类人才 80 万余人。从人员的学历层次来看，拥有本科学历的为 380712 人，占比为 47.17%；拥有研究生及以上学历的为 83696 人，占比为 10.37%。从人员的年龄分组来看，35 岁以下的为 713386 人，占比高达 88.38%。对比 2012 年和 2017 年的数据不难发现，深圳市引进人才的数量和质量均有显著提升。比如，2012 年深圳市共引进各类人才 133757 人，大专及以上学历的为 117712 人，相应的占比为 88.01%；2017 年仅上半年就引进各类人才 107295 人，大专及以上学历的为 99117 人，对应占比增至 92.38%。

具体地，在此对 2013 年、2015 年及 2017 年上半年的人才引进数据进行汇总，并试图通过比较法来分析深圳市人才政策的实施效果。

首先，2013 年深圳市共计引进各类人才 15.09 万人。从人员的工作经验构成来看，应届毕业生 56774 人，占比为 37.63%；引进在职人才数量为 94115 人，占比为 62.37%，同比增加 28.75%，且具有专业技术资格、职业技能资格的在职人才占比约为 30%。从人员的学历层次来看，拥有大专及以上学历人员 12.47 万人，占引进人才总数的 82.66%。其中，拥有研究生及以上学历的人才占比 7.66%，而拥有本科学历的人才占比 43.68%。从人员的年龄分组来看，引进人才的平均年龄为 28 岁，35 岁以下的人才占比 85.26%。

其次，2015 年深圳市共计引进各类人才 13.71 万人。从人员的工作经验构成来看，应届毕业生 71013 人，占比为 51.78%；引进在职人才数量为 66124 人，占比为 48.22%，且专业化、高技能人才约占在职人才总数的 20%。从人员的学历层次来看，拥有大专及以上学历人员 127960 人，占引进人才总数的 93.31%。其中，拥有本科学历的人才占比 51.92%，拥有研究生及以上学历的人才占比 12.35%。从人员的年龄分组来看，引进人才的平均年龄为 26.7 岁，35 岁以下的人才占比 90.57%。

特别地，2015 年深圳市应届毕业生接收数量创历史新高，全年接收应届毕业生比 2014 年增加 10311 人，增长率高达 16.99%。其中，研究生及以上学历的占比为 20.03%，比 2014 年提高了 1.6 个百分点。来自重点院校的毕业生人数和所占比例有明显提升，引进市外毕业生前三名院校依次是中山大学、华南理工大学、华中科技大学。

最后，2017 年上半年深圳市共引进各类人才 10 万余人，同比上升高达 30.14%。从人员的学历层次来看，拥有本科学历的人员 57451 人，占比 53.54%；拥有研究生及以上学历的 13336 人，占比 12.43%。从人员的年龄分组来看，35 岁以下人才数量为 96946 人，占比 90.35%。

图 2-1 展现了 2013 年和 2015 年深圳市引进人才的特征对比。显然，较于 2013 年，2015 年应届毕业生的比例更高（由 37.63% 增至 51.78%），而在职人才比例在下降（由 62.37% 降至 48.22%）。同时，大专及以上学历的人才占比不断升高，由 2013 年的 82.66% 增至 2015 年的 93.31%。其中，本科学历人才占比（由 43.68% 增至 51.92%）、研究生及以上学历人才占比（由 7.66% 增至 12.35%）均在提升，而大专学历人才占比在下降（由 31.32% 降至 29.04%）。另外，35 岁以下的人才占比由 2013 年的 85.26% 增至 2015 年的 90.57%。

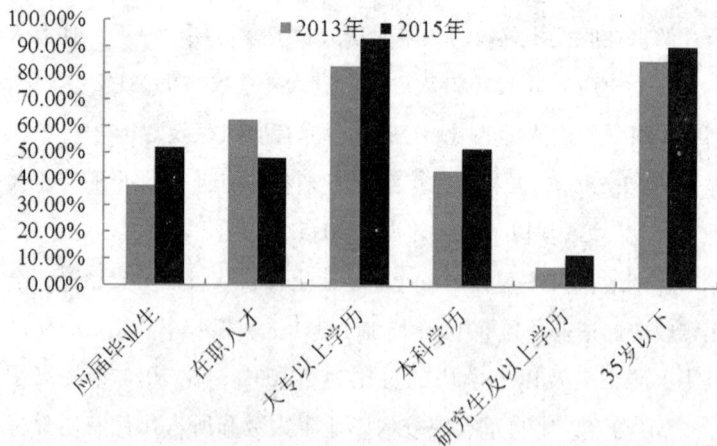

图 2-1　2013 年和 2015 年深圳市引进人才的特征对比

数据来源：深圳市人力资源和社会保障局

由此可见,在深圳市政府和各区政府的人才政策吸引下,深圳市引进人才整体上呈现高学历、专业化、年轻化的特点。即引进人才学历结构总体持续提升,人才年轻化特征更加突出。同时,接收毕业生数量和质量实现同步提升,引进人才素质提升明显,这些数据说明深圳市大力实施引进市外人才的一系列政策措施取得了卓著成效,更好地适应了深圳市产业转型升级的用人需求。

二、创新大势,勇立潮头

不同于国内其他城市,深圳创新模式享有盛誉,"4 个 90%"一直保持不变:90% 的研发机构、90% 以上的研发人员在企业、90% 以上的研发投入、90% 的发明专利出自企业。在创新的时代,深圳作为我国一个年轻且具有活力的城市,正加快向全球科技创新高端前沿迈进,在 5G 技术、石墨烯太赫兹芯片、柔性显示、新能源汽车、无人机等多个新兴科技领域的创新能力位居世界前列,涌现出了华为、中兴、光峰光电、华讯方舟、柔宇、优必选等一批优秀的创新型企业。

2016 年,深圳国内发明专利申请量增长 40.7%,申请量和授权量均居全国副省级城市第一;万人发明专利拥有量 76.3 件,是全国平均水平的 9 倍以上;主导或参与制定国际标准 249 项,增长 53.7%,累计达 1384 项。深圳已从过去的 "山寨之城" 转变为如今的 "创造之城"。除了直接反映在人才引进的各项指标外,深圳市在高新技术产业出口额、专利申请与授权、研发支出、规模以上工业企业创新活动及创新载体等多个方面取得了令人瞩目的成效。接下来利用 2016 年《深圳市统计年鉴》,从技术创新的发展视角对深圳市人才政策的实施效果进行评估。

1. 递进式发展的高新技术产业

图 2-2 展现了 2001—2015 年深圳市高新技术产品的出口规模与增长率。整体来看，高新技术产品出口规模持续增加，但在 2014—2015 年有轻微下降。相应地，高新技术产品年度增长率整体上呈现递减的态势。从数值来看，在 2001—2015 年，高新技术产品的出口总额由 2001 年的 113.69 万美元增至 2015 年的 1403.38 万美元，年均增长率高达 81%。同时，高新技术产品的年度增长率从 2001 年的 38% 降至 2015 年的 2.6%。这些结果共同表明，2001—2015 年深圳市的高新技术产业得到快速发展，但近年来增长速度呈现下滑趋势。

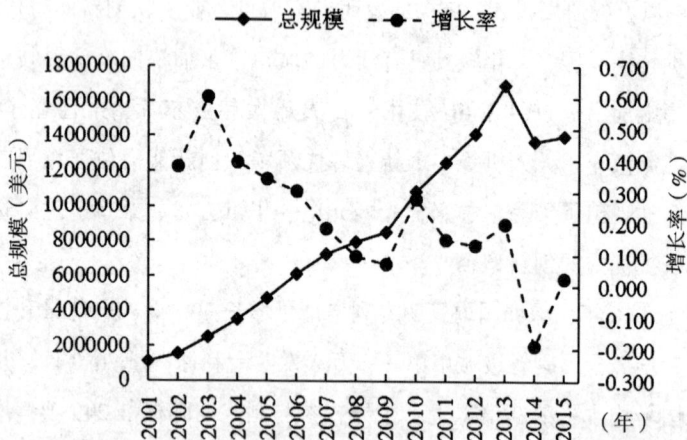

图 2-2 2001—2015 年深圳市高新技术产品的出口规模与增长率
数据来源：深圳市统计局

2. 高速上升的知识产权行业

图 2-3 展现了 2001—2015 年深圳市专利申请与授权的变动趋

势。不难看出，无论是申请总量还是授权总量，深圳市的专利数量均呈现快速的上升态势。具体而言，专利申请总量由 2001 年的 6033 件增至 2015 年的 105481 件，年均增长量为 7103 件，年均增长率高达 117%；专利授权总量由 2001 年的 3506 件增至 2015 年的 72120 件，年均增长量为 4901 件，年均增长率高达 140%。特别地，对于发明专利而言，申请量由 2001 年的 1033 件增至 2015 年的 40028 件，年均增长量为 2785 件，年均增长率为 270%；授权量由 2001 年的 7 件增至 2015 年的 16957 件，年均增长量为 1211 件，年均增长率为 173%。

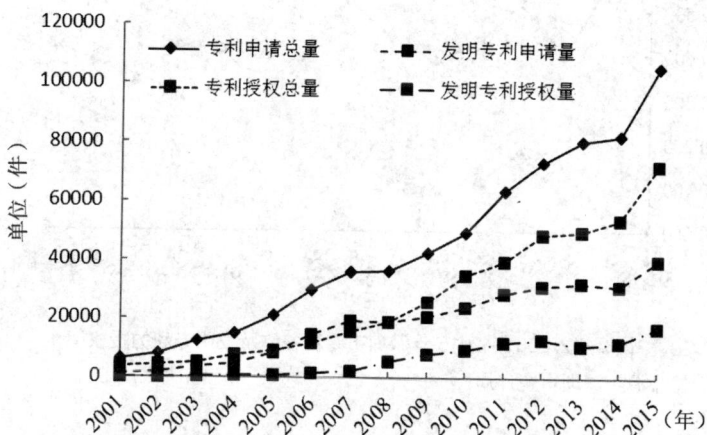

图 2-3 2001—2015 年深圳市专利申请与授权

数据来源：深圳市统计局

图 2-4 展现了 2001—2015 年深圳市专利整体及发明专利的授权率。对于专利整体而言，授权率的变动趋势可以划分为三个阶段：第一，在 2001—2006 年这段时期，授权率经历了下滑，由期初的 58.11% 降至期末的 38.66%；第二，在 2006—2010 年这段时

期，授权率呈现快速上升态势，由期初的 38.66% 增至期末的 70.71%；第三，在 2010—2015 年这段时期，授权率基本上呈现平稳态势，维持在 65% 左右。不过，对于发明专利而言，在 2001—2009 年这段时期呈现快速上升态势，授权率由 0.68% 增至 39.63%，此后基本稳定在 40% 左右。这些结果表明，近十多年来深圳市的专利数量和质量呈现快速上升趋势。

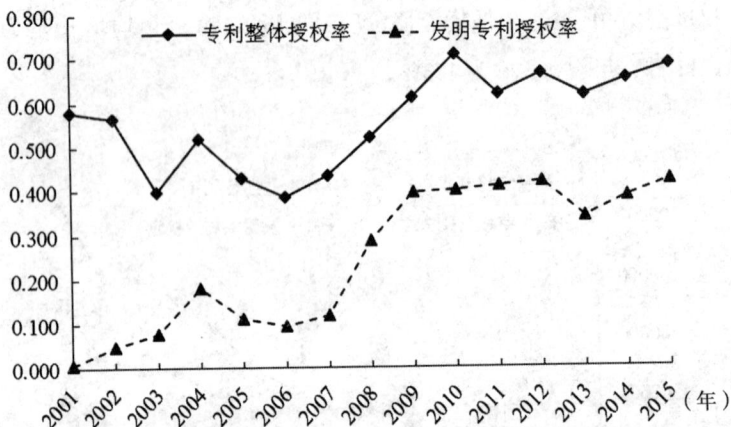

图 2-4　2001—2015 年深圳市专利整体及发明专利的授权率

数据来源：深圳市统计局

3. 不断增长的企业科技研发

图 2-5 展现了 2009—2015 年深圳市的研发支出规模及占 GDP 比例。整体而言，无论是研发支出规模还是占 GDP 的比例，均呈现持续增长趋势。从具体数值来看，研发支出规模由 2009 年的 279.71 亿元增至 2015 年的 732.39 亿元，年均增长率高达 26.97%，而研发支出占 GDP 的比例由 2009 年的 3.41% 增至 2015 年的 4.18%，年均增长率 3.16%。这些结果表明，近年来深圳市

政府及地方企业对研发创新的重视程度不断提升，从而有助于经济结构转型。

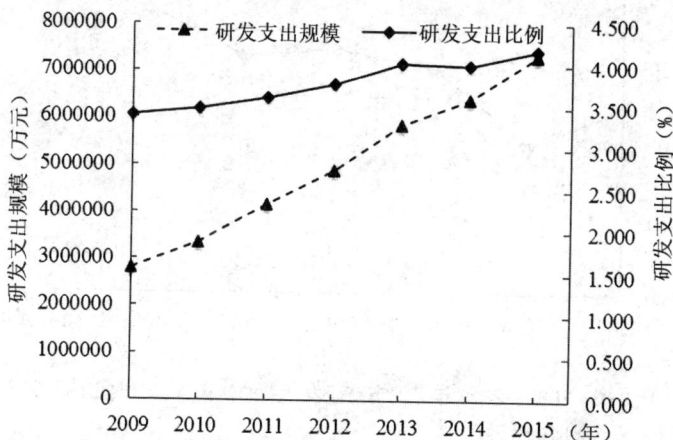

图 2-5　2009—2015 年深圳市的研发支出规模及占 GDP 比例
数据来源：深圳市统计局

进一步，利用规模以上工业企业的相关数据，对深圳市的研发创新活动进行总结分析。

图 2-6 展现了 2009—2015 年深圳市有研发活动的规模以上工业企业比例。不难看出，有研发活动的企业比例在样本期间呈现稳定的上升趋势，由 2009 年的 12.1% 增至 2015 年的 19.9%。同时，有研发机构的企业比例呈现波动趋势，但在 2012 年后呈现平稳增加，由 7% 增至 12.7%。

图 2-7 展现了 2009—2015 年深圳市规模以上工业企业的研发支出比例及新产品产值占比。不难看出，企业研发支出占主营业务收入的比例呈现稳定的上升趋势，由 2009 年的 1.8% 增至 2015 年的 2.7%。同时，新产品开发经费占主营业务收入的比例亦表

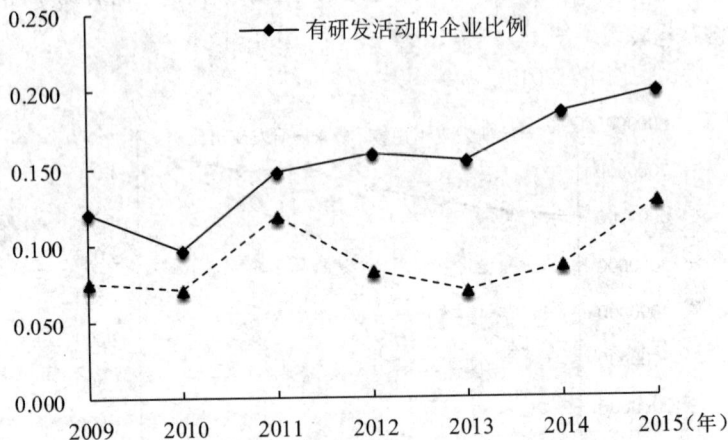

图 2-6 2009—2015 年深圳市有研发活动的规模以上工业企业比例

数据来源：深圳市统计局

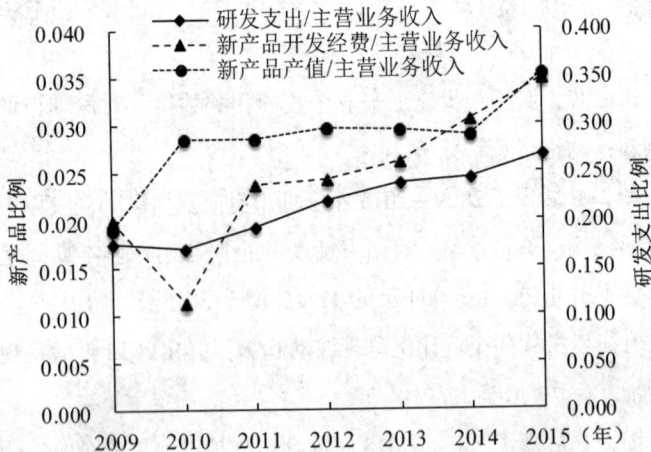

图 2-7 2009—2015 年深圳市规模以上工业企业的
研发支出比例及新产品产值占比

数据来源：深圳市统计局

现为持续的上涨态势，除在 2010 年有所下降外，占比由 2009 年
的 2.0% 增至 2015 年的 2.7%。相应地，新产品产值占主营业务
收入的比例在 2010—2014 年这段时间基本稳定，维持在 29% 左
右，而在 2009—2010 年和 2014—2015 年这两段时期有快速上涨
趋势，分别由 19.1% 增至 28.5% 和由 28.9% 增至 35.5%。这些结
果充分表明，近年来深圳市规模以上工业企业的创新活动十分频
繁，进而有助于新产品开发及科技发展。

4. 百花齐放的创新载体

最后，图 2-8 展现了 2010—2015 年深圳市不同层级的创新载
体。显然，无论是整体层面还是不同类型的细分层面（国家级、
省级和市级），创新载体的数目均呈现快速上升趋势，具体表现
为：创新载体的总数由 2010 年的 419 个增至 2015 年的 1283 个，
年均增长量为 173 个，年均增长率为 41.25%；国家级创新载体的
数目由 2010 年的 41 个增至 2015 年的 80 个，年均增长量为 8 个，

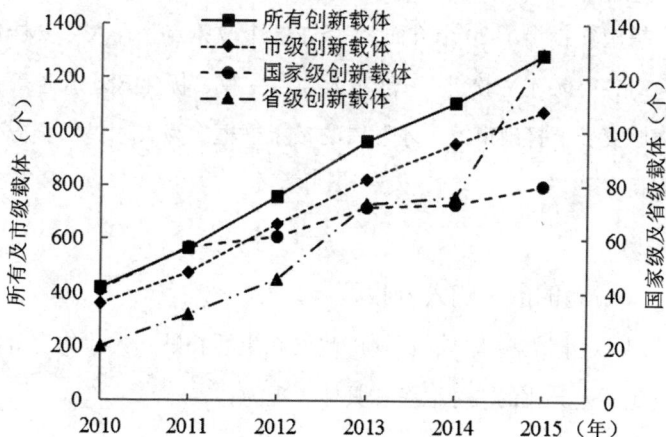

图 2-8　2010—2015 年深圳市不同层级的创新载体

数据来源：深圳市统计局

年均增长率为 19.02%；省级创新载体的数目由 2010 年的 20 个增至 2015 年的 129 个，年均增长量为 22 个，年均增长率为 109%；市级创新载体的数目由 2010 年的 358 个增至 2015 年的 1074 个，年均增长量为 143 个，年均增长率为 40%。这些结果表明，在深圳市人才政策的作用下，创新载体数目快速增加，从而有助于培育新技术和促进经济结构转型。

群贤毕至：珠三角璀璨的"人才之都"

为吸引世界各地的优秀人才，深圳市政府制定并实施了一系列的人才优惠政策，如《深圳市人才安居办法》《深圳市新引进人才租房和生活补贴工作实施办法》等。《深圳经济特区人才工作条例》和《关于促进人才优先发展的若干措施》的颁布，宣告深圳市的大门正式向全世界的人才敞开。《关于促进人才优先发展的若干措施》提出了 20 个方面 81 条 178 个政策点，在人才安居保障、给各类人才"松绑"、落实人才自主权、优化人才服务等方面大胆突破，打破束缚人才发展的条条框框，为人才提供全方位的支持。

一、有的放矢的人才政策

对于不同类型人才，深圳市政府在生活补贴、人才住房等方面制定了差异化的人才政策，具体表现为：

● **大学毕业生**。大学毕业生入户深圳可享受一次性租房补贴和生活补贴，还可以申请公租房，且不受"1 年社保"的限制。

其中，本科毕业生 1.5 万元，硕士毕业生 2.5 万元，博士毕业生 3 万元。特别地，对于在深圳从事博士后研究的博士研究生，可享受 2 年每年 12 万元免税的生活补贴。一旦去企业，大学毕业生可以申请最高 1 万元的培训补贴以参加技能培训，且有机会赴国外参加研修培训。如果大学毕业生在深圳市筹建技能大师工作室、技师工作站，可以分别获得 50 万元和 30 万元的经费资助。如果大学毕业生在深圳市自己创业，可以享受创业场地租金补贴，还可以享受其他金融扶持政策。当创业项目被认定为优秀等级时，在深圳市完成商事登记后，可以获得最高 50 万元资助。

●**博士后人才**。如果在深圳市进站开展研究工作，可以获得不超过 24 万元的生活补贴。一旦出站留在深圳市从事科研，可以获得 30 万元的科研经费资助。特别地，外地博士后出站后来深圳市就业，同样可以享受相同的科研经费资助。

●**留学归国人才**。对于留学回归人才，如果来深圳市进行创业，符合条件的可以申请留学人员 30 万—100 万元的创业资助。如果项目被评定为特别优秀等级，可以获得资助 500 万元。

●**创客人才**。符合条件的个人项目和团队项目①，深圳市政府给予最高 100 万元的资助。

●**外籍人才**。如果符合高层次人才②的相关条件，可以享受

---

① 创客创业资助项目申请条件：第一，申请人为创客个人、团队或在深注册且未满一年的小微企业；第二，申请人为创客个人、团队的，批准立项后，须在深圳注册企业实施项目，以法人资格签订资助项目合同。

② 高层次人才的认定标准参见《深圳市海外高层次人才认定标准（2016 年）》，主要分为 A、B、C 三类人才。

高层次人才的一系列待遇；如果不符合高层次人才的相关条件，在出入境居留、住房公积金缴存和提取、子女入学等方面也能享受一些优惠待遇。

在 2017 年 4 月，深圳市市委组织部副部长郑秀玉在接受《深圳特区报》记者专访时，以一个全日制本科毕业生来深圳市工作为例，描绘了他在成长过程中能够从刚刚出台的《关于促进人才优先发展的若干措施》中获得哪些政策扶持和资助。

如果是一个全日制本科毕业生，只要入户深圳，就可以拿到一次性租房和生活补贴，其中学士 1.5 万元、硕士 2.5 万元、博士 3 万元。同时可以申请公共租赁住房轮候，并不受缴纳社会保险 1 年的时间限制。如果进入企业后，参加技能培训，符合条件的，可以申请最高 1 万元的培训补贴。当他的技能不断提升并达到一定水准时，可以筹建技能大师工作室、技师工作站，符合条件的可分别获得 50 万元和 30 万元的项目经费资助，甚至还有机会参加选拔成为"技能菁英"赴国外参加研修培训。

如果选择出来自己创业，符合条件的可以享受创业场租补贴，在目前《深圳市自主创业补贴办法》规定的补贴标准基础之上提升 20%—50%；如果创业项目被相关主管部门认定为优秀创业项目，在本市完成商事登记的，给予最高 50 万元的资助。符合条件的，还可以享受如科技保险产品保费资助、贷款贴息资助等一些金融扶持政策。

如果经认定成为深圳市高层次人才，可以按照认定的层次获得 160 万—300 万元不等的奖励补贴；同时，符合条件的可选择最长 3 年、每月最高 1 万元的租房补贴，或选择免租入住最长 3 年、面积最大 150 平方米的住房；在医疗保健、子女入学等方面也会有相应的配套扶持政策。

如果在深圳取得突出成就、作出突出贡献，市里有一系列奖项激励，包括市长奖、自然科学奖、技术发明奖、科技进步奖、青年科技奖、专利奖、标准奖等。另外，还专门有对在产业发展与自主创新方面作出突出贡献的人才的激励，市财政每年安排的专项资金不少于10亿元。同时每两年认定鹏城杰出人才，获选者将给予每人100万元经费支持。除了物质奖励，还有精神激励，深圳将建设人才主题公园和人才星光大道，宣传这些优秀和杰出人才，对有卓越贡献和重大贡献的杰出人士，深圳市政府将提请授予深圳经济特区勋章或荣誉称号。

二、互争雄长的人才大战

除了深圳市政府制定的一系列人才政策外，各区政府还执行了差异化的人才政策来吸引不同类型的人才。目前，深圳市划分为福田区、罗湖区、南山区、盐田区、宝安区、龙岗区6个行政区及光明新区、龙华新区、坪山新区、大鹏新区4个新区。接下来，将结合各区主要的人才政策进行对比剖析。

1. 深圳市南山区

在第十五届中国国际人才交流大会上，被誉为中国硅谷的创新高地地南山区在其展馆，以"智汇南山，领航未来"为主题，率柔宇科技、光启、光峰光电等全球知名企业齐齐亮相，现场展示各项高科技项目，引得参会人员驻足观看、索要资料、合作洽谈等。

人才资助：当前阶段，南山区已经进入特区、湾区、自贸区三区叠加发展的新时代，确立了建设国际化创新型滨海中心城区的目标。2016 年，南山区启动"领航 2020 人才发展计划"，诚邀天下英才，全力打造人才创新创业发展生态先行区。"领航计划"打造的是一个人才政策创新体系，首批出台的文件包括 1 个主文件、3 个配套文件和 1 个三年行动方案。为配合"领航计划"的实施，南山区 5 年财政投入将超过 60 亿元，全面支持南山区各类人才创新创业。

人才住房：南山区计划在全区 8 个街道建设人才公寓，构建覆盖全区的人才公寓网络，为在南山各个区域创新创业的人才提供住房保障。对于无法提供住房的，南山区财政每年投入 3 亿元，用于保障人才住房的货币补贴。除了完成市级的人才住房补贴任务外，还将为在南山工作的企业骨干人才提供 2 万元一套的人才住房补贴。对经南山区认定的"领航人才"，将给予每月最高 1 万元的租房补贴。

人才服务：为了让各类人才在南山安心创业、舒心工作，"领航计划"在优化人才服务方面也有一些举措。首先是对高层次人才制定"南山标准"，而且人才认定评价标准完全参照市场化标准：人才认定不唯学历、职称、资历和身份，实际能力和业绩才具备"含金量"。其次，发放"领航人才卡"，实现政府资源+社会资源的服务叠加。"领航人才卡"持卡人一方面将享受政府服务资源，如政务快捷、医疗保健、住房保障、学术研修、配偶就业、子女入学、文体活动等服务。在南山区属医院设立人才特诊中心，为人才提供免费体检、家庭医生健康管理服务以及从人才看病导医、挂号、配药乃至办理住院手续的"一条龙"贴心服务。另一方面，南山携手民生银行，为人才提供最高 1000 万元的纯信用授信，还有如机场贵宾服务、粤卡通、商家购物优惠的个性服务。通过"领航人才卡"，实现政府和社会资源的叠加服务。

2. 深圳市福田区

在第十五届中国国际人才交流大会上，福田区展馆以拥有四通八达的道路形象贯穿整个展区，象征着"一流国际化中心城区"的地位；以深圳新地标"平安金融大厦"为中心，寓意着"首善之区新标杆"；以"亚洲最大地下火车站"福田站为设计元素之一，在"高铁之窗"上展示了福田区的企业实力、发展政策和发展成果，以福田人才政策"大礼包"吸引广大国内外人才。

人才资助：2016年福田区以区委"一号文件"形式印发了《关于实施"福田英才荟"计划的若干措施》，在人才的认定、投入、引进、培育、激励、服务等六个方面提出16条措施。为了吸引更多英才会聚福田，福田区进一步加大人才发展资金投入力度，区财政未来5年投入不少于10亿元资金，用于人才引进、培养、激励和服务。同时，加大产业发展和创新人才奖励力度，每年区财政安排不少于1亿元资金，对辖区企业上一年度在产业发展与自主创新方面作出突出贡献的人才，按贡献度给予配套奖励。

人才住房：已获评深圳市高层次专业人才、孔雀人才的"福田英才"，选择人才安居住房的，按市高层次人才安居有关规定执行；选择在辖区内租房的，在获得市级补贴基础上给予100%配套补贴。福田区还将集中建设100套以上配备家居设施的"英才公寓"，建设500套以上的"人才迷你公寓"，为各类人才解决来福田工作初期的短期住宿需求。福田区开辟高层次人才"绿色通道"，实施人才安居工程，五年内提供1.5万套以上人才住房，切实解决各类人才就医、子女入学等实际困难。力争到2020年，实现"千人计划""孔雀团队"总数翻番，各类金融人才总量达

12 万人以上，新增 1000 名以上专业服务高端人才。

人才服务：福田区还将探索采取政府购买服务方式，设立人才服务点、指定人才服务专员、发放"人才福卡"，人才可凭卡直接到相关服务平台或部门享受子女就学、医疗保健、文体活动、政务办理等便捷服务。"福田英才"子女申请就读区属义务教育阶段学校的，由区教育部门统筹解决；"福田英才"的非本市户籍子女申请就读区属义务教育阶段学校的，享受本市户籍学生同等待遇。"福田英才"按区相关规定享受保健待遇，享受区属定点医疗机构优先就诊服务及每年一次免费高端体检服务。"福田英才荟"计划还围绕体制内外职业发展的需求，在人才自主创业、学术研究、等级提升、职务晋升、岗位寻聘、人才举荐等方面，制定相应的扶持政策，期望最大限度地激发人才职业发展的活力。福田区计划通过科研资助、升级奖励、考证奖励、生活补助、研修津贴、课题资助、培训挂职等多种形式，加大扶持专业人才能力提升的力度，加大扶持人才队伍学术研修的力度，鼓励辖区各类人才在福田干事创业。

3. 深圳市盐田区

2017 年 4 月 15 日，第十五届中国国际人才交流大会在深圳会展中心举行。在极具山海特色的盐田人才交流展区，盐田区偕万科企业股份有限公司、华大基因研究院、周大福珠宝金行（深圳）有限公司等 15 家本土企业集中参展，并组织辖区相关企业参加了其他场馆的现场招聘，向外界充分展示了盐田区情区貌，大力宣传了盐田区推进人才强区战略的措施方法，全面介绍了辖区重点产业、重点企业、产业园区的经营发展成果。盐田区委常委、组织部部长姚刚视察盐田展区。

近年来，盐田区坚持走"不求大而全，只求小而优"的特色发展之路，大力发展港口物流、滨海旅游、生物科技和黄金珠宝等支柱产业，吸引了华大基因、万科、周大福珠宝、东部华侨城、盐田国际、码隆科技、绿野清风、盐田国际创意港等一批在国内外具有影响力的企业和园区扎根发展，产业结构不断优化，综合实力日益提升。自2007年起参加大会以来，盐田区先后共组织185家企业参加了大会的高端招聘及毕业生双选会活动，共提供职位2563个，收到招聘简历8600余份，最终录用2130人，较好地满足了辖区企业的引才引智需求。

人才资助：盐田区人才办相关负责人说，盐田区"人才50条"定位精准："我们针对辖区紧缺的高层次人才、高技能人才和人才梯队储备，分别提出打造'梧桐凤凰'、'梧桐工匠'和'梧桐青苗'三个工程，以满足盐田发展建设的实际需要。"根据能力和贡献的不同，"梧桐凤凰"共分为A、B、C、D四类。对于层次最高的A类人才中的深圳市杰出人才，盐田区将给予100万元工作经费和600万元奖励补贴。新引进和新认定的D类人才也能够获得10万元的住房补贴。"梧桐工匠"工程则面向高技能人才，以真金白银弘扬"工匠精神"。盐田区将结合产业结构实际情况，将黄金珠宝、港口物流等支柱产业打造成技能人才、工匠人才集聚平台，重点突出对技能型人才的扶持。针对技能人才新取得与工作岗位相匹配的高级技师、技师职业技术资格的，盐田区拟分别给予3万元、2万元的奖励补贴。

作为盐田区吸引潜质人才的招牌工程，"梧桐青苗"活动至今已连续组织了9年，成功引入了2800余名应届毕业生。此次"人才50条"拓展了"梧桐青苗"引才内涵外延，不再仅面向应届毕业生，将综合运用校园招聘、社会招聘、猎头招聘等手段，将应届毕业生和社会人才都纳入视野。对新引进入户的博士研生、硕士研究生和本科毕业生分别给予每人3万元、2.5万元和1.5万元的生活补贴。博士毕业生到盐田区博士后工作站或创新实践基地从事科研工作，还将给予10万元的生活补贴。

人才住房：新引进和新认定的"梧桐工匠"人才，盐田区将给予10万元的住房补贴。盐田区还高度重视对辖区成长型人才的扶持。原盐田成长型人才、生物产业人才、黄金珠宝高技能人才的住房补贴扶持力度从5万多元大幅提升至10万元，进一步扩大政策效应。2016年12月8日，盐田区第七期人才安居房暨客运枢纽奠基仪式，在阵阵锣鼓声中举行。盐田区委书记杜玲在启动仪式上表示："着眼'十三五'发展，我区将多渠道筹集和建设高品质人才住房，新建和筹集人才住房不少于7000套，并逐步扩大人才住房保障覆盖面，吸引和集聚更多高精尖人才、工匠型人才和紧缺专才扎根发展。"

人才服务：人才资源作为第一资源，为加快推动人才集聚发展，全力打造"梧桐人才"高地，形成人才优先发展新格局，盐田区制定出台了《关于实施人才强区战略 打造"梧桐人才"高地的若干措施》，针对辖区紧缺的高层次人才、高技能人才和人才梯队储备，分别提出打造"梧桐凤凰"、"梧桐工匠"和"梧桐青苗"三个梧桐人才工程，制定了宽领域、多层次的人才引进、服务和保障政策，对梧桐人才提供丰厚的人才补贴、舒适的住房保障和优质的教育资源，并在医疗保健、配偶就业、培训教育、文化娱乐等方面提供配套手段，为人才营造舒心的生活环境，大力提升盐田区人才引进力度和成效。

4. 深圳市宝安区

经过近年来一系列卓有成效的引才工作，宝安区的人才规模和人才结构实现了"双提升"。目前，宝安区共有市级及以上高层次人才 881 名，区级高层次人才 1173 人，比 2013 年增长了近 10 倍；全区拥有博士人才约 650 名，广东省和深圳市"孔雀计划"创新科研团队 4 个，区创新科研团队 22 个，博士后工作站（创新实践基地）25 家，留学生创业园 4 家。

人才资助：按照宝安区贯彻落实市《促进人才优先发展若干措施》实施方案，最高端的杰出人才可以获得市和区各 600 万元共 1200 万元的奖励补贴；基础型的人才可获得博士 6 万元、硕士 5 万元、本科 3 万元的租房和生活补贴。

人才安居：宝安区计划在 2020 年前在每个街道规划建设至少 1 个人才驿站，每年供给不少于 2000 套人才住房。区级高层次人才可享受最长 10 年、每月 5000 元的租房补贴，或者免租入住最长 10 年、面积 90 平方米左右的住房，教育、卫生领域高层次人才特别优秀贡献突出可终身免租居住。

人才服务：宝安区正在高标准打造区人力资源服务中心（宝安人才园），计划引进一批知名人力资源服务企业、行业协会和人才孵化器，并筹备建立宝安"工匠联盟·工匠基地"和"大学生实训基地"，打造人力资源服务"十大平台"，全面服务宝安产业转型升级、人才创新创业。

此外，宝安区还将组建人才服务专员、人才义工队伍，为院士、"千人计划"人才提供一对一"保姆式"服务，为高层次人才及团队提供个性化"菜单式"服务，为五类百强企业提供专员对接及跟踪服务。

5. 深圳市罗湖区

罗湖区充分发挥政府、企业、社会组织、行业协会等多方作用，建立科学规范、运作畅顺的"菁英人才"工作机制，力争到 2020 年，培育引进 100 名 A 类"菁英人才"、300 名 B 类"菁英人才"和 600 名 C 类"菁英人才",基本形成高层次产业人才集聚和高端产业集聚效应。

人才资助:经认定纳入"菁英计划"的人才即"菁英人才",分为 A、B、C 三类,A 类人才为深圳市国家级领军人才及以上级别人才或其他相应层次人才,B 类人才为深圳市地方领军级人才或其他相应层次人才,C 类人才为符合一定条件的青年创业项目的创办人或创新团队。A 类"菁英人才"可获得一次性安家补贴 50 万元;B 类"菁英人才"可获得一次性安家补贴 30 万元;C 类"菁英人才"经过申报、现场考察和评价的创业项目给予 20 万元的一次性创业补贴。区"菁英人才"参加短期(7 天〈含〉以上,不含往返路途时间)赴高等院校、科研机构进修或访问学者等学术活动后,可申请享受研修津贴。其中,举办地在亚洲以外,津贴 1 万元;举办地在亚洲(不含国内),津贴 5000 元;举办地在中国(含港澳台),津贴 3000 元。每名"菁英人才"每年可申请研修津贴不超过 2 次。

人才住房:A 类区"菁英人才"在深圳以家庭为单位未享受过住房优惠政策、未拥有过商品住房的,可向区住房建设局申请免租金租住建筑面积 80—90 平方米的住房。"菁英人才"与区住房建设局签订免租金住房租赁合同后,最长可免租居住不超过两个任期。B 类"菁英人才"在深圳以家庭为单位未享受过住房优惠政策、未拥有过商品住房的,在房源允许情况下,可按照人才公共租赁住房租金标准向区住房建设局申请 60 平方米左右的人才公共租赁住房,实行 5 年免租;暂时未能安排住房的,按照每人每月 5000 元的标准发放物业补贴,发放期最长不超过 5 年。C 类"菁英人才"以家庭为单位未享受过住房优惠政策、在深圳未拥有过商品住房的,在房源允许情况下,可按照人才公共租赁住房租金标准向区住建局申请租住罗湖区人才公共租赁住房；暂时未能安排住房的，按照以下标准发放物业补贴：博士 12000 元/年，硕士 9000 元/年，本科 6000 元/年，发放期最长不超过 3 年。

人才服务："菁英人才"的非深圳户籍子女在罗湖区就读义务教育阶段学校，享受深圳市户籍学生同等待遇。"菁英人才"子女申请就读罗湖义务教育阶段学校的，由区教育局统筹解决。建立就医绿色通道制度，为区"菁英人才"及其配偶、子女、父母及配偶父母的就医提供绿色通道；相关服务由区卫生和计生局及区属医院提供。将"菁英人才"纳入区级健康管理，按照区相关规定给予保健待遇和每年一次的免费高端体检，所需经费纳入区财政预算。根据"菁英人才"实际需要，在其任期内为其在罗湖区居住的 65 岁以上父母及其配偶父母提供居家养老服务，解决人才的后顾之忧，所需经费及服务由区民政局妥善安排。

6. 深圳市龙岗区

人才资助："深龙英才计划"全面提升了对人才及团队的资助标准。例如，对创业类的"深龙英才"，给予最高 300 万元创业资助和最高 300 万元场地费用补贴。对创新类的"深龙英才"，给予最高 150 万元创新资助。对在龙岗区创业的高层次人才团队，给予最高 1000 万元资助、最高 600 万元场地费用补贴和最高 1000 万元跟进股权投资，同时突破团队带头人及核心成员的资助范围，首创性地将资助延伸至技术骨干，赋予团队自行推荐 5 名以内的技术骨干。以深圳市"孔雀计划"团队为例，将团队及其成员作为一个整体，除股权投资外，最高可获得 2800 万元资助。

人才住房：龙岗区对所有符合条件的"深龙英才"均提供最长 10 年的安居保障。其中，A—C 类人才可申请最大 220 平方米左右的免租金住房，或每月最高 1 万元的租房补贴，A 类人才免租期满符合条件的可申请赠予所租住房。D、E 类人才可申请不超过 80 平方米的低租金住房。在人才子女入学方面，A、B 类人才子女申请就读龙岗区义务教育阶段学校和高中转学的，可在全区范围内选择一所学校申请就读。C、D 类人才子女申请就读龙岗区义务教育阶段学校的，予以妥善安排。此外，"深龙英才"还可在医疗保健、交通出行等方面享受有关政策待遇。

人才服务：2016 年 9 月 23 日上午，龙岗区审议通过了《深圳市龙岗区关于促进人才优先发展实施"深龙英才计划"的意见》及其配套办法，标志着"深龙英才计划"正式启动。主要包括 1 个主文件、N 个实施办法（首批出台 6 个，后续将出台金融、医疗卫生等多个办法），从人才引进培养、载体平台建设、综合服务、保障机制等多方面，强化对人才及团队的支持。

7. 深圳市龙华新区

人才资助：龙华新区"龙舞华章"计划高层次人才，分 A、B、C 三类人才。A 类人才包括深圳市高层次专业人才（包括深圳市后备级及以上人才）和"孔雀计划"人才（包括"孔雀计划"海外高层次 C 类及以上人才），在新区创新创业的，按照市给予的 160 万—300 万元奖励补贴标准予以等额配套奖励补贴。B 类人才包括国家各部委、各省、自治区、直辖市、计划单列市和副省级城市的高层次人才，经认定后按照市后备级人才奖励补贴标准（160 万元）的 80% 给予奖励补贴，即 128 万元。C 类人才（成长型高层次人才）按照龙华新区成长型高层次人才认定标准认定后，按照市后备级人才奖励补贴标准（160 万元）的 40% 给予奖励补贴，即 64 万元。

人才住房：一是"龙舞华章"计划高层次人才。符合条件的龙舞华章计划A类、B类、C类人才，在享受相关奖励补贴的同时，可按规定享受市有关高层次人才安居政策，或选择区最长3年、每月最高0.5万元的租房补贴，或免租入住最长3年的人才住房，面积标准按照市区相关文件规定执行。二是中初级人才。坚持实物配租和货币补租相结合，以货币补租为主、实物配租为辅，对符合条件、未实物配租的中初级人才，给予一定租房补贴解决人才住房困难。三是大学生。符合条件的新引进入户且在新区就业的全日制本科及以上学历的人员和归国留学人员，在市发放本科每人1.5万元、硕士每人2.5万元、博士每人3万元租房和生活补贴的基础上，一次性给予等额配套租房和生活补贴。

人才服务：3月28日，龙华新区召开了首届企业服务大会，提出将以载体建设、政策扶持、人才服务、城区环境、公共配套、市场环境、服务效能等7个方面为抓手，营造深圳最优营商环境。

8. 深圳市坪山新区

近年来，坪山新区不断加大人才引进力度。坪山新区还出台了《关于加快科技创新发展的若干措施（2017—2020年）》，这个被称作"科技创新20条"的措施的最终指向就是创新人才和团队。"科技创新20条"的推出，旨在促进坪山不仅能吸引人才，更能让人才扎根坪山。

据悉，目前坪山新区拥有海内外高层次人才1126名，包括国家"千人计划"、地方级领军人才、海外高层次人才等，这些人才主要集中在新能源（汽车）、生物、新一代信息技术等主导产业的技术研发岗位，对推动企业开展自主创新工作起到重要作用。未来5年，坪山新区计划引进院士团队10个以上，

国家"千人计划"专家 15 人以上,"孔雀计划"人才或团队 30
个以上。

人才资助:坪山新区制定出台了"聚龙计划"人才强区战略
实施意见等"1+N"文件。

人才住房:与市人才安居集团签约合作,成立坪山人才安居
公司,致力打造一批人才安居精品项目,为各类人才提供多层
次、高质量的住房保障和服务;提供"一站式"服务,为高层次
专业人才提供人事关系调动、配偶就业、子女入学以及各类审批
事项等在内的"一站式"高效服务,精准解决人才落户、住房、
医疗等实际问题

人才服务:开展海归沙龙、人才俱乐部、院士讲堂等活动,
积极营造良好的招才引才氛围。

9. 深圳市光明新区

近期,深圳光明新区坚持人才优先发展战略,在市促进人才
优先发展政策的基础上,制定了《光明新区人才工作"鸿鹄计
划"系列实施方案》(以下简称《方案》),构建了较为完备的新
区引才保障体系,确保各项人才措施可操作、能落地,为新区各
项事业发展招才引智,提供智力支持;力争到2020年,新区引进
培育千名"鸿鹄人才",逐步形成引得进、用得上、留得住的人
才竞争优势。根据《方案》,新区的"鸿鹄人才"包括杰出人才、
高层次领军人才、教育卫生系统引进高层次人才、创新创业成长
型人才等四大类高层次人才。其中,杰出人才为在光明新区工作
的深圳市高层次专业人才(杰出人才、国家级领军人才、地方级
领军人才、后备级人才)和深圳市"孔雀计划"人才(A类、B
类、C类)。"鸿鹄人才"从已在辖区各行业工作的优秀人才中认
定产生,认定不受国籍、户籍限制。同时,新区人才办于每年8

月受理"鸿鹄人才"的认定申请，申请程序按个人申请、单位及主管部门审核认定、公示等程序规定执行。经认定的人选编入"鸿鹄人才"库，并颁发相应的人才证书，享受各项配套政策待遇和奖励。

人才资助：值得一提的是，相比于其他区域人才政策，光明新区"鸿鹄计划"增设了空间奖励项目，不仅为人才送上"真金白银"，还奖励用于生产研发办公的发展空间。新区对于经市人力资源和社会保障部门认定的杰出人才，有效期内每年奖励20万元；国家级领军人才（含市"孔雀计划"A类人才）有效期内每年奖励10万元；地方级领军人才（含市"孔雀计划"B类人才）有效期内每年奖励6万元；后备级人才（含市"孔雀计划"C类人才）有效期内每年奖励3万元；经新区人才工作领导小组认定的创新创业成长型人才有效期内每年奖励3万元。

租金补贴：对于诺贝尔奖获得者（物理学、化学、生理学或医学、经济学奖）、两院（中国科学院、中国工程院）院士等深圳市杰出人才在新区创业，根据实际需要，由新区提供面积不超过3000平方米的生产研发办公场所租金补贴，租金补贴每年最高不超过120万元，补贴年限为前3个财政年度。国家级领军人才、中央"千人计划"人才领衔的团队来新区创业，由新区提供面积不超过2000平方米的生产研发办公场所租金补贴；市"孔雀计划"人才来新区创业，根据A、B、C类不同人才级别和实际需要，由新区提供面积分别不超过2000、1000、500平方米生产研发办公场所租金补贴。这些经确认提供的租金补贴每年不超过80万元，补贴年限为前3个财政年度。

人才住房：新区将建立人才投入优先保障机制，新区财政每年投入不少于5000万元，用于实施新区人才优先发展及"鸿鹄计划"。在住房和落户问题上，光明新区将从多方面提供保障。首先是提供专门人才住房。从新区在建和已建成的保障房中预留部分房源作为人才住房，分层次、分类别逐步解决人才安居问题。对于新区认定的高层次领军人才，可按照规定程序，向新区住房保障部门申请免租金住房，面积不超过 140 平方米。其次是专项住房补贴。对于经新区人力资源部门接收的应届毕业生、积分入户引进的在职人才或归国留学人员，符合一定的学历、年龄等条件，可依条件申请新引进人才租房补贴。

户籍方面：为人才提供专户户籍服务。新区的"人才人事服务中心"设立了"人才专户"，为暂时找不到落户地址的人才提供户籍挂靠服务，让人才能实现"安居乐业"。新区将妥善解决人才子女入学问题。对于申请到新区以外的学校就读的"鸿鹄人才"子女，执行市级相关文件规定；对于申请在新区学校就读的"鸿鹄人才"子女，统一纳入积分申请学位制度，根据"鸿鹄人才"的不同类型，赋予足够的分值，确保人才子女能顺利入学。同时，新区将为"鸿鹄人才"提供更完善、更高水平的医疗保障。

人才服务：在"鸿鹄人才"载体建设方面，新区将扩大留学生创业园规模，充分发挥新区留学人员创业园作为人才、项目、团队良好结合的示范平台作用，鼓励培育开办创业创新基地。对入驻新区留学人员创业园等孵化基地的留学人员，给予创业项目不超过 20 万元的研发启动资助。新区将推进博士后工作站建设，鼓励和支持辖区企事业单位创造条件，建立一批博士后科研工作站、博士后创新实践基地，不断壮大新区博士后研究人员队伍。对批准设立在新区的博士后工作站、实践基地，其设站资助由新区参照市资助额度追加 50% 比例的配套资助。新区还将大力扶持创客发展。鼓励高等院校、龙头企业、科研机构和行业组织在重点产业领域建设加速器、孵化器及众创空间，最高给予 150 万元的建设资助，对符合新区产业导向的创业基地予以最高 100 万元资助。

10. 深圳市大鹏新区

未来 5 年内，大鹏新区将引进 25 名顶尖人才，以及 8 个生物、生命健康、海洋、旅游、文化创业领域一流科研创新团队。

人才资助：以生物生命健康产业、海洋产业和旅游产业作为未来三大战略产业的大鹏新区，对人才奖励力度将更强，对杰出人才给予每人 300 万元奖励补贴和 50 万元工作经费资助；市认定人才给予 100% 配套奖励。项目团队给予最高 1000 万元扶持；高层次人才团队创办企业，可给予最高 600 万元场地费用扶持。教育、医疗卫生、文化体育领域人才，给予最高 300 万元奖励扶持，团队给予最高 500 万元扶持。引进社区集体经济管理人才，给予股份公司最高 100 万元启动经费。设立人才创新创业基金，首期规模 2 亿元。设立"鹏程计划引才伯乐奖"，给予最高 50 万元奖励。

人才住房：深圳大鹏新区未来 5 年建 3 万套保障性和人才住房。

人才服务：在大鹏新区创办科技企业的博士、硕士及"海归"，通过评审后可以获得每年最高 20 万元的创业扶持，扶持时间为两年。在新区投资引导基金中设立人才创新创业子基金，首期规模 2 亿元，通过参股深圳市人才创新创业基金、阶段性参股创新创业项目等灵活方式，充分发挥市、新区两级政府资金的引导作用，扶持新区人才创新创业项目。

三、"孔雀"与"诺贝尔":人才引进的"深圳面貌"

1. "孔雀计划":从梧桐枝到明星企业

"孔雀计划"是 2011 年深圳市委、市政府提出的引进海外高层次人才(团队)来深创业创新的计划,旨在推动支柱产业和战略性新兴产业领域的人才队伍结构优化和自主创新能力提升,实现人才资源配置和产业优化升级的高端化、高匹配,推动经济发展方式进入创新驱动发展轨道。"孔雀计划"在其创立之初的总体目标是从 2011 年开始,5 年重点引进并支持 50 个以上海外高层次人才团队和 1000 名以上海外高层次人才来深创业创新,吸引带动 10000 名以上各类海外人才来深工作,力争把深圳经济特区建设成为亚太地区创新创业活动活跃、海外高层次人才向往会聚的国际人才"宜聚"城市。"孔雀计划"针对的主要对象是适用于高新技术、金融、物流、文化等支柱产业发展,有利于培育新能源、互联网、生物、新材料等战略性新兴产业的具备较高专业素养和丰富的海外工作经验,掌握先进科学技术、熟悉国际市场运作的海外高层次创新创业人才,此外还包括能够对深圳市产业发展产生重大影响、能带来重大经济效益和社会效益的核心团队。

为了保证"孔雀计划"科学有效实施,深圳市政府根据产业结构优化调整的需要,每年都会定期向社会公开发布海外高层次人才重点引进目录;还建立和完善了专项引进机制和人才确认机制,并对引进的海外高层次人才建立健全的配套服务机制,包括 80 万—150 万元的奖励补贴,并即时解决落户、子女入学、配偶就业、医疗保险等方面的问题和困难。对于创新创业团队,深圳市还建立了专门的服务扶持平台,在创业资助、项目研发资助、成果转化资助、政策配套资助等方面提供支持。对引进的海外高层次人才团队，给予最高 8000 万元的专项资助。

目前深圳市"孔雀计划"主要包括四个方面，分别是"孔雀团队""技术创新资金""创业资助""创业场租补贴"。前三个资助项目都要求申请团队必须是在深圳依法注册、具有独立法人资格的团队，并且对团队带头人以及核心成员在教育背景和年龄等方面有一系列要求。深圳市科技创新委员会公布的 2018 年批次的"孔雀计划"支持项目申请指南当中列出的重点支持领域包括互联网、生物、新能源、新材料、新一代信息技术、节能环保、海洋、航空航天、生命健康、机器人、可穿戴设备、智能装备等新兴产业，这些产业均是深圳市在发展战略性新兴产业方面目前和将来重点关注的领域。这些项目的主要区别在于其支持强度以及支持方式，其中，"孔雀团队"的单个团队项目平均资助强度 2000 万元，最高 1 亿元，对具有成长潜力但未入选"孔雀计划"的创新创业团队，最高资助 500 万元；"技术创新资金"的平均支持强度为 100 万元；"创业资助"项目上单个项目的资助强度不超过 100 万元。在"孔雀团队"的支持方式上，明确指出是以无偿资助和股权投资结合的方式进行资助。对于"创业场租补贴"项目，首先要求申请对象是已获得海外高层次人才创新创业专项创业资助、团队资助或广东省创新科研团队资助的企业。在最新公布的申请指南上明确说明其资助强度为：自企业设立之日起两年内，给予 500 平方米以下部分每月每平方米 30 元场租补贴；自企业设立之日起，第三年给予 500 平方米以下部分每月每平方米 15 元场租补贴。

截至 2015 年年底，深圳市"孔雀计划"共吸引了 77 个创新团队（其中"孔雀团队"61 个、广东省创新科研团队 24 个，

8个团队既是广东省创新科研团队也是"孔雀团队"），涵盖电子信息、生物医药、新材料、医疗器械、先进制造及新能源等领域，累计引进"孔雀"人才1219名。2016年8月和2017年2月，深圳市科技创新委员会先后公布了2016年深圳市海外高层次人才"孔雀团队"第一批和第二批的名单，第一批名单当中共有12个团队被批准成为"孔雀团队"，这些团队涉及电子信息、柔性显示，以及生物基因测序等其他高科技产业，深圳市政府通过无偿资助和股权投资两种方式向这12个团队总共资助了3.45亿元。第二批的名单当中共有11个团队被批准成为"孔雀团队"，深圳市政府通过无偿资助的方式向这11个团队共资助了2.63亿元，通过股权资助的方式向其中三个团队共资助了3000万元。

深圳市委、市政府自实施"孔雀计划"以来，每年都有众多海外创业团队慕名而来。据深圳市科技创新委员会统计，"孔雀团队"累计申请60项国际PCT专利、2946项发明专利、70项实用新型专利和34项外观设计专利，授权发明专利473项、实用新型专利87项和外观设计专利37项，发明专利申请量占专利申请总量的96.6%。目前最具代表性的"孔雀计划"明星团队包括光启和柔宇。光启复合智能材料团队是深圳首批"孔雀团队"之一。2010年，作为"孔雀计划"首批认定人才，毕业于美国杜克大学的刘若鹏博士率领他的团队创立了深圳光启高等理工研究院。光启研究院先后开发了Meta-RF电磁调制、超材料、智能光子等一系列革命性的创新技术，在超材料技术开发及工程应用中保持全球领先地位。短短5年时间，光启专利总量就已接近2900项，占全世界超材料领域过去10年专利申请总量的八成多，且在智能光子领域共申请了350余项专利。照此势头看，光启正在为成为深圳科技创新的"新名片"并不断勇攀高峰。

深圳柔宇科技有限公司是 2013 年"孔雀团队"之一，这家在美国硅谷和中国深圳同时创立的高新技术企业，成功研制出全球最轻薄的、可直接用于智能手机领域的彩色柔性显示器，其厚度仅有 0.01—0.1 毫米，不到 3 年就形成了深圳品牌。这项技术在 2015 年 9 月举办的全国"双创周"活动北京主会场的 111 个展示项目中曝光度最高，大放异彩，在美国的 CEX 上也屡次夺得年度最佳产品桂冠。

一批又一批"孔雀"在深圳高效宽松的政策下，在各自领域寻得"梧桐枝"，茁壮成长为深圳新一代的"明星企业"。新一批"孔雀团队"的加入，为深圳这片科创热土注入新的活力，势必助力深圳创新驱动发展。

2. 诺贝尔实验室：诺贝尔奖科学家的新阵地

2017 年 1 月 13 日，在深圳市召开的第六届人大三次会议上，深圳市政府强调 2017 年起要实施"十大行动计划"。其中，特别重要的一项为组建十大诺贝尔奖科学家实验室。事实上，在 2017 年 1 月之前，深圳市已经筹建了两个以诺贝尔奖获得者命名的实验室，而在 2017 年 4 月又有两个新实验室落户。至此，深圳市已经拥有四所诺贝尔奖科学家实验室，分别为格拉布斯研究院、中村修二激光照明实验室、科比尔卡创新药物与转化医学开发研究院和瓦谢尔计算生物研究院。接下来，将逐一详细介绍各实验室详细的筹建过程。

第一，2016 年 10 月 12 日，以 2005 年诺贝尔化学奖得主罗伯特·格拉布斯命名的格拉布斯研究院在深圳正式揭牌成立。依托于南方科技大学，罗伯特·格拉布斯教授担任研究院院长，下设新材料研究中心、新医药研究中心、清洁能源与化学过程研究中心共计 3 个分部。回溯到 20 世纪 80 年代，作为首个访华美国科学家代表团的成员，格拉布斯教授受到时任国务院副总理万里的接见。自此以后，格拉布斯教授长期往返于中美之间，并于 2017 年成功当选中科院外籍院士。在 2014 年 4 月到访深圳期间，格拉布斯教授就十分赞赏深圳的创新环境。伴随着多次访问深圳，格拉布斯教授深入考察深圳的创新环境和产业环境，格拉布斯研究院正是在这一过程当中筹建起来的。以新医药、新材料和新能源三个方向为主，格拉布斯研究院积极整合国内外人才资源，试图构建 "1-10-40-200" 的金字塔形人才梯队，争创世界一流的研究中心。按照初步构想，"1" 由格拉布斯教授领衔，"10" 中的核心成员由 10 位美国和中国的科学院院士组成。

　　第二，2016 年 12 月 15 日，以 2014 年诺贝尔物理学奖得主中村修二命名的激光照明实验室在深圳成立。中村修二来深圳创办实验室，离不开光峰光电创始人李屹的多次邀请和会谈。在 2012 年和 2013 年，李屹和中村修二有过两次会谈。谈话期间，中村修二认为 "LED 技术最终会被激光所取代"，李屹表示赞同并深知新一代照明技术的发展潜力和应用前景，遂产生了与诺贝尔奖大师一起研究新一代照明技术的想法。因此，李屹说："想再获一次诺贝尔奖吗？来广东吧，让深圳速度给你加速！" 正是在上述会谈的基础上，中村修二于 2016 年 2 月来到深圳，并在与深圳市领导会面的过程中，为深圳市政府的热情所打动。同时，李屹经常与中村修二会面长谈，向中村修二介绍深圳的大疆和华为多么厉害，甚至还给中村修二买了部华为手机，从而使中村修二对深圳越来越感兴趣。此外，中村修二还被光峰光电的快速产业化所吸引。以往，国内的电影设备只能依靠进口，但光峰光电利用核心技术开发了全球首款 2000 流明、符合 DCI 标准的激光放映机。如今，深圳影院激光电影的放映设备基本都来自光峰光电。同时，广东的产业环境也给中村修二带来更大信心。深圳、东莞及惠州等城市已经形成成熟的照明产业生态链，市场份额高达4000多亿元。

短短几个月，这个实验室已经云集了多位行业高手。美国国家工程院院士史蒂夫·登巴斯，专注于研究发光二极体设备的美籍越裔科学家陈长安博士，毕业于美国明尼苏达大学的美籍华裔专家王雷博士先后加入，加上大量本土高端研发人员，一个国际化研发团队已经形成。该研究院集聚产业发展所需的各类关键要素，为行业输送人才和核心技术。

2017年4月11日，另外两所诺贝尔实验室同时在香港中文大学（深圳）举行揭牌仪式，分别为由2013年诺贝尔化学奖得主阿里耶·瓦谢尔教授领衔的瓦谢尔计算生物研究院，以及由2012年诺贝尔化学奖得主布莱恩·科比尔卡教授领衔的科比尔卡创新药物与转化医学开发研究院。谈及选择来深圳创建实验室的原因，瓦谢尔教授表示是被深圳的迅猛发展和未来潜力所吸引，科比尔卡教授持相同的观点。据了解，科比尔卡创新药物与转化医学开发研究院的研究领域集中于药物受体的结构、计算模拟、药物合成和药理学等，而瓦谢尔计算生物研究院重点发展结构生物和高通量生物信息两个领域并跨领域合作。

打造"大学之都"：世界名校齐聚深圳

结合上述分析不难看出，深圳市出台的人才政策取得了卓越成效，吸引了世界各地的众多优秀人才，并在科技研发创新领域遥遥领先于其他一线城市。那么，为何深圳市还要不断引进世界知名高等院校来筹建分校呢？

深圳只有 37 年的历史，通过创新机制（合作办学）这样的路径，能够缩短深圳高等教育发展的路径和历程，实现超越式发展。然而，虽然有"合作办学"这样一个捷径，但是教育界专家也提醒，大学的发展、城市高等教育体系的构建，需要长期的积淀和持续的努力。在香港中文大学（深圳）校长徐扬生看来，办大学要谨慎，不能速度太快，应以质量为主，"办大学不是办公司和工厂，如果办的质量不如校本部，就没有必要办"。还有专家指出，教育合作不是到处开麦当劳，合作办学也并非一合就灵，让外来的高等教育文化在深圳生根开花结果而不是水土不服，还需要深圳不断探索。培养创新型的国际人才，需要检视、破除原有教育理念、体制中的一些弱项和短板。

同时，有部分人认为"作为一线城市，深圳的可用土地面积仅为 1997 平方公里，在巴掌大的地方不断引入高等院校来圈地，将会限制地方高科技产业发展"；有部分人认为"利用好的人才政策吸引和留住人才来深圳安居乐业，既不浪费钱，也不造成土地重复建设等"；还有部分人认为"把有限的资金和土地资源投入到已有的高等院校，将其建设成知名院校足矣，引进大学仅是政绩工程和面子工程"。归纳为一句俗话就是："想吃好米，并不一定需要自己亲自种田。"

一位名叫"西门大少"的网友认为："其实深圳不需要太多大学培养人才，这方面全国各地大学都会代劳。打个比方，全国各地大学相当于种地的农民，有丰厚的教育资源为国家培养众多的大学生，深圳就是间加工厂，将产出的农产品加工制造成更精良更符合市场需求的产品。具体就是为全国各地培养出的大学精英人才提供一个创业平台，促进人才往上流的地方。简单而言，深圳与全国培养人才的大学是分担两个不同的角色。深圳更需要的是比大学更高端的科研机构，使深圳成为东方硅谷。"

以华为为例，坊间认为"华为不断产出源头创新成果，原因之一就是引入了市场化的薪酬激励机制，因此高等院校基础研究并没有想象中重要"。然而，南方科技大学校长陈十一认为，正是因为深圳高等教育创新有待提升，华为才把基础研究布局在法国、俄罗斯等世界各地，用全世界的人才为华为服务。"类似这些做法是短期补'短板'的办法，中长期要解决问题，还是应该培育自己的大学。"哈尔滨工业大学（深圳）相关负责人也表示，走引进之路是提高办学水平的一个捷径，方向是对的。办学需要文化积淀，学校如果没有核心文化要素，很难教化人，而核心文化要素的积淀需要时间。引进名校办学无形中会部分解决这个问题，使学校发展更快。

下文将着重从研发模式转变、高技能劳动力短缺、文化环境塑造、其他地方人才政策冲击及成本核算五个方面来阐述深圳市引进高等院校的必要性，进而对深圳的高等院校分布及人才培养成效进行详细介绍。

一、高校带来的"金鸡蛋"

1. 研发模式的转变：应用型 vs 基础型

深圳原本是中国南部的一个小渔村，在改革开放的历程中凭借经济特区和计划单列市的地位，创造了世界工业化、城市化和现代化建设的奇迹，一跃成为国际化大都市。在发展起步阶段，深圳到处是工厂和技术模仿类企业，产业发展需要大量应用型技术技能人才，即将专业知识和技能应用于所从事的工作。

应用型创新人才的能力体系是以一线生产的实际需要为核心目标，在能力培养中特别突出对基础知识的熟练掌握和灵活应用，但是对于科研开发能力要求较低。在培养过程中更强调与一线生产实践的结合，更加重视实践性教学环节，如实验教学、生产实习等。换言之，这种人才的知识结构是围绕着一线生产的实际需要加以设计的，在课程设置和教材建设等基本工作环节上，特别强调基础、成熟和适用的知识，而相对忽略对学科体系的强烈追求和对前沿性未知领域的高度关注。由此可见，应用型创新人才主要是应用知识而非科学发现和创造新知识。在深圳市工业化和城市化的过程中，对这种人才有着广泛的需求，大众化高等教育十分注重这类人才的培养。也正是这种巨大的人才需求，为高等职业技术院校的发展提供了广阔的空间，如深圳市职业技术学院。

以当前阶段以加工业为主的东莞市为例，《东莞市教育事业发展"十三五"规划》中指出，高等院校将对接东莞支柱产业、战略性新兴产业、先进制造业，建成产业需求型的重点专业，建设高水平应用型特色学科专业，从而形成产学研用互相融合的技术创新体系和技术转移机制，为东莞实现转型升级和创新驱动提供人力支撑。作为东莞高等教育的领头羊，东莞理工学院机械工程学院于 2010 年开始，历时 5 年探索"基于 CDIO 理念的机械设计制造及其自动化专业人才培养模式的改革与实践"，以期加强应用型本科地方院校机械专业学生创新能力、实践能力的培养，满足东莞制造业对高素质工程人才的需要。

伴随着深圳经济的不断腾飞，其应用型创新模式正在逐步向基础型创新模式转变。在 2016 年 11 月，第十八届中国国际高新技术成果交易会上，全球电子通信行业的技术大鳄——美国高通公司宣布将与腾讯在深圳成立联合创新中心，利用骁龙平台的领先优势，打造更多 VR 游戏和娱乐内容；而苹果公司也将在深圳设立研发中心，进行智能手机硬件和 App 软件开发。来自美国的创新巨头抢着到深圳设立研发中心、创新中心，国内创新的中坚力量也纷纷在深圳安家落户，无不彰显着深圳作为现代化国际化创新型城市的魅力。知名经济学家张五常也表示，"10 年后，深圳会超越美国的硅谷"。现如今，越来越多的人对深圳有了这样的认识：在世界技术创新的版图上，深圳不仅是中国的"创新之都"，也在向世界级"创新之都"迈进。

与应用型创新人才相对应，基础型创新人才的能力体系是以理论创新为核心目标，在能力培养中特别突出对理论知识的创造性发现，对于科研开发能力要求很高。在培养过程中更强调在实践基础上的理论提炼和创新，更加重视理论性教学环节。换言之，这种人才的知识结构是围绕着未来技术需要和生产需求加以设计的，在课程设置和教材建设等基本工作环节上，特别强调前沿的理论知识，强化对学科体系的强烈追求和对前沿性未知领域的高度关注。为此，基础型创新人才主要是科学地发现和创造新知识。在深圳市基本完成工业化和城市化的现阶段，对基础型创新人才有着广泛的需求，只有高等教育才能满足这一诉求。然而，深圳市的高等院校的数量远与其经济实力不匹配，十分有必要与国内外知名院校合作筹建具备优势学科的深圳校区。

2. 深圳市高技能劳动力的短缺

现阶段，伴随着深圳市经济快速增长和产业转型升级，高技能劳动力的短缺现象十分普遍且严重。深圳市 2016 年第二季度人力资源市场劳动力供求状况调查报告，针对企业缺工及背后原因进行了细致分析①。一方面，整体来看，61.13%的受访企业表示存在缺工现象，与上一季度的59.38%基本持平，这反映出当前阶段深圳市的缺工情形十分普遍且较为严重。从不同企业类型来看，78.85%的外商投资企业和73.81%的国有企业反映有缺工现象。从行业分类来看，68.67%的信息运输业/计算机服务业/软件服务业企业和62.50%的批发与零售业企业反映有缺工现象。从招工完成率来看，仅有37.13%的受访企业实现了目标任务，甚至有17.99%的受访企业招工完成率在40%以下。

另一方面，从专业人才的需求情况来看，16.16%的受访企业表示高级人才比较紧缺，高出第一季度约4.36%，但略低于上年同期的17.38%。特别地，"符合要求的专业人才不多"是46.13%受访企业给出的主要原因，还有36.02%的受访企业认为"企业规模快速扩张，对专业人才的需求激增"是导致专业人才紧缺的主要原因。结合企业对专业人才的招聘安排可知，47.19%的受访企业表示本季度增加了对专业才人的招聘，12.66%受访企业降低了对专业人才的就业需求。其中，42.34%的受访企业表示需要同时招聘高级人才和中初级人才两大类，而19.71%和37.96%的受访企业分别需要招聘高级人才和中初级人才。另外，37.67%的受访企业表示下一季度计划增加对专业人才的招聘，50.00%的受访企业表示下一季度招聘计划维持不变。

综上可知，即便是在强力的人才政策下，2016年的调查结果表明高技能人才短缺仍是深圳企业所面临的重要问题。特别地，2012年世界银行进行的微观企业调研结果同样显示，技能工不足是深圳乃至全国所面临的三大难题之一。为应对这一问题，通过

①　受访企业集中在制造业行业，且以民营企业和内销企业为主。

将国内外知名高校的优秀教学资源引入深圳并筹建校园，以培养符合本地产业发展需要的各类人才是一条必要的可行途径。

3. 文化环境的塑造

高等院校拥有较高科技文化知识的教室和充满朝气和活力的大学生，不仅可以借助自身的科研能力来培养一大批高技能人才，而且对于地区文化环境具有重要的塑造作用。地方高等院校引领区域文化的作用主要表现于以下几点。

第一，服务地方文化传承创新。胡锦涛同志在庆祝清华大学建校 100 周年大会上的重要讲话中强调指出："高等教育是优秀文化传承的重要载体和思想文化创新的重要源泉。"地方高等院校是区域文化传承创新的重要基地，地方高等院校通过人才培养，为区域文化传承创新培养合格的人才。同时，地方高等院校可以通过信息的收集和网络的研发，建立民风民俗、文化交流等网络，便利文化传承创新与研究。

第二，提炼地方文化精神。植根于地方发展起来的地方高等院校聚集了一批研究区域文化的专家和学者，有丰富的文化资源，地方高等院校可以充分利用这两方面的资源，系统梳理区域文化的发展背景和发展历程，总结地方传统文化中的优秀成果，提炼出既有历史底蕴又体现发展趋势、既有地方特色又体现时代特征的地方文化精神，为区域文化的进步与发展注入新的内涵，从而引领地方求实创新、积极向上，促进地方文化精神的塑造。

第三，提升地方文化品位。"地方文化品位"表现为地方的文化品质、文化地位以及由此产生的文化影响力。地方高等院校的存在和发展，提升、丰富着区域文化的品位和内涵，并把区域的外在形象与精神内质有机统一起来，不断升华地方社会的形象，形成地方的高品位特色。地方高等院校的校园及富有特色的校园文化，是区域的一个文化因子，是区域的一张文化名片。师生亦是区域最文明、最高雅、最时尚的居民群体，他们的存在不仅提升了地方文化的品位，更重要的是辐射和影响了地方其他居民的文化素养，能够推动地方整体文化品位的提高。

总而言之，地方高等院校对于区域文化的形成发挥着重要功能。一是文化传承功能。地方高等院校通过培养学生的人文精神、良好的道德风尚和爱国热情，同时把积聚和创造的新思想、新理论、新知识和新技术辐射到整个区域，使高等院校文化与地方文化形成良性互动。二是育人服务功能。地方高等院校通过思想政治道德教育和管理，培养全面发展的现代化建设者和接班人，使受教育者带着理想和信念源源不断地走向地方的各个领域，成为地方各个阶层的中坚分子，为地方社会注入和谐发展的文化要素，从而提升整个社会的文化水准。三是创新创意功能。地方高等院校通过发挥学科专业和人才优势，进一步加强无形文化资产的研究，投身文化产品的创意，引导创作一批精品力作，并参与到成果孵化、投资、咨询、经营等文化产业链条中来，实现产学研的结合，推动文化产业体制改革，引导地方构建现代文化产业体系。四是文化科研功能。地方高等院校拥有自由包容的学术环境、专业齐全的学科及科研机构、推陈出新的学术氛围、思想活跃的师生群体和专业先进的研究工具，在文化科研创新上具有优越条件。通过对地方文化理论和社会服务研究，实现文化的融合与创新。

作为曾经被大众戏称为"文化沙漠"的深圳市，通过引入国内外知名院校来深圳筹建校区，不仅有助于培养各类创新型人才，同时有助于文化传承、创新意识的形成。这对于深圳市在未来长时期的快速发展，乃至在世界城市竞争中占据一席之地至关重要。

4. 其他地方人才政策的冲击

作为南方人才的聚集地，深圳的人才主要来自湖南、湖北、江西等省份。以华为公司为例，其人才的整体构成为：来自武汉理工大学的最多（2.3%），其次是电子科技大学（2.1%）、华中科技大学（2.1%），其他的如西安电子科技大学（1.9%）、武汉大学（1.7%）、吉林大学（1.6%）、重庆大学（1.3%）、西安交通大学（1.3%）、武汉职业技术学院（1.1%）、中南大学（1.1%）的毕业生也比较多。从这一统计结果可以看到，来自湖北省高等院校的毕业生比较多，主要有武汉理工大学、华中科技大学、武汉大学及武汉职业技术学院，而湖南省的中南大学占比亦达到1.1%。特别地，从公司财务管理总裁到市场部总裁，华中科技大学的学子构成了华为公司的骨干力量，故有"华科是华为的娘家，华为是华科的东家"的说法。

可见，其他地区的人才竞争政策必将对深圳造成不小的冲击。在此，以人才的重要来源地——武汉和长沙为例，进行简要的介绍。

为了在新一轮人才争夺战中赢得先机，武汉市于2017年1月提出实施百万大学生留汉创业工程；3月，宣布大学生在读期间，可以个人名义缴存公积金，解决留汉大学生住房难问题；4月，全面放开大学生落户门槛；设立人才安居房建设基金，并拟定每年提供1万个以上基层社会服务岗位，吸纳大学生就业；6月，出台9项政策措施，涵盖安居落户、促进就业、支持创业各领域。湖北省委副书记、武汉市委书记陈一新曾在8月强调，要将武汉市打造成"大学生最友好城市"，确保5年留下100万大学生。随后，2017年10月11日，武汉市政府发布《关于加强大学毕业生安居保障的实施意见（试行）》《关于进一步放宽留汉大学毕业生落户试行政策的通知》《关于发布武汉市大学毕业生在汉工作指导性最低年薪标准的通知》，进一步细化《关于支持百万大学生留汉创业就业的若干政策措施》。

上述三个文件聚焦大学生群体最关心的住房、户口和收入，更是包括在全国率先出台的大学毕业生指导性最低年薪标准。在薪酬方面，确定了大学毕业生指导性最低年薪标准：专科生最低年薪40000元，本科生最低年薪50000元，硕士生最低年薪60000元，博士生最低年薪80000元。在户口方面，进一步放宽落户的年龄限制。博士、硕士毕业生落户不受年龄限制，普通高校本科学历由年龄不满35周岁放宽至不满40周岁，普通高校专科学历、非普通高校本科学历由年龄不满30周岁放宽至不满40周岁。在住房方面，争取"让更多留汉就业创业的大学毕业生以低于市场价20%买到安居房、以低于市场价20%租到租赁房"，近期启动建设"长江青年城"，打造大学毕业生保障性住房的典范样本。

在另一座中部城市长沙，为留住青年人才，2017年8月出台了"长沙人才新政22条"首批16项配套实施细则，与深圳市的人才22条形成了直接的"交火"之势。在人才落户方面，实现了高等院校毕业生"零门槛"落户。特别地，对于那些落户长沙并在长工作，毕业2年内的全日制本科及以上高校毕业生（不含机关事业单位在编人员）发放生活补贴：博士15000元/（人·年）、硕士10000元/（人·年）、学士6000元/（人·年），发放期限两年。而对于那些海外留学落户长沙的人才，生活补贴的标准为：博士50000元（人·年）、硕士10000元（人·年）、学士6000元（人·年），发放期限为两年。对比深圳市发放的生活补贴可知，长沙市这类补贴要更高。

在购房补贴方面，上至国际顶尖人才、国家级产业领军人才，下至全日制博士、硕士毕业生及获得高级技师职业资格证的人员，长沙市住建委给予不同程度的住房补贴。同时，对于特别优秀的"四青"人才[①]，每人给予 200000 元的奖励。另外，长沙市政府还对创业培训、开办费、经营场所租金、毕业生就业见习、博士后科研人员生活等给予不同程度的补贴。

截至 2017 年 9 月 21 日，长沙市各级人才服务窗口共接待 43440 人次。其中，接待咨询 37314 人次，接待各类业务申办 6126 人；发放宣传资料 22 万余份。全市共办理高校毕业生落户手续 8544 人，其中从省外迁入 1465 人，省内其他市州迁入 7079 人，分别占 17.1% 和 82.9%。首批政策兑现已于 2017 年 8 月 31 日正式到位，共为 74 名人才发放补贴 102488.73 元，而第二批共有 1167 名符合条件的人才进入公示名单。

由此可见，武汉市和长沙市的人才政策对深圳市造成了不小的冲击。随着两地人才扶持力度的加大，高等院校培养的人才流向深圳市的速度必将下滑。在极端条件下，"孔雀东南飞"现象将不再存在，除非深圳市能够给予更加优厚的待遇条件。但考虑到深圳市政府的财政收入不会增长那么快，那么高技能人才的争夺将成为中部地区未来一段时期的重头戏。在此来临之前，深圳市通过与世界知名院校合作筹建分校进行本地人才的培养，有助于维持地方竞争力和科技创新的领头羊作用。

5. 成本核算：引进人才 vs 培养人才

为了吸引海内外的优秀人才，深圳市对本科生、硕士生和博

---

① "四青"人才分别为国家"青年千人计划"入选者、"优秀青年科学基金"获得者、"青年长江学者"及"万人计划青年拔尖人才"。

士生的一次性生活补贴分别为 1.5 万元、2.5 万元和 3 万元，同时符合条件的创客人才可以获得 100 万元的奖励，具体见前文。诸多人才政策的关键点在于为各类人才提供生活、创业、培训、奖励等各类补贴，这都需要大量的财政收入来扶持。尽管如此，通过人才政策引进而来的人才流动性较强，高等院校培养的大学毕业生更倾向于留在本地而非深圳，除非人才扶持力度足够高。特别地，周边中部城市的人才政策逐渐颁布，对深圳市吸引和留住人才形成了压力，进一步推升引进人才的成本。

与引进人才相比，通过筹建国内外知名高等院校的深圳校区为人才输送提供了另一条可行的途径。财政部《高等学校会计制度》中对高等院校的成本费用支出项目做了明确的阐述，主要包括教育事业费支出、科研事业支出、行政管理支出、后勤保障支出、离退休支出、上缴上级支出、对附属单位补助支出、经营支出、其他支出。

不过，需要注意的是，培养人才的成本具有规模效应，如教学辅助支出、后勤管理支出等。图书馆和实验中心一旦建立，则仅需要较低成本来补充新书和实验材料。特别地，伴随着物价指数、房价攀升等，深圳需要为留住高技能人才支出更多的补贴，对财政形成了压力。此时，通过培养大学生并将其转化为本地人才则是一项可持续的政策，尤其是在新一轮与周边城市的人才争夺战中，培养人才的长期成本要低于人才的引进成本。为此，从成本核算的角度来看，引进高等院校是深圳留住人才的一条重要途径。

二、深圳"智商"的腾飞

作为与北京、上海、广州同属一线城市的深圳，尽管历经改革开放取得了快速经济增长，但其高等教育资源十分有限，人才培育相对匮乏。作为科学技术的载体，如何吸引和留住世界各地的前沿人才对于深圳的长期经济增长和结构转型尤为关键。

相对于深圳市在全国的经济地位，深圳高等教育发展现状依旧处于较为落后阶段。南方科技大学校长陈十一认为，"一流大学是一流市的闪亮名片，深圳作为一座现代化城市，高等教育综合水平与城市地位极不匹配。推进'一带一路'建设，是深圳进一步走向国际化的机遇，需要国际一流大学助推高水平人才汇聚、文化建设。此外，在以企业为主导、市场为主体的城市创新体系中，中国'创新之都'缺乏一流高水平研究性大学的前段和原始创新支撑。这些因素都在呼唤这座城市大力发展高等教育，建设更多的世界一流大学"。

中国社科院城市与竞争力研究中心主任倪鹏飞把高等教育比作城市的"智商"，他认为"高等教育水平最终决定一个城市的竞争力能达到何种高度，而深圳的高等教育基础薄弱。究其原因在于，此前深圳高等教育首先受制于传统的'十年树木，百年树人'观念影响，认为教育非一时之功，可以通过引进人才来解决发展问题；其次与政绩考核体制有关，教育没有被列入显性的政绩考核范围。对于深圳而言，重视高等教育主要还是停留在口号上，至少没有像促进经济增长那样竭尽全力。深圳要想成为全球最具竞争力的城市，必须加快提升高等教育体系"。

针对高等教育与经济地位不匹配这一问题，在"十二五"时期，深圳市委市政府十分重视高等教育短板，积极引进国内外知名大学来深圳办分校，以全面提升深圳市高等教育的综合实力和竞争力。近几年来，深圳重点引进位居国内综合排名前十、学科排名前五的名校来深合作办学，重点引进名校的优势学科，建设保障民生和产业发展急需的医学类、理工类学科，与国内名校合作共建深圳校区。除了向国内多所名校伸出橄榄枝外，与国外高校合作也是深圳高等教育发展很重要的一个部分。

深圳市教育局相关负责人介绍，不仅要把高校引进来，而且要为各高校深圳校区做好服务。为支持深圳校区发展，深圳根据办学需要，保障办学用地及办学用房，负责相关基建及实验室建设投入，土地、物业资产属于深圳市，在合作办学期间采用1元租形式交深圳校区使用。同时，深圳市在生均经费补贴、人才引进、科研平台建设等方面给予相应的支持。此外，为保障办学质量，深圳校区的招生和学位授予由校本部统一管理，采取与校本部统一标准，毕业生授予校本部毕业证书、学位证书。学科专业建设紧密结合深圳支柱产业、新兴产业、未来产业，重点引进合作院校优势和特色学科。探索管理体制创新，市校双方成立理事会，审议事关校区发展重大事项。

以2015年为例，高等教育财政性投入达到66.22亿元，占全年一般公共预算支出的1.9%，占教育财政性投入的19.4%，比2010年增长105%。现阶段，经教育部批准，自主建立的院校仅包括深圳大学、南方科技大学2所综合性大学。同时，高等职业院校仅包括深圳职业技术学院、深圳信息职业技术学院、深圳广播电视大学和广东新安职业技术学院4所。其中，前3所为公办高职，第4所为民办高职。截至2015年年底，深圳市共有高等院校12所。除了上述本地院校外，还包括香港中文大学深圳分校、北京大学汇丰商学院、北京大学深圳研究院、清华大学深圳研究院、哈尔滨工业大学深圳研究院、清华-伯克利深圳学院和暨南大学深圳旅游学院。特别地，深圳大学、南方科技大学列入广东省高水平大学建设计划，香港中文大学（深圳）招录新生高考成

绩基本位于各省市前 1%，深圳大学城成为全市高层次人才培养
聚集、高水平科研、高新科技信息和高层次国际交流的重要平
台，深圳职业技术学院、深圳信息职业技术学院成为国家示范性
高职院校。

除上述提到的院校之外，深圳大学正在筹建深圳应用技术大
学（深圳理工大学），以及深圳市政府正在筹建和洽谈的国内外
高等院校至少还有 11 所，包括中山大学深圳分校、深圳北理莫
斯科大学、深圳吉大昆士兰大学、深圳墨尔本生命健康工程学
院、哈尔滨工业大学（深圳）国际设计学院、湖南大学罗切斯特
设计学院、华南理工大学深圳特色学院等。进一步，观察深圳市
已建高等院校和筹建或洽谈中高等院校的空间分布不难看出，在
深圳市的高等院校规划中，主要集中分布在南山区和龙岗区，宝
安区、罗湖区、坪山新区和光明新区各有 1 所高等院校入驻，而
福田、盐田区、龙华新区、大鹏新区无高等院校入驻。由此可
见，高等院校在深圳市各区之间的分布极其不均等。特别地，大
部分院校是深圳市政府与国内外知名高等院校合作筹建的高等院
校，在一定程度上反映出"十二五"时期以来深圳市政府对高等
院校的引进效果，这从长远来看将为深圳市提供大量优秀人才，
从而有助于深圳市创新体系的形成和国际竞争力的提升。

三、人才出市土：深圳发展的秘诀

依据《深圳市高等教育发展"十三五规划"》[①]，截至 2015 年
年底，深圳市高等院校有教职工 9568 人，在校生 9.05 万人。其

---

① 2016 年《深圳市统计年鉴》和《深圳市高等教育发展"十三五
规划"》部分数据存在出入，在此主要依据后者进行结果分析。

中，专任教师 4944 人，具有博士学位教师占 50.92%；全职院士从 2010 年的 4 人增至 8 人，鹏城学者特聘教授从 2010 年的 50 人增至 2015 年的 111 人。同时，深圳市高等院校 2015 年一本线以上招生计划增至 4250 人，是 2010 年的 15 倍。其中，深圳大学 34 个专业进入一本招生，2015 年一本招生计划增至 2350 人。特别地，大学城成为深圳市高层次人才培养聚集、高水平科研、高新科技信息和高层次国际交流的平台，深圳职业技术学院成为国家示范性高职院校，深圳信息职业技术学院成为国家骨干高职院校。进一步，深圳市高等院校共有市级重点实验室 89 个，占全市 40.1%；国家级重点实验室、国家工程实验室、国家工程（技术）研究中心、研究基地 14 个；科研水平逐年提升，承担诸多"863""973"等国家级科研项目。

笔者利用 2016 年《深圳市统计年鉴》整理了 2003—2015 年深圳市高等院校的一些简单数据，包括职工数、在校学生数和招生数三个细分层面，以客观评价近年来深圳市高等教育的发展历程及改革成效。[①]

图 2-9 展现了 2003—2015 年深圳市高等院校教职工数量的变化趋势。不难看出，伴随着深圳市政府对高等教育重视程度的提升，高等院校的教职工数量整体上呈现快速上升态势，由 2003 年的 3820 人增至 2015 年的 9061 人。具体而言，增长过程可以划分为三个阶段：第一，在 2003—2009 年，教职工数量增长较快，由 3820 人增至 6149 人，年均增长量为 388 人，且对应的年均增长率为 10.16%；第二，在 2009—2012 年，教职工数量几乎维持不

---

① 在计算增长率时，直接采用"（期末值-期初值）÷（期初值×时期数）"的计算方式，下文亦是如此。

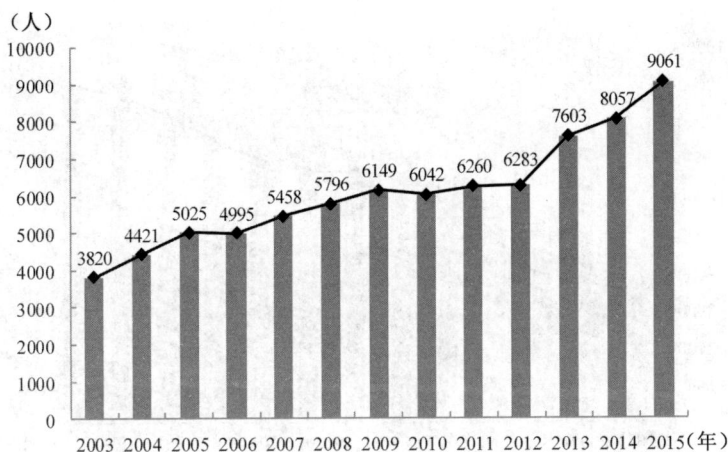

图 2-9 2003—2015 年深圳市高等院校的教职工数

数据来源：深圳市统计局

变，由 6149 人增至 6283 人，年均增长量仅为 39 人，且对应的增长率仅为 0.48%；在 2012—2015 年，教职工数量增长很快，由 6283 人增至 9061 人，年均增长量为 941 人，且对应的年均增长率为 14.74%，要快于 2003—2009 年这一阶段。这些结果充分表明，近年来深圳市高等教育改革成效卓著，高等院校教职工数上升迅猛，特别是 2012 年后。

图 2-10 展现了 2003—2015 年深圳市高等院校在校学生数量的变化趋势。整体来看，高等院校在校学生数呈现持续的上升态势，由 2003 年的 32106 人增至 2015 年的 90112 人，年均增长率高达 11.43%。具体地，增长过程可以划分为三个阶段：第一，在 2003—2008 年，在校学生数增长最快，由 32106 人增至 65632 人，年均增长量为 6705 人，且对应的年均增长率高达 20.88%；第二，在 2008—2011 年，在校学生数增长较为缓慢，

（人）

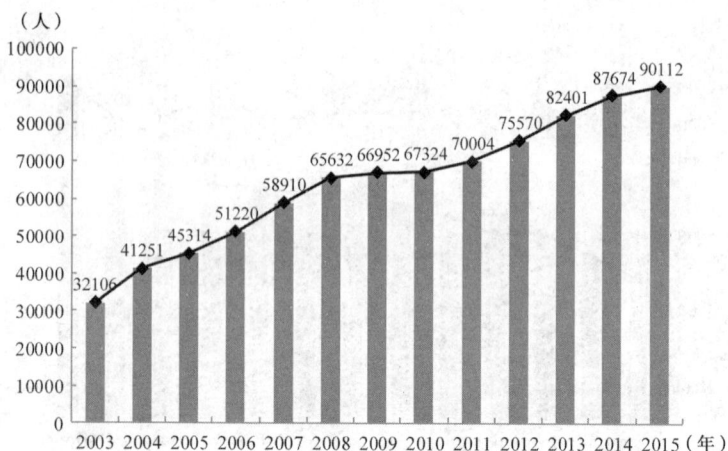

图 2-10　2003—2015 年深圳市高等院校的在校学生数

数据来源：深圳市统计局

由 65632 人增至 70004 人，年均增长量为 1457 人，且对应的年均增长率仅为 2.22%；第三，在 2011—2015 年，在校学生数增长率较快，但要低于 2003—2008 年这一阶段，由 70004 人增至 90112人，年均增长量为 5027 人，且对应的年均增长率为 7.18%。这些结果充分表明，近年来深圳市高等教育改革取得了卓著成效，高等院校在校学生数高速增长。

图 2-11 展现了 2003—2015 年深圳市高等院校招生数的变化趋势。整体来看，高等院校招生数呈现快速上升态势，由 2003 年的 11915 人增至 2015 年的 27653 人，年均增长率高达 11.01%。具体而言，增长过程可以划分为四个阶段：第一，在 2003—2008年，招生数增长较快，由 11915 人增至 20578 人，年均增长量为1733 人，且对应的年均增长率高达 14.54%；第二，在 2008—2010 年和 2013—2015 年这两个阶段，招生数基本稳定，分别由

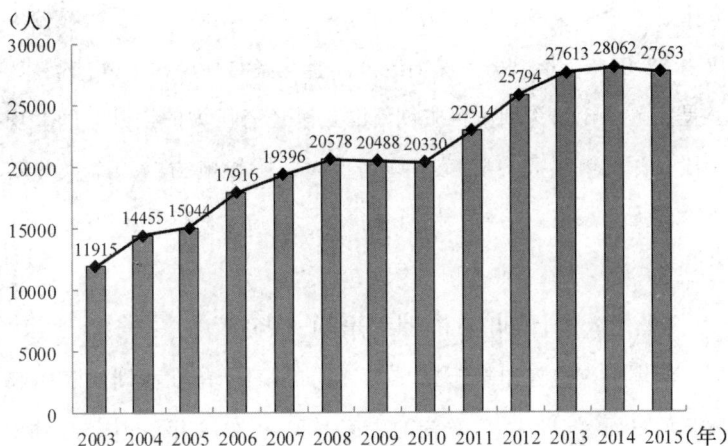

图 2-11　2003—2015 年深圳市高等院校招生数

数据来源：深圳市统计局

20578 人变至 20330 人、由 27613 人变至 27653 人，年均变化率几乎为 0，甚至出现轻微的下降；第三，在 2010—2013 年，招生数增长率相对较快，但要略低于 2003—2008 年这一阶段，由 20330人增至 27613 人，年均增长量为 2428 人，且对应的年均增长率为11.94%。这些结果充分表明，近年来深圳市高等教育改革取得了成效卓著，高等院校招生数呈现高速增长态势。

　　然而，在取得上述卓著成绩的同时，和城市发展定位相比，深圳市高等教育发展还存在着诸多不足。《深圳市高等教育发展"十三五"规划》对深圳市高等教育的发展现状进行了系统总结，并指出如下三点显著不足：一是深圳市高等教育整体规模依旧偏小。由于深圳建市时间短，建立的高等院校数量十分匮乏，且仅有的少数高等院校在校生规模偏小，高等教育体系的规模效应尚未形成。二是人才培养层次偏低。深圳市高等院校全日制在校研究生、本科生、专科生之比为 16∶36∶48，本科以上层次在校生仅占 52.00%，难以满足深圳经济社会发展对高层次人才的需求。三是高等院校对深圳市自主创新的贡献还有巨大的提升空间。现阶段，深圳市属高等院校中具有重大国际影响力的领军人才较少，尚无国家重点学科，科研综合水平有待全面提升。

四、"大学计划"：深圳未来的"野心"

深圳市市长陈如桂于 2018 年 1 月 26 日上午在深圳代表团媒体开放日回答记者关于教育的提问时称："2018 年深圳全市财政预算支出中将安排教育支出 634 亿元，占全市财政支出的 16% 左右，比 2017 年增长 25%。"他还说："加快发展高水平高等教育方面，深圳在办好深圳大学、南方科技大学等本地大学基础上，加强与国内外著名高校合作，争取建成若干高水平大学，建设更多高水平、有特色的学科、专业，希望通过高水平办好高等教育来推动深圳国际科技产业创新中心的建设。""再过三五年，深圳的高等学校在校生要超过 25 万人，成为高等教育强市之一。"

据深圳市科技创新委员会官网结果公示页面，于 2018 年 1 月 24 日发布的《深圳市科技创新委员会关于 2018 年科技研发资金基础研究、技术攻关、重点实验室、工程中心、公共技术服务平台、股权投资、创业资助和科技应用示范项目的公示》名单显示，用于支持深圳本地大学、与深圳合作的国内外著名高校及科研机构（含 17 所外来 985，1 所 211 和 6 所港校）的资助项目数量占总项目的 70% 左右，项目类别主要包括基础研究、重点实验室、应用示范等。

通过各项优惠政策，截至 2025 年，深圳市试图实现符合自身定位的"大学计划"：第一，深圳高校达到 20 所左右；第二，全日制在校生约 20 万人，其中本科生规模超过 10 万人，研究生规模超过 4 万人；第三，推动 3—5 所高校排名进入全国前 50；第四，培育 30—50 个优势学科参与国家世界一流学科、广东省高水平学科竞争；第五，成为南方重要的高等教育中心。

第三章
经济地理学视野下的深圳开放四十年

赵 达

一般认为，枢纽地位在一个城市的发展过程中发挥着催化作用。当你打开一幅世界地图，也许会发现全球绝大多数城市都坐落在这样或那样的河流和港湾的纵横交错之处。[①] 据统计，在过去的 70 年间，全球贸易总额增长了 155 倍，沿海大都市地理优势凸显。以中国为例，1984 年国务院公布的首批 14 个对外开放城市中，便有 13 个位于海湾或河口。

追溯过往，自 1498 年达·伽马开辟通往东方的新航路以来，香港便成为太平洋和印度洋航道的枢纽，被誉为"东方之珠"。由其向南，经过与印度洋沟通的马六甲海峡，可达欧美及非洲；向北，又是印度洋通往日本等国的要道。如果欧美、日本等国意图打开中国南部市场，那么香港无疑是最重要的门户。

得天独厚的区位优势使得香港在 20 世纪 80 年代便已成为全球三大金融中心之一，亚洲四小龙之首，而彼时的深圳拥有的仅仅是海滩和荒山。不过 1979 年之后，政策风向突变，特区不断设立，这意味着偏向性的基础设施投入、税收优惠和财政补贴。在此环境下，企业受到的限制大为减弱，更容易诞生优秀的企业家

---

① 第一次工业革命前的城市主要起源于政治宗教中心、军事要塞以及通商中心。

和创新先驱，^① 使得相关区域具有明显的吸引力。深圳作为其中的佼佼者，历经30多年急速发展，在2017年，经济总量已超越香港。考虑到这一奇迹毫无疑问地与紧邻香港的空间特征紧密相关，本章第一节基于区位视角简略回顾香港的近代历史。在此基础上，第二节描绘两座城市间的经济互动。第三节通过同时期四大经济特区对比，探讨不同发展轨迹背后的原因。

往事悠悠：为什么英国选择香港，中央选择深圳？

1757年，清朝乾隆皇帝颁布了"一口通商"命令，使得广州凭借"十三行"成为当时中国最大的商业都市。随后，在19世纪30年代，英国工业革命基本完成，迫切希望占领巨大的中国市场。鸦片由于利润率奇高，成为倾销的不二选择。

1839年6月，林则徐南下广东进行虎门销烟，这场运动随之转变为中英两国之间的正式冲突。1839年10

图3-1 查理·义律

① 在万科博物馆的一张图上可以看到两条曲线：一个是深圳经济增长曲线，一个是万科的增长曲线。这两条曲线的发展趋势基本是一致的。

月，时任英国外交大臣的巴麦尊（Henry John Temple, 3rd Viscount Palmerston）向海军上校义律（Charles Elliot）传达内阁意见，要求夺取中国"舟山群岛的一个岛屿或厦门城"，以"作为远征军的一个集结地点和军事行动的根据地，而且以后构建为英国贸易机构的牢固基地"，[①] 并"永久占领"。该指示等价于封锁大运河与大海之间的交通控制权，以及获得"可能大得多的政治影响力"。[②]

1840 年 7 月，英军攻占舟山，道光皇帝任命直隶总督琦善前去谈判。由于舟山距离北京只要两星期路途，迫于清廷颜面，琦善认为并无退让余地。与此同时，义律发现，在 1840 年 7 月至 1941 年 2 月的英军染病人数约为 700 人，死亡 600 人，伤残 1000 人，病死人数达到整个鸦片战争中战死人数的 5 倍。[③]

这时候，义律的态度开始转变。1943 年，他在与巴麦尊的交谈中解释了不愿意占领舟山的原因。"凭借对舟山的亲身了解，我认识到，与我们以往的偏爱截然相反，它完全不适合我们在中国的目标。航行……充满危险，除了动力汽船之外，其他船只几乎无法航行。"[④] 随后，义律擅作主张，从舟山撤军，并于 1841 年

---

① 在鸦片战争之前，茶叶和丝绸分别位居中国出口商品额的第一位和第二位。众所周知，中国的茶叶和丝绸盛产于福建、安徽、江浙等省，而非拥通商口岸的广东省，港口与原产地间运输成本的增加无疑影响着英国商人的利润，此时若能占据江浙附近的岛屿，对于英国打破贸易障碍将大有裨益。见梁晓遴，《解构香港割让》，http://www.sohu.com/a/152692439_550943。

② 刘存宽著，《香港史论丛》，麒麟书业有限公司出版，1998 年版，第 14 页。

③ 梁晓遴，《解构香港割让》，http://www.sohu.com/a/152692439_550943。

④ 弗兰克·韦尔什著，《香港史》，中央编译出版社，2007 年版。

图 3-2　舟山是富庶的中国华东地区门户[1]

1 月 26 日占领了香港岛。[2]巴麦尊对这一行为勃然大怒，他在
1841 年 4 月 10 日送交女王的报告中指出："巴麦尊子爵对中国远
征军的结局深感羞辱和失望……义律上校似乎完全错误地理解了
给他的指令，就在舰队的军事行动大获成功之际，他仅凭一己之
愿，认可了非常不恰当的条款。"毫无意外，1841 年 4 月 21 日，
巴麦尊决定由璞鼎查（Henry Pottinger）代替义律行使在华职权。
他在函件中对义律冷嘲热讽，对香港则不屑一顾："你获得了荒芜

---

[1]　图片来源：百度知道，https://zhidao.baidu.com/question/6503507
95741640445.html。

[2]　梁晓遄，《解构香港割让》，http://www.sohu.com/a/152692439_
550943。

图 3-3　怡和洋行是当时最大的欧洲商号和最大的鸦片贸易代理行

之岛香港的割让，岛上几乎没有一幢房屋……很显然，香港不会成为贸易中心……我们的贸易将一如既往地在广州进行。他们（英国侨民）可以前往荒凉的香港岛，在那里修建房屋来隐居。"[1]

　　实际上，对于占领香港岛，可以从商业和军事两个角度探寻原因。

　　在商业方面，怡和洋行创办者、鸦片商最重要的发言人查顿（William Jardine）较早提出了占领香港方案。1836 年在华英商喉舌《广东记录报》曾公开宣称："如果狮子（指英国）的脚爪将占据中国南方某个地方，那就占据香港吧，……十年以后，它将成为好望角以东最大的商业中心。"义律在 1841 年 6 月 21 日给英

——————

　　[1]　见义律信函。

印总督奥克兰的回信中也指出：由于战争，货运被大量囤积……英国要找另一个地方可以清货，同时不需要再付逾期停泊费和其他额外费用。而且，为了不再给不守诚信的当地商人从中操控和抽取利益，香港行动是有必要的。①

在军事角度方面，义律在 1842 年 1 月 25 日送交阿伯丁勋爵（Lord Aberdean）（巴麦尊的继任者）的报告中指出，与舟山相反，香港"巨大而安全的港口，丰富的淡水，易于由强大海军来保护等优点，地域大小和人口状况都很适合我们的需要"。②

作为实际掌舵人，璞鼎查的言行或许值得关注。他曾经明确指出占领香港的三个优势：第一，随着清廷的禁烟措施愈来愈严厉，占领香港，能为英国商人清除一些主要的贸易障碍，同时摆脱澳门葡萄牙人的牵制。据统计，《南京条约》生效后，香港岛逐渐取代伶仃洋，成为世界最大的鸦片走私总站。③ 第二，香港在环境、水深、淡水供应、地域大小和人口状况方面非常适合建立海军基地。④ 第三，如果打开中国华南地区地图便会发现，香港与当时最重要的通商口岸广州距离最近，可以经营成对华贸易的重要根据地。最终，维多利亚女皇承认了由于"君令有所不受"得来的香港。

---

① 梁晓遴，《解构香港割让》，http://www.sohu.com/a/152692439_550943。

② 弗兰克·韦尔什著，《香港史》，中央编译出版社，2007 年版，第 132—133 页。

③ 郭卫东著：《转折——以早期中英关系和〈南京条约〉为考察中心》，河北人民出版社，2003 年版，第 377 页。

④ 连儒来、闫馥花，《试析英国割占中国香港的外交政策及其特点》，《内蒙古民族大学学报》（社会科学版），2005 年第 4 期。

峥嵘岁月：香港与深圳的发展互动

深圳和香港一衣带水，跨过连接两地的罗湖桥不过 5 分钟时间。地理邻近使得两地人员、资本流动颇为频繁。"三十年河东，三十年河西"用在香港和深圳两座城市再贴切不过了。

一、风口下的香港

故事的起点或许还要从香港的崛起历程谈起。在 1842—1949 年的一个多世纪里，香港的发展一直波澜不惊。诚如前文所述，港阔水深的维多利亚天然良港是"日不落帝国"进行远东贸易的战略支点。为了对怡和洋行等外贸公司进行融资，这里先后组建了第一家银行——金宝银行（1845 年），中央银行——英国渣打银行（1853 年），以及汇丰银行（1865 年）。[①] 在此期间，作为当地人，如果能够从事与洋行相关的服务业便是一份颇为体面的工作了。即便如此，当时的香港在经济、金融等方面的景气程度与上海相比，都难以望其项背。或许是洋务运动的原因，上海在 19 世纪中后期便已形成辐射全国的金融市场，甚至作为中央银行的中国银行和交通银行亦是落户于此。1876 年，晚清文人葛元煦在《沪游杂记》中写道："自香港兴而四镇逊焉，自上海兴而香港又逊焉。"上海和香港被拿来相提并论，不知是不是从那时开始的。当时甚至有英文报道幽默地说到，上海英商自认为高香港英商一等。[②]

---

① 唐涯，《极简香港经济史》，第一财经，http://www.yicai.com/news/4612520.html。

② 网易新闻，http://news.163.com/15/1129/01/B9I735S100014Q4P.html。

事情的转折点发生在 1949 年。随着国民党政权的瓦解，自 1948 年到 20 世纪 50 年代初期，上海及周边地区商人纷纷来到香港，为香港带来了 50% 以上的财富。[①] 香港学者陈冠中在《90 分钟香港社会文化史》中写道："1949 年后，各省来香港的人多了，从山东威海的警察到跑单帮的台湾客，在本地广东人眼中都是外省人。其中，上海人最为瞩目。"在生活层面，20 世纪 50 年代，上海的一个代名词是"时髦"，打扮饮食一直引领着香港潮流，比如上海理发师带来的"平头装""蛋挞头""飞机头"均受到格外欢迎。当时的理发店名称上只要出现"上海"，价格就要高出一般水平不少。[②] 随着上海资本的兴盛，作为其支柱产业的纺织业开始在香港生根播种。1953 年，恰逢美国放开港制品输入，纺织品和成衣占到香港出口产值的 50% 以上，这种盛景，一直持续到 70 年代末的内地改革开放。[③] 相比之下，随着全球冷战氛围日趋浓厚，上海这座城市的金融属性被相继剥离，比如，上海证券交易所的成立要等到近半个世纪后的 1990 年。

自 1960 年开始，香港经济进入黄金时期。在随后的三个 10 年里，其 GDP 每 10 年便能够翻一番，"东亚奇迹"名不虚传。一般认为，在 1841—1950 年的 110 年间，香港是以转口贸易为主的自由港，然而由于朝鲜战争爆发，以美国为首的西方国家对中国内地实施了严密的经济封锁，使得转口贸易额趋于萎缩，从而逼

---

① 唐涯，《极简香港经济史》，第一财经，http://www.yicai.com/news/4612520.html。

② 360 个人图书馆，http://www.360doc.com/content/16/0717/02/15398581_576178143.shtml。

③ 唐涯，《极简香港经济史》，第一财经，http://www.yicai.com/news/4612520.html。

图 3-4 1949 年等待进入香港的内地民众①

使香港在短时间内适时调整经济结构。或许是机缘巧合，20 世纪
60 年代开始，西方国家进入工业转型期。美、日等国人口增长率
下降造成工人短缺和工资上扬，因而要想大力发展钢铁、化工、
汽车和机械等出口导向型资本密集工业，自然需要将劳动密集型
的产业进行转移。香港不失时机地抓住这一机遇，集中力量发展
服装、塑胶、玩具、钟表、化工、电子等轻工业，也因此成为亚
洲地区制造业中心之一。到 60 年代末，香港制造工业产值已占
本地生产总值的 30%，产品出口的比重已由 50 年代初的 10% 增
加到 80% 左右，这标志着香港经济结构已成功地由转口贸易为主
转变为以轻工业制造业为主。

---

① 百度百家号，https://baijiahao.baidu.com/s?id=1571321831739399
&wfr=spider&for=pc。

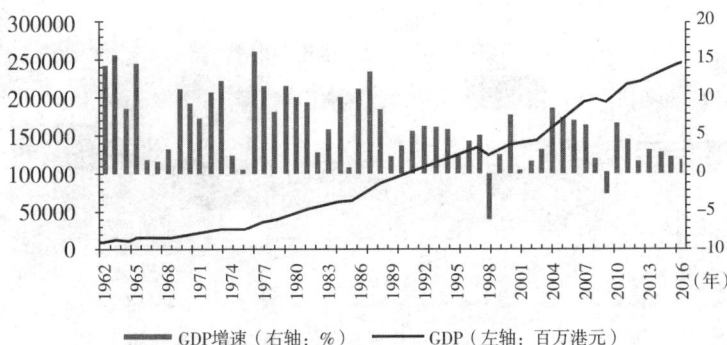

图 3-5 20 世纪 60 年代以来香港经济增长情况

资料来源：万得资讯

在 20 世纪 70 年代，幸运女神再次降临在香港这块神奇的土地上。两次"石油危机"促使能源、矿产资源等初级价格上涨，严重压缩了美、日重化工等资本密集型行业的利润空间。20 世纪 80 年代，科技革命、信息技术又对世界经济产生了革命性的影响，高科技产业领域成为美、日等发达国家的新战场。为了快速占领制高点，美、日必须尽可能多地丢掉旧包袱。于是在劳动、资本密集型产业继续转移的同时，标准化的技术产业也开始在外布局，最终促成了包括香港在内的"亚洲四小龙"崛起的第一道风口。[①]

如果说天时始于运气，那么最终的成功则依托于人和。在外部环境一片大好的情况下，香港政府不失时机地在 1974 年成立廉政公署，对腐败采取了零容忍态度[②]，从而极大地促使香港逐渐

———————

[①] 《双城记：深圳的崛起与香港的衰落》，搜狐财经，http://www.sohu.com/a/48209255_117262。

[②] 本着以薪养廉的原则，廉政公署所招募的大学毕业生月薪可达 6000 港币，为普通白领的 10—20 倍。

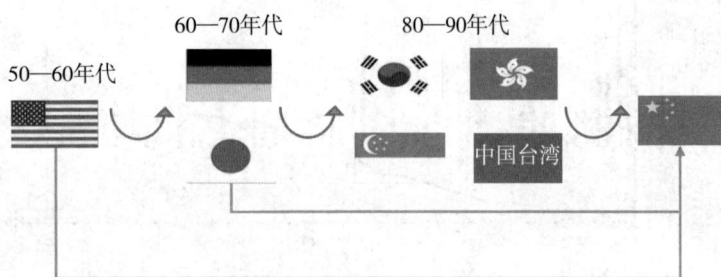

50—60年代　　60—70年代　　80—90年代

中国台湾

图 3-6　20 世纪以来全球发生的三次产业梯度转移

资料来源：作者绘制

转轨为现代、透明的高效政府典范。与此同时，伴随着法治的进一步健全，金融发展所需的制度土壤日趋完善。1969 年 12 月 17 日是香港金融史上值得铭记的一天。由华商李福兆牵头筹备的"远东交易所"正式开业，标志着由外资统治香港证券市场的旧格局被首次打破。在基础建设领域，香港政府开始实施"十年建屋计划"（1972 年）和"居者有其屋计划"（1976 年），金融与房地产这一孪生兄弟出现盘旋发展，在一定程度上推动了香港制造业向金融服务业的迅速转型。[①] 然而，香港的历史机遇还远不止于此。

二、创新的港深"前店—后厂"模式

纵观全球，任何港口贸易的发展都依赖于腹地经济的滋润，比如新加坡植根于南亚、东南亚经济，鹿特丹则以西北欧为依托。因此，香港的发展无时无刻不与内地密切相关，这在 1978 年

---

① 唐涯，《极简香港经济史》，第一财经，http://www.yicai.com/news/4612520.html。

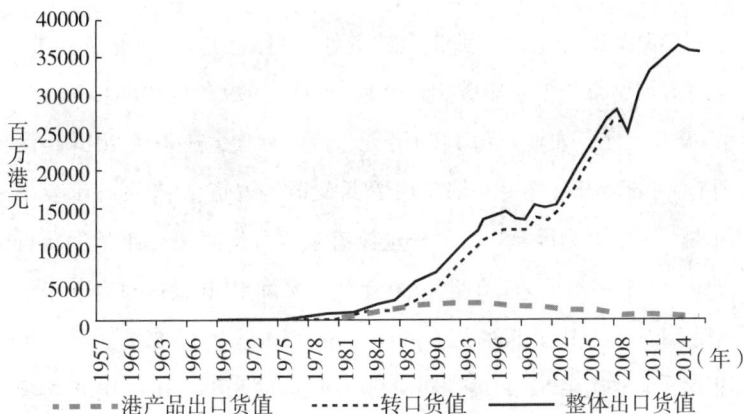

图 3-7　20 世纪 80 年代香港转口贸易再次兴起

资料来源：香港政府统计处

开始的改革开放进程中，得到了十分充分的体现。

　　就香港而言，1980 年年初，制造业在本地的发展受到空间狭小、资源短缺、成本高涨、竞争激烈等因素严重阻碍。因此，借助珠三角的巨大优势，从制造业向服务业转型迫在眉睫。对于内地来说，意识形态方面的原因使得资金监管较为严格。在这种情况下，全球各大金融财团纷纷在香港设立分支机构，并以此为跳板打开内地市场，这对于香港金融中心建设无疑是强心剂。1986年，香港证券市场的交易额悄然从 1969 年的 25.46 亿港元攀升至1231.28 亿港元，"纽伦港"格局初现。[①] 数据显示，1979—1984年的大多数时间里，GDP 增速均在 20% 甚至 30% 以上，20 世纪 90 年代香港的服务业占香港本地生产总值超过 80%。或许恰如歌曲《我的 1997》所描述的："香港，香港，怎样那么香？让我去

_____

　　① 即纽约、伦敦和香港。

花花世界吧，给我盖上大红章！"

　　港深两地合作为深圳带来的效益是可观的，甚至是惊人的。深圳市前副市长邹尔康曾用几个数字描述 1979 年的深圳：工业产值 6000 万元，农业产值 1100 万元，两者相加，还不到 2014 年深圳 GDP 的两万分之一。邹尔康因此诙谐地说道："老百姓都夜不闭户，一是因为民风好，另外也没有东西可偷啊。"[1] 事情的转折点也恰在这一年。在 20 世纪 80 年代，深圳 GDP 增速只有一年没有达到 30%，超出 50% 的有 6 年，最高增速为 83.53%，平均增速破天荒地达到 52.11%。即使 90 年代的前 5 年，其 GDP 平均增速也高达 40.66%。

　　现在看来，当地政府颇有远见地通过"三来一补"形式，将电子、机械、五金、化工、塑料、纺织、服装、玩具、食品等香港主要制造业部门悉数吸纳，为经济腾飞奠定了基础性作用。[2] 1985—1995 年的数字显示，香港每年在珠三角投资于制造业的资金由 5 亿美元增至 58 亿美元，年均增长达到 27.5%，劳动密集型生产加工工序和生产线转移比例高达 70%—90%。因为迁移企业的主要是生产基地，所以依然和香港保留着千丝万缕的联系。在这种背景下，香港保留并扩大了为工业提供各类生产服务的功能，从而逐渐形成了独具特色的"前店—后厂"地域分工模式。部分学者统计，这一时期参与"后厂"服务的企业约占香港服务

----

　　① 《回顾深圳改革路：特区光环渐消》，新浪财经，http://finance.sina.com.cn/china/dfjj/20150423/205822031149.shtml。

　　② 三来一补，是中国内地在改革开放初期创立的一种企业贸易形式，其主要结构是：由外商提供设备（包括投资建厂）、原材料、来样，并负责全部产品的外销，由中国企业提供土地、厂房、劳力。此外，这些企业还会享受一些优惠政策，如对进口设备和原材料免税等。

业的 60%。[①] 在这个过程中，深圳不仅学习了先进技术，还积累了丰富的企业管理经验，为打破计划经济体制的束缚，走上市场经济道路提供了种种可能。

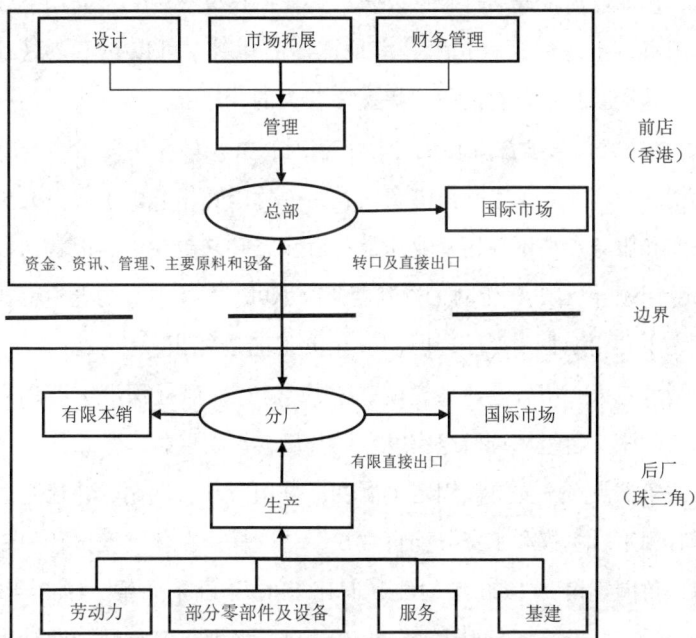

图 3-8　前店—后厂模式

资料来源：薛凤旋，《都会经济区：香港与广东共同发展的基础》，《经济地理》，2000 年第 1 期

　　深圳市原市委书记李灏曾在一篇文章中写到，中央领导认为，深圳就这么小一块地方，并不要求实现多少 GDP，向中央上缴多少财政收入或者是创造多少出口外汇，重要的是为开放、改

---

① 薛凤旋、杨春，《香港—深圳跨境城市经济区之形成》，《地理学报》，1997 年增 1 期。

革探索，创造新经验。"特区不做好改革探索工作，无论搞了多少GDP，都不能说完成好了特区的任务。"话是这样说的，深圳确实也是这样做的，而接下来的改革无时无刻不体现着香港的身影，比如取消粮票、打破铁饭碗、工程招投标、用工合同制、效率工资、土地使用权拍卖、房地产商品化等。可以毫不夸张地说，深圳就是吃着香港的"螃蟹"长大的。

"炒鱿鱼"从深圳传到全国。当时，香港妙丽集团董事长刘天就在深圳成立了第一家港资宾馆——竹园宾馆。由于服务人员态度和服务水平不高，开业几个月后住客越来越少。刘天就向社保部门领导反映："劳动工资制度非改不可，再不改我的老本都要蚀光了。"他建议实行合同制，让员工能进能出，称职就留下，否则就走人，用香港话来说就是"炒鱿鱼"。时任深圳市劳动局局长的张文超组织调研组在蹲点调查后，提议以竹园宾馆作为用工改革试点，率先打破固定工制度，采用劳动合同制，并让企业享有用工自主权和工资分配自主权。就这样，在新制度试行一年后，竹园宾馆在 1982 年的纯利润比 1981 年翻了一番。1983 年，《深圳市实行劳动合同制暂行办法》和《深圳市实行社会劳动保险暂行规定》分别出台，深圳成为内地第一个实行劳动用工合同制及社会劳动保险制度的城市。可以说，深圳的做法打开了全国劳资关系改革的闸门。[①]

另一边，深圳土地财政改革缓缓拉开序幕。

这还要从 1980 年的一场大雨说起，两个小时之内，罗湖一带就变成了汪洋。大雨过后，时任深圳市委第一书记的吴南生叫来工程师们，估算"五平一通"成本，结果发现，第一期开发 4 平

---

① 搜狐财经，http://www.sohu.com/a/216997741_675420。

方公里，最少也要投资近 20 亿元，加上根治罗湖水患需要的巨额资金，这对于当时的特区简直是不敢想象的天文数字。时任深圳房管局副局长骆锦星回忆说："香港人启发了我们，香港财政收益三成以上都来自土地拍卖。于是我们就想到了租地的方法，用土地换资金。"1986 年 10 月，深圳市委、市政府调研组成立，课题是"如何推进土地使用制度改革，能不能拍卖土地"。①

1987 年 12 月 1 日，深圳土地使用权拍卖的"第一槌"，开启了政府先征用土地，再出让给市场，以地换钱的模式，做到了用3000 万元原始资本撬动 76.3 亿元的基础建设投资。② 而在拍卖举行前夕，现场来了一群特殊的嘉宾，他们是中共中央政治局委员、国家体改委主任李铁映，国务院外资领导小组副组长周建南，中国人民银行副行长刘鸿儒，以及来自全国 17 个城市的市长。这个被很多人形容为"后无来者"观摩团的到来，表明了中央对这种"吃螃蟹"行为的支持。即便如此，深圳的做法还是招致了种种诘难。深圳市原市委书记梁湘，甚至被有些人批判为"20 世纪 80 年代的李鸿章"。③ 然而从现在看来，深圳的做法不仅创造了新中国国有土地使用权有偿转让的先例，深远影响了后来的财政体制、金融改革与城市化进程，甚至推动了 1988 年的宪法修正案，即以法律形式确认了土地使用权可以依法转让。④ 深

---

① 网易新闻，http://news.163.com/08/1202/14/4S5PJOT500012HQH.html。

② 搜狐网，http://www.sohu.com/a/122588794_121338。

③ 《回顾深圳改革路：特区光环渐消》，新浪财经，http://finance.sina.com.cn/china/dfjj/20150423/205822031149.shtml。

④ 1982 年《宪法》第十条明确规定："任何组织和个人不得侵占、买卖、出租或者以其他形式非法转让土地。"

圳市体改委原主任徐景安事后回忆：在北京还在为一些理论问题争论不休时，深圳在实践上已经走出很远。

三、改革的反复："深圳大围剿"与特区地位的弱化

然而，特区的发展并非如表面上一帆风顺。1985 年 5 月出版的香港《广角镜》发表了香港大学亚洲研究中心陈文鸿的文章《深圳的问题在哪里？》，主要对深圳特区 5 年来的试验结果进行评估和质疑。有人称这是打响"特区失败论"的第一枪，而且揭开了深圳"第一次大围剿"的帷幕。①

陈文鸿得出的结论是：中央和深圳政府对经济特区的期望，是能发展成以工业为主体的综合经济，可是，深圳经济却是以贸易为主。数据不会说谎，1983 年深圳工业总产值 7.2 亿元，而社会零售商品总额为 12.5 亿元，做生意赚的钱比工业挣的钱多得多。他还对深圳的贸易模式提出了批评。当时深圳提出的口号是"外引内联"，然而在 20 世纪 80 年代初，深圳一穷二白，没什么东西可出口，1983 年外资占比也仅为 30%，这 30% 中又主要是港资。因此，"外引"引不进来便只能更多地指望"内联"了。所谓"内联"，在某种程度上其实是挖内地墙脚，来盖自家院墙。②具体来讲，由于内地省市尚有许多具备出口优势的创汇企业，按照当时的政策，这些企业创汇的大部分都被地方政府的外贸部门拿走了。如果这些企业与深圳搞联营，通过深圳来出口，其创汇就可以与深圳的出口商对半分，企业何乐而不为。当众多内地企

---

① 转引自张军，《不为公众所知的改革：一位经济学家的改革记述》，中信出版社，2010 年版，第三章。

② 资料来源：《深圳这个暴发户是如何起家的？》，http://www.360doc.com/content/15/0524/06/175820_472812906.shtml。

业都通过深圳出口时，便断了其他省市的财路。陈文鸿还举例说道，20世纪80年代，内地各省市为了出口创汇，通常会给出口商品以大量补贴。比如，一把折叠伞，市场价为10元，但外商不会要它。为了出口，只卖3元，这样的低廉价格，外商当然要了。但这样贱卖，厂家不是亏本了吗？不要紧，财政会给厂家补贴。

1988年时任深圳市委书记的李灏的发言或许能够对此进行侧面印证：深圳从无到有，总投资是87个亿。其中国家投资拨款，银行贷款，香港、澳门投资约17个亿。那么另外70个亿是从哪里来的呢？他承认是中央各个部委、各省市自治区投资的。为什么他们那么积极地投资？或许是政策洼地效应。

在金融领域，1994年，清华大学学者胡鞍钢教授的《欠发达地区发展问题研究报告》使尚处于邓小平南方谈话余热中的深圳，感受到些许凉意。撰写文章首次提出了"特区不特"论，说"特区是特权"，是"国中之国"，是靠"剥削内地""经济寻租""政治寻租"发展起来的。以金融为例，当时国家定的汇率为1美元兑换5.5元人民币，而深圳银行被允许以高于国家牌价来收购外汇。这样一来，全国各地的外汇持有者都不愿意到所在地银行换汇，而是拿到深圳，结果是，整个国家的金融秩序都被破坏了，深圳却坐收渔利。尤其是对落后者来说，一个比深圳落后的地区还要为深圳作贡献，是何情理？

这场风波最终以中央的表态画上句号。在1995年9月国务院举行的一次记者招待会上，财政部部长刘仲藜表态说，中央已经决定，对特区部分政策做一些小的调整。1997年，亚洲金融危机爆发，香港经济遭受重创，使得深圳增速明显放缓。1998年3月，在国务院第四轮机构改革中，国务院特区办被撤销。当时的一篇评论文章认为，"虽然深圳仍以特区立身，但至少在中央政府的实际决策体系中，已经没有特区之位了"。①

2001 年，随着中国加入 WTO，内地经济由局部试验向全面改革推进，来自国家发展改革委员会的数据显示，从 1992 年上海市浦东新区成立，到 2014 年 6 月，国家已经批准了 12 个综合配套改革试验区，其改革方向也更趋多元化。比如重庆、成都为统筹城乡试点，沈阳经济区为新型工业化试点，黑龙江的两大平原为农业现代化，山西省为资源型经济转型试点。曾经集万千宠爱于一身的深圳，如今只是改革开放中的一个试验区。从这个角度看，中央对深圳改革的预期已经改变了。②

四、深港逆转：转型的成功与失败

相比于 20 世纪 80 年代到 90 年代早期动辄 50% 以上的 GDP 增长率，深圳之后的发展则稍显疲态。在 90 年代的后五年，这一增速先是跌落 30%，接着又跌破 20%。2000 年之后，GDP 增速能超过 20% 的年份已不多。2002 年，一篇《深圳，你被谁抛弃》引爆舆论，年仅 28 岁的呙中校以朴实却又专业的语言剖析了深圳发展之瓶颈，部分内容甚至被写成内参选交中央。诚如前文所述，在很长的一段时间里，人们倾向于将深圳经济高速发展的原因归结于改革。然而，随着经济体量的爆炸式增长，利益关系趋于复杂，改革渐渐地改到了改革者，改革在深圳成了一件不太容易完成的任务。例如呙中校在文中提到的暂住证问题。2001年 10 月，财政部等部门颁布《关于全面清理整顿外出或外来务

---

① 韩永，《深圳：改革遇到了什么?》，《中国新闻周刊》，总第704 期。

② 从沪深两地证券交易所成立时间之争也可初见端倪。

工人员收费的通知》，要求取消暂住费、暂住（流动）人口管理费，仅保留5元工本费。然而深圳有关部门却有意提高办证门槛，增加程序所需公章至11个，根据《南方周末》报道，深圳市公安局负责人曾坦言，对出租屋开征治安管理费，目的便是弥补暂住证收费下降导致的亏空。其他部门如劳动局、人事局、物价局等7个部门还围绕暂住证形成地下产业，这让一个财政收入位列全国前茅的深圳备感"脸红"。

面对困难与挑战，深圳市政府一边刀口向内，一边引导经济转型。支撑经济发展的主要因素逐步换挡至经济转型。按照深圳市政协委员、政经评论员金心异的分析，深圳有三次比较明显的转型。第一次始于20世纪80年代中期，以劳动密集型企业的大量涌入为标志，让深圳从此前的以转口贸易为主，快速走向工业化；第二次始于90年代中期，以将高科技企业打造成深圳的支柱产业为标志，比广东推行的"腾笼换鸟"政策提前了十多年；第三次则与第二次相联系，以服务业的蓬勃兴起为标志。[①] 2009年，深圳市委推出了涉及全部46个部门的整合改革方案，减少部门15个，98名局级领导、139名处级干部、199名科级干部被列为了再安置对象，大大降低了行政成本，提高了办事效率，改善了营商环境。来自深圳市统计局的数据显示，2016年深圳第二产业增加值7700.43亿元，占GDP的39.50%，同比增长7.00%；第三产业增加值11785.88亿元，占GDP的60.46%，同比增长10.40%。这意味着，第三产业占GDP比重已突破六成。

相比之下，香港的发展则令人担忧。从某种程度上说，香港

---

① 网易新闻，http://news.163.com/15/0418/11/ANFU572J00014AEE. html#sns_weibo。

奇迹是特定历史机遇、自身经济基础与努力结合的产物，而反观当下，香港仍是香港，世界却已不是昨日的世界。国际产业转移不可能重演，当年的地理、制度、产业等优势已渐行渐远。

第一，在中国内地被西方封锁隔绝的情况下，香港作为支撑内地对外的唯一港口有着无法比拟的优势。但是，这一功能随着改革开放由点到面而逐渐弱化。表3-1显示，2016年深圳港口年吞吐量已经跃升至世界第三，香港则下滑至世界第五。

表3-1 近年来世界各主要港口吞吐量变化

排名	港口名称	2016 年		2015 年		2014 年	
		吞吐量（万 TEU）	同比增速（%）	吞吐量（万 TEU）	同比增速（%）	吞吐量（万 TEU）	同比增速（%）
1	上海港	3713	1.71	3651	3.47	3529	4.96
2	新加坡港	3090	-0.06	3092	-8.70	3387	3.96
3	深圳港	2411	-0.37	2420	0.71	2403	3.23
4	宁波—舟山港	2157	4.54	2063	6.07	1945	12.25
5	香港港	1963	-2.40	2011	-9.50	2223	-0.56
6	釜山港	1943	-0.09	1945	4.13	1868	5.63
7	广州港	1858	9.50	1697	5.00	1616	5.56
8	青岛港	1801	2.88	1751	5.30	1662	7.12
9	迪拜港	1480	-5.07	1559	2.57	1520	11.43
10	天津港	1450	2.76	1411	0.43	1405	7.99

资料来源：作者基于网络信息搜集整理

第二，在向珠三角转移轻工业后，香港并未像其他"三小"那样加快制造业升级，而是选择了以金融、地产等为代表的服务业，这就使得香港的产业结构变动方向，与中国内地 20 世纪 90 年代后期产业结构变动方向不匹配。香港难以从内地经济（如汽车和房地产所需钢材）高速增长中"由轻而重"获得高分红①。

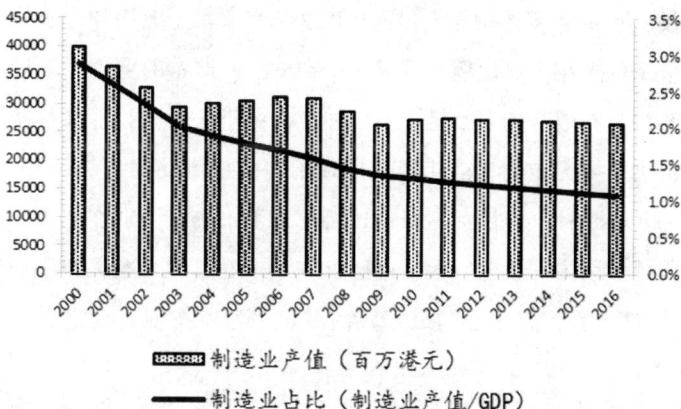

图 3-9　香港地区制造业占比

资料来源：万得资讯

香港没有第二产业优势是所有问题的逻辑起点。美国第二产业比重虽然在近年来持续走低，却始终保持在 20% 以上，并在 2012 年启动"先进制造业国家战略计划"。2013 年，德国正式提出"工业 4.0"概念。中国随后制定"工业制造 2025"规划，试图在"互联网+"领域弯道超车，香港制造业的严重空心化，导致与内地经济联系日渐疏远，失去了发展"工业 4.0"的先机。2016 年年底，香港制造业占比居然还没有达到 1.5%（图 3-9），

① 王建，《香港经济增长能力长期衰退的现状与原因》，http://www.sohu.com/a/59687441_119909。

比起美国的 12.1% 和德国的 22.6%，差距绝对不是一朝一夕可以赶上的。

第三，从人口结构来看，香港已经步入迟暮之年。0—19 岁人口占总人口的比例由 1996 年的 25.4% 下降至 2014 年的 16.2%，20—39 岁的青年人口所占比例由 1996 年的 36.2% 直降至 7.2%。相反，40—64 岁的中年人口占比由 28.2% 大幅上升至 39.6%，65 岁以上的老年人口比例上升了 5%—15%。[①] 严重的劳动力老龄化带来的是有效劳动力不足，不仅如此，由于房价畸高，各行业垄断势力有增无减，香港年轻人出现了向内地流动的趋势。[②] 这些进一步导致社会经济活力降低。相比之下，由于深圳在住房、年轻人才吸引方面投入巨大，截至 2016 年年底，其常住人口平均年龄为 32.5 岁，属于全国最年轻的城市，为科技创新提供了人才保障。

千年伊始，在经历了税收有优惠、土地有保障、人工很低廉的"前店—后厂"合作后[③]，深圳付出的代价也十分惊人。时任深圳市委书记厉有为到蛇口调查时发现，仅蛇口一带便有 30 余家印染厂，将附近沙滩全部染黑，所以他认为产业结构调查迫在眉睫。而内地出口导向产业也逐步培育了本地化服务设施（如现

---

① 《双城记：深圳的崛起与香港的衰落》，港股那点事（微信公众号：hkstocks），http://www.sohu.com/a/48209255_117262。

② 深圳市福田区政协常委金孝贤曾告诉第一财经：在香港大量的就业机会都在金融业和房地产服务业，在工程、科研方面的就业机会比较少。香港大学取消天文学及数学/物理两门主修课程，侧面反映了香港在这方面的出路和工作非常少。

③ 根据中央电视台《深圳故事》报道，1994 年，深圳"三来一补"企业达到了近 8000 家，从业人员有 100 万，实现了特区一半以上的工业产化。

代空港和集装箱码头）。1996 年，深圳公布了《深圳市城市总体规划（1996—2010)》，集中打造高新技术产业。自此，两地似乎很难再相互获得发展动力。2003 年，香港因受到 SARS 疫情冲击，市面萧条，当年 5 月，赴港游客同比下跌 68%，仅旅游收入就减少 123 亿港元。这一损失很快波及零售业和消费业，失业率最高达 8.8%，香港经济、民生笼罩在沉沉阴霾中。恰在此时，中央与香港签订了《内地与香港关于建立更紧密经贸关系的安排》(*Closer Economic Partnership Arrangement，CEPA*)。CEPA 包括货物贸易、服务贸易和贸易投资便利化三方面内容，由于内地在制造业具有比较优势，而香港在服务业具有比较优势，因此服务贸易逐渐成为合作的主要内容。截至 2015 年年底，内地与香港服务贸易进出口额达 1225.6 亿美元，占内地服务贸易进出口总额的 17.2%，香港成了内地的第一大服务贸易伙伴。

五、深店莞（惠）厂：新时代"前店—后厂"模式成型

来自国家统计局的数据显示，深圳陆地面积只有 1997.27 平方公里，是北京的 12.17%，上海的 31.5%，广州的 26.87%。从人口密度来算，深圳压力最大，2015 年年末每平方公里有 5697 人，是北京的 4.3 倍，上海的 1.5 倍，广州的 3.1 倍。从人口增长速度来看，深圳的吸引力也遥遥领先，2016 年净增人口达到 53 万，是北京的 13 倍，上海的 10 倍，广州的 1.2 倍。相比之下，临近深圳的东莞和惠州土地面积分别为 2460 平方公里和 11343 平方公里。从自然禀赋来看，深圳土地成本高企有一定的必然性。根据媒体统计，2013 年 3 月至 2016 年 8 月，深企在东莞拿下土地

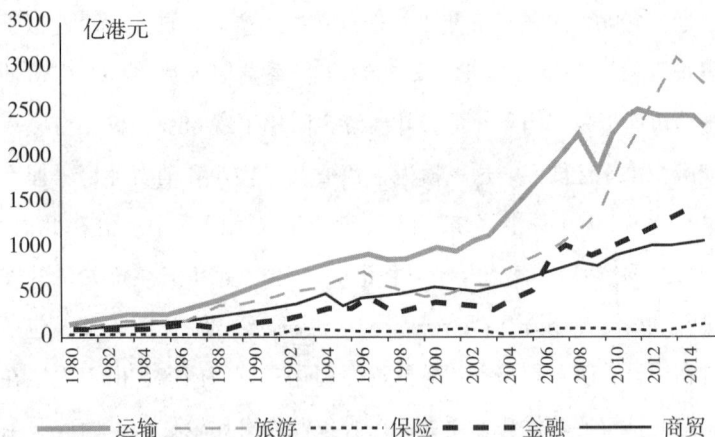

图 3-10 CEPA 签订对于香港旅游、运输、金融业输出形成显著刺激
资料来源：万得资讯

4000 亩，约合 265 万平方米，出让金总计近 14 亿元。同一时间，深圳土地供应面积为 216.79 万平方米，2016 年土地出让金为 242.4 亿元。深圳拿地成本约为东莞的 17 倍。不少老板表示，虽然有人在为我打工，但我却在为房东打工。

在此背景下，深企外迁势在必行。深圳市原市长许勤在一次讲话中指出："近期，有超过 1.5 万家企业迁出深圳。"其中六成企业外迁是因为"房地产价格、厂房租金太高""人工成本过高""用地需求无法满足"。根据东莞官方透露，2015 年东莞引进的内资项目中，34% 来源于深圳。2016 年上半年，差不多每拍出三块工业用地，就有一块被深圳资本拿下。① 惠州则在 2016 年的市委

① 东莞阳光网，http://news.sun0769.com/dg/headnews/201608/t20160809_6797676.shtml。

第十届九次全会中明确提出：全面对标深圳，主动接受深圳的辐射带动。中山市发展改革局统计显示，自 2013 年以来已接纳 230 多家深圳企业落地中山。江门市工商部门统计显示，已有 198 家深圳企业在江门投资，同时，深圳企业在江门设立的分支机构达到 225 户。

深企外迁，似曾相识。[①] 广东省政府特聘参事陈鸿宇将随后发生的外迁潮分为三波：第一波是 2002—2006 年，劳动密集型以富士康为代表的企业外迁；第二波是 2007—2012 年，装备制造等资本密集型企业走出去；第三波特征在 2012 逐渐开始显现，以华为、中兴通讯为代表的技术密集型生产基地逐渐外迁。可以看到，在以前的"前店—后厂"中，香港是"店"，深圳是"厂"，现在这一模式则演变为"深圳总部研发" ＋ "东莞、惠州等周边城市生产制造"。"深店莞（惠）厂"的悄然形成则反映出深圳强大的创新能力。这一变化或许是符合历史潮流的，比如，在华尔街公布的 2015 财年最赚钱的企业名单中，苹果公司以 395 亿美元净利润夺冠，而该公司除了研发、设计、营销在美国本土外，制造业几乎全部外包。[②]

---

① 1994 年，深圳市颁布实施《关于在特区内停止审批三来一补等项目的通知》明确规定，不再审批"三来一补"项目，现有"三来一补"、劳动密集型企业要逐步向外转移，到期无法转型的，一般不再延期，已转移至特区外的，可以搞"前店—后厂"。

② 不过，深圳是否会像香港出现"产业空心化"仍待回答。深圳市社会科学院副院长陈少兵举例认为，2000 年以前，除了硅谷，台湾地区的新竹科技园是科技产业发展最好的地方，但在大量核心生产环节外迁之后，新竹看似占领了市场，最终却未能维持持续创新。

六、待解的难题:粤港澳大湾区的分工与竞争

在 2017 年 3 月 5 日召开的十二届全国人大五次会议上,国务院总理李克强提出,要推动内地与港澳深化合作,研究制定粤港澳大湾区城市群发展规划,发挥港澳独特优势。那么,谁将成为粤港澳大湾区的"火车头"呢?深圳,在创新和 GDP 方面已经是诸雄中的领头羊,不过在政治、科教医疗、文化与历史方面与广州和香港相比仍有不小差距。香港在国际知名度上无疑最大,在金融和贸易物流方面的竞争力犹强。至于广州,政治与文化影响力是当之无愧的老大,唯独在金融与高科技两个关键指标上较为落后。

对于龙头之争,在本书付梓之际仍难作出判断,但是湾区各城市的职能分工问题却十分明显。日本运输省于 1967 年提出的《东京湾港湾计划基本构想》,建议把东京港、千叶港、川崎港、横滨港、横须贺港、木更津港和船桥港在内的 7 个港口整合为有机整体(表 3-2)。经过多年发展,千叶成为原料输入港,横滨专攻对外贸易,东京主营内贸,川崎为企业输送原材料和制成品。如此一来,湾内各市都有各自优势产业,同时紧紧相连,加工生产要素在城市间可自由流动集聚,形成了巨大的集聚效应,提升了东京湾在全球的竞争力。

表 3-2　东京湾主要港口职能分布

港口	港口级别	基础和特色	职能
东京港	特定重要港口	东京是日本最大经济中心、金融中心、交通中心	商品进出、内贸和集装箱
横滨港	特定重要港口	京滨工业区的重要组成部分,以机械为主	国际贸易、工业品输出和集装箱货物集散

（续表）

港口	港口级别	基础和特色	职能
千叶港	特定重要港口	京叶工业区的重要组成部分、日本的重化工业基地	能源输入和工业
川崎港	特定重要港口	多为企业专用码头、深水泊位少	原料进口和成品输出
木更津港	重要港口	以服务境内的君津钢铁厂为主，旅游资源丰富	地方商港和旅游港
横须贺港	重要港口	军事港口，部分服务当地企业	军港兼贸易

资料来源：王建红，《日本东京湾港口群的主要港口职能分工及启示》，《中国港口建设》，2008 年第 1 期

　　反观粤港澳大湾区，不仅拥有深圳港和广州港两大排名前十的港口，珠海港、东莞港、惠州港、中山港、虎门港、南沙港国际排名也在迅速上升，因此，如何在适度竞争的基础上进行差异化定位，构建大、中、小规模合理，中转、外贸、内贸功能统筹，空间布局科学的港口群，是未来提升投资效应和运营效益的关键。

龙生九子：珠海、汕头和厦门

一、失落的珠海特区

　　20 世纪 80 年代，一位老人在中国的南海边画了几个圈，深圳、珠海、汕头和厦门自此成为"圈内人"。现在看来，中央设立的经济特区无一例外地选在"不毛之地"，胜固可喜，败亦欣

然，对于全国大局不会形成明显冲击。以此来看，深圳的崛起更像是一种偶然，换言之，经济特区不是为成功提供一种可能，也不一定会成功，这从特区间的不平衡发展便可初见端倪。

2008 年，经济学家樊纲牵头，承担了"中国经济特区研究"课题，总结出十多条经济特区可复制的经验。其一便是：在本地人口较少、外来人口较多的地方，特区的成效更好一些。"当人口以外来人为主的时候，本地人的利益格局很容易被冲破，改革就很容易推动。这也能解释深圳一开始为什么好于珠海、汕头和厦门。"① 与此同时，只要稍微留心广东经济发展现状便可发现，其呈现出以香港为圆心的涟漪，距离香港越近，发展越快。由于全面总结特区发展路径之差异并非本书核心目的，下文只是略作探讨。

先看珠海，如果不是对比分析，鲜有人会意识到与深圳隔江相望的邻居，也是改革开放初期设立的 4 个经济特区之一。虽然毗邻澳门，珠海却长期如"小脚女人"一般发展，时至 2016 年，其 GDP 依然低于临近的佛山、东莞和中山。在广东 21 市中排第 10 位。究其原因，澳门和香港的差距、珠海颇为尴尬的地理位置、早期环境导向型的发展方向或许能够提供一些解释。

首先，澳门支柱产业是被内地严格禁止的博彩业，因此在香港将大部分轻工业向以深圳为代表的珠江东岸转移时，珠海却很难获得类似的发展机会。

其次，珠海距离广州约 130 公里，并且在 2011 年以前不通

---

① 韩永，《深圳：改革遇到了什么?》，《中国新闻周刊》，总第 704 期。

铁路，驱车往来便需一天，大大限制了人员交流。根据媒体披露，在 20 世纪 70 年代末到 90 年代后期，从香港到珠海的物流成本，是香港到深圳的 3 倍，导致外商认为在珠海投资办厂并不划算。[①]

最后，或许是起点较高的缘故，在珠海发展早期，当地政府便确立了抵制"三来一补"、抵制高污染低端制造业等原则，从而与"无问西东"，只有"苍蝇、蚊子、沙井蚝"三件宝，"十屋九空逃香港，家里只剩老和小"的深圳形成鲜明对比。在这种思想指导下，绿色宜居逐渐成为珠海的核心竞争力，由原市委书记梁广大设计修建的、环绕整个珠海东部的情侣路便是鲜明事例。数据显示，在中国社会科学院发布的《宜居城市竞争力报告》中，珠海连续多年位居全国第一。以 2015 年为例，珠海接待游客总数达到 3592.6 万人次，为常住人口的 22.5 倍。

那么，为何珠海在交通建设上比较缓慢呢？港珠澳大桥历史或许能够从侧面说明一些问题。这座大桥总长 55 公里，起点为香港大屿山，经大澳，跨越珠江口，最后分成 Y 字形，一端连接珠海，一端连接澳门，令人叹为观止。回溯这一壮举，从概念提出到落成，历经了整整 34 年，其中 20 余年在讨论建桥方案，个中曲直可想而知。

实际上，在 20 世纪 80 年代，陪同邓小平南方视察的珠海市原市委书记梁广大，非常清楚跨海大桥对于珠海发展的重要性。他曾说："一桥拉动，珠三角西部的棋子全盘皆活。"在 1983 年，香港财团"公路派"代表、合和集团主席胡应湘，提出建设伶仃洋大桥，从珠海金鼎出发，直达香港屯门，成为港澳与内地大通

---

① 搜狐财经，http://www.sohu.com/a/113734669_156758。

道联结的节点。梁广大与胡应湘一拍即合，自 1988 年为修建伶仃洋大桥奔走十余年。在 1997 年 12 月 30 日香港回归不久，伶仃洋大桥项目终于获得国务院正式批准立项。不过，深圳担心桥梁的修建会导致珠三角西部的人力和物流不需经过深圳便可直达香港，澳门和中山市对于珠海独占大桥也颇不情愿。与此同时，香港基于英、美顾问公司的报告，低估了珠三角地区经济发展速度，认为要到 2020 年才有建跨海大桥的需求。在种种复杂因素的影响下，伶仃洋大桥终被搁置。①

21 世纪以来，广东省提出深圳至珠海建设隧道的方案，倘若得以实施，那么根据美国商会驻香港主席詹康信的说法，香港将在广东未来发展中被"边缘化"，在此情景下，香港对于兴建大桥连接珠江西岸兴趣愈发浓厚。2003 年 8 月，跨海大桥方案提出 20 年之后，粤港高层第一次就此进行正式交流。中山大学教授、资深港澳问题研究者郑天祥提出将深圳囊括进来，形成横亘四个特区的双"Y"方案。然而对于珠海来讲，深圳的加入，意味着大桥车流量被摊薄了 1/3。与政府间博弈相映衬的是香港财团的分歧。"公路派"财团代表胡应湘主张六车道高速公路，也就是完全靠货运。而拥有南海高栏港、珠海九洲港、佛山三山港的李嘉诚和拥有南沙港的霍英东等"航运派"则明确反对这一方案，他们认为海路成本最低，建设港珠澳大桥的经济效益不大。经过多番协商，2005 年年初，珠港澳大桥确定了单"Y"方案，深圳被排除在外。

自珠港澳大桥正式动工至 2018 年 10 月正式通车已十年有余，

---

① 《珠港澳大桥机会》，腾讯财经，http://finance.qq.com/a/2017 0730/007239.htm。

无论是香港还是珠三角，其产业结构、经济总量已经发生翻天覆地的变化，如今的香港还能够为珠海的未来带来什么，值得观察。

二、受困"人和"的汕头

如果说深圳和珠海"入围"有一定的必然性，那么汕头能够成为"圈内人"则存在一定的偶然因素。而但凡谈及这一历史趣闻，便无法绕开特区的拓荒者——时任广东省经济特区管理委员会主任的吴南生。1978 年 12 月，党的十一届三中全会开启了中国改革开放历史新时期，1979 年年初，他受广东省委委派，赶赴家乡汕头传达全会精神。然而此次返乡却让他感叹：为什么在解放初期还和香港经济相差无多的汕头，30 年后却破败不堪?[①] 根据吴南生回忆："那段日子吃不下睡不好，闭上眼睛就想，我们当年拼命闹革命，可不是让老百姓越过越穷!"[②]

在这种背景下，1979 年 2 月 21 日，仍然处于感冒高热状态的吴南生，迫不及待地在汕头给广东省委发了长达 1300 字的电报。2 月 28 日回到广州时，时任广东省第一书记的习仲勋便到他家中交流意见。在随后的 3 月 3 日广东省委常委会议上，吴南生指出：第一，在全国范围内，汕头是仅次于广州的第二大外贸城

---

① 汕头自 1860 年第二次鸦片战争开商埠，到 1921 年已经成为仅次于广州市的广东省第二大城市。1858 年，恩格斯在《俄罗斯在远东的成功》一文中称，"汕头是中国唯一具有一点商业意义的口岸"。

② 类山，《岂有文章倾社稷，从来奸佞覆乾坤》，《炎黄春秋》，2006 年第 8 期。

图 3-11　20 世纪 50 年代
汕头小公园和百货大楼①

市。第二，汕头的华人、华侨数量全国最多，有很多有影响力的人可动员。② 第三，汕头地理位置比较偏僻，当地人自称是"省尾国角"，即使改革失败，影响也十分有限。由于当时"左"的思潮仍未完全平复，吴南生又补充道："如果省委同意，我愿意到汕头搞实验，如果失败了，要杀头就杀我。"习仲勋当即表态：要搞，全省都搞。

1979 年 4 月，中央同意了广东省的请求，并在 5 月委派时任中央书记处书记、国务院副总理的谷牧到广东实地考察。在此期间，谷牧单独找到吴南生，传达了中央意见，依汕头目前的条件，还不够办特区，只办深圳、珠海如何？吴南生这个世人眼中的儒雅书生回复道："谷牧同志，如果不在汕头办特区，我也不负责特区了。不是因为汕头是我的故乡，而是因为办特区的建议是

---

① 广东省越华画院，http://www.360doc.com/content/16/0310/08/7229430_540952682.shtml。

② 据不完全统计，整个潮汕地区的华侨、华裔达 650 万人，遍布 40 多个国家和地区，2005 年，"福布斯"海外华人 100 强中有 19 位潮汕商人。

在汕头酝酿的，海外和港粤的朋友们都知道。不办了，我就是失掉信用了。一个没有信用的人是不能办特区的。"两个月后，著名的 50 号文件指出："出口特区，可先在深圳、珠海两市试验办，待取得经验后，再考虑在汕头、厦门设置的问题。"①

类似于深圳，在汕头特区创建的早期，"政策洼地"形成的虹吸效应大大地促进了当地经济发展。比如，特区生产的产品出口以及设备、原材料、日用生活品进口等均享受零关税政策。所得税方面，当地企业所适用的税率仅为 15%，而其他地区则为 25%。与此同时，外资企业自首次获利年度起，可以享受"两免三减半"的政策。② 然而诚如前文所述，随着改革开放的深入，中国经济发展开始从局部试验阶段向普遍改革阶段推进（表 3-3）。搞市场经济、对外开放、与国际市场接轨，已经成为全中国的需求，不再把优惠局限于几个特殊的区域。自此，汕头基本上沦为普通城市。与此同时，由于自然资源匮乏，距离香港、广州及珠三角经济发达地区较远，后续发展乏善可陈。

表 3-3 "特区不特"政策演变

政策时间	政策内容
1984 年	中央先后批准大连、秦皇岛、天津、烟台、青岛、连云港、南通、上海、宁波、温州、福州、广州、湛江、北海 14 个沿海城市，随后又增加昆山、营口、威海等经济技术开发区，其投资、贸易政策接近经济特区

---

① 《吴南生：吃螃蟹破一潭死水，提脑袋办经济特区》，中国共产党新闻网，http://dangshi.people.com.cn/GB/120281/12519593.html。

② "两免三减半"的政策是指，外商投资企业可享受自取得第一笔生产经营收入所属纳税年度起 2 年免征、3 年减半征收企业所得税的待遇。

（续表）

政策时间	政策内容
1988 年	优惠趋于扩大至辽宁、天津、河北、山东、浙江、江苏、广西的若干沿海县市
2001 年	为实施西部大开发战略，西部 12 省区和新疆生产建设兵团可享受各项经济特区优惠政策，如企业所得税率降至 15%
2007 年	全国人大通过新的企业所得税立法工作，内外资企业所得税率统一为 25%，昭示着特区最后一项经济优惠政策宣告终结

资料来源：作者基于网络信息整理

　　那么，享有"东方犹太人"美誉的潮商，是否如吴南生数十年前所提出的那样，表现出强烈的返乡投资意愿呢？答案或许是否定的，而诚信问题或许能够提供一些线索。

　　2004 年 4 月，时任汕头市委书记的李统书受到中央电视台《实话实说》栏目邀请，畅谈信用建设。主持人崔永元意味深长的开场白或许能够道出外人对潮汕人的大致印象："我最近正在学夸人，夸姑娘就说漂亮，夸小伙子就说精神，夸小孩就说聪明，夸汕头人就说你真不像是汕头人。"那么问题真的有这么严重吗？真正败坏潮汕声誉的，是共和国历史上最严重的"系列骗税案"，2000 年 8 月起，人称"807 工作组"的国务院打击骗取出口退税工作组进驻汕头潮阳、揭阳普宁。随后的事实让人震惊：在过去几年里，潮阳、普宁 1000 多户出口企业，98% 以上存在违法犯罪行为。据不完全统计，两地共虚开增值税发票 17.2 万本，虚开税额 323 亿元，19 人被处以死刑。据新华社报道，2001 年汕头"骗税案"案发后，全国共 18 个省宣称，不与潮汕人做生意。湖北的一条街区甚至打出"此地无潮货"[①]。即使是当地一家较有名气

---

　　① 张俊才、邹锡兰，《潮商第三次勃兴》，《中国经济周刊》，2005 年。

的化妆品公司，宁可每年花数千万元做广告，也不愿把具体厂址"潮阳"打出来。在此环境下，汕头市原市委书记林木声曾说："潮商是具有全球性影响的商业群体，和已经在历史上风光尽显的内陆徽商、晋商比，潮商踏迹天涯，在海外有着重大影响。"但是，能够回乡投资的企业却寥寥无几。比如在"万科股权"争夺战中搅动投资界风云的潮汕商人姚振华、腾讯帝国马化腾、前首富黄光裕等，均将集团总部设在深圳或北京，且几乎没有在潮汕地区的投资。中山大学一位从事港珠澳研究的教授曾表示，如果非要投资，很多侨商也只愿出钱建学校。潮商大佬李嘉诚愿意为汕头大学捐钱，几乎每年都会参加该校毕业典礼，但几乎没有其他投资。[①] 总之，在"天时"降临时，"地利"及"人和"的牵绊，使得汕头错失了作为特区的大好机遇。

三、厦门的"痛苦"

如果说珠海的发展更多地受制于中国澳门的经济体量和产业结构，厦门则是与实力更为雄厚的台湾地区最为接近的海港。但多年来，厦门的发展是否一帆风顺呢？当地长期存在的一个段子或许可以对此进行回答："厦门以一个三流城市的底子，挤进了二流城市的行列，却总认为自己应该是一流城市的模样，这就是厦门人的痛苦所在。"

厦门"痛苦"的原因与珠海和汕头也有相似之处。2009 年 3 月 21 日 15 点 10 分，厦门高崎联检大楼被爆破拆除，结束了一段尴尬的历史。在 1995 年的厦门，经济特区的范围仅仅限于岛内。

---

① 《潮汕商帮可以买下半个星球，但汕头为什么就没发展起来？》，搜狐财经，http://www.sohu.com/a/106281800_211860。

为了借鉴深圳的封关策略，在厦门推行"自由贸易港"特殊政策，政府在紧靠厦门大桥的高崎中埔村口设立了特区通关管理线，联检大楼随之兴建，并成为当时厦门市的十大标志性建筑之一。如果投入运营，不管是岛外市民还是外地人员都需要出示相关证件，方可进入厦门岛内。然而正如汕头所遇到的情况一样，大楼建好以后，中央政策却开始转变了，特区的优惠政策逐渐向所有城市扩散，厦门的"自由贸易港"政策不了了之，联检大楼的功能已不复存在。[①]

政治因素或许是厦门案例的特别之处。1979 年年初，全国人大常委会发表了《告台湾同胞书》，意图在经济上吸引台商来大陆投资。但是台湾当局对此态度僵硬，长期坚持"不接触、不谈判、不妥协"的"三不"立场阻碍政策实施，最终效果并不令人满意。不过，因为大陆的优惠条件对台湾中小企业非常具有诱惑力，所以一些台商选择了比较隐秘的投资方式。比如，第一，在岛内申请去港澳投资并设立办事处，再从港澳转投珠三角；第二，在岛内申请去大陆周边的国家投资设厂，间接与大陆产生贸易往来和进行投资；第三，在蒋经国允许台胞大陆探亲之后，以探亲为由委托大陆亲人挂名，进行投资；第四，以合资形式，通过中国香港、美国、日本组成的控股公司向大陆直接投资。可以看到，在这些形式中，大多数台商都是选择通过中国香港这个中转点进行投资，导致与台湾距离最近的厦门，在吸引力方面反而不如与香港更为接近的深圳。

这段往事的一个缩影便是轰动一时但功败垂成的"海沧计划"。1986 年，台湾石化大王王永庆曾在提出建立第六轻油裂解

---

① 《厦门，你将去何从》，凤凰国际智库。

厂，但是由于环保、土地、劳工三个问题，化工企业在岛内落地无望之际，王永庆只好将目光投向海外。大陆有关单位将这一信息转告中央，并从中牵线搭桥。1989 年 12 月，王永庆在人民大会堂台湾厅获邓小平接见。1990 年 1 月，王永庆再次飞抵北京，确认将在厦门海沧投资 70 亿美元建立一座石化工厂，代号为"901 工程"。

王永庆对于厦门的参观访问，是秘密进行的，有关方面严禁任何媒体采访报道。时任厦门市外资局局长的陈德回忆道：台湾媒体记者得知王永庆经第三地到了大陆，便开始追踪。[1] 虽被拒绝跟随采访，但他们知道，大陆各地接待的贵宾，通常都会下榻至官方指定的宾馆。于是，有台湾记者拨打越洋电话到厦门宾馆，谎称有事须找王董事长洽谈。接电话的服务员不知有诈，如实回答，最终被套出王永庆密访厦门之事。[2] 由于 70 亿美元在当时是一个天文数字，该计划引起台湾地区原领导人李登辉等人的极大恐慌。他们唯恐王永庆的行动产生多米诺骨牌效应，于是用尽浑身解数，最终迫使王永庆对外宣布放弃"海沧计划"。在此后的十余年中，王永庆多次感慨："所谓失之毫厘，差以千里。当时一步之差，海沧计划未能推动实施，所造成的差异极为可观。当台湾众多加工业者感受到因为工资普遍提高，已经逐渐丧失国际市场的竞争条件，为了谋求持续经营，不得不将生产线外移至工资不到台湾十分之一的大陆，此一情形就像水往下流一样，完全不是人为力量所能阻挡……但无奈事与愿违……于今思之，真

---

① 360 个人图书馆，http://www.360doc.com/content/10/0823/07/1775101_48067373.shtml。

② 《解密 25 年前王永庆"海沧计划"》，《海西晨报》，2014 年 1 月 6 日版。

是悔恨莫及！"

总而言之，深圳和香港之间，有陆路相连，可以保证人流、物流畅通无阻。而厦门和台湾地区之间，政治上的"海峡"使得两岸长期以来无法直接通邮、通商、通航，必须绕道香港，厦门的地缘优势荡然无存。随着时间流逝，当台资真正大举登陆的时候，它们却直奔长三角、珠三角而去。可以说，厦门经济特区从设立之日起，从来就没有真正实现过对台优势。

最后，厦门地处福建，其经济辐射范围仅限于本省的闽南、闽西，勉强可延伸到市场有限的江西省。而珠海和汕头则镶嵌于富庶的珠三角地区，因此从经济腹地角度看，厦门存在先天不足，难以形成完整的产业链。一个基本事实是，直到21世纪初，福建却仅有鹰厦一条出省铁路，竞争力可想而知。或许恰如当地人所说，以厦门的区位条件，充其量只能成为地区性经济中心。从地形环境来看，福建省有七山二水一分田之说，较难开展大规模工业生产。相比之下，深圳地势较为平缓，更利于城市建设。在以上条件制约下，厦门发展速度波澜不惊，或许实属无奈。

第四章 风雨四十年：
土地利用"深圳模式"的改革之路

徐力恒

那些隐藏在"土地有偿使用"
第一步的背后故事

20 世纪 80 年代，对于中国内地大多数城市而言，土地"拍卖"是一个陌生而敏感的词。勇于敲响内地"土地拍卖第一槌"的深圳，自然也受到过猛烈地抨击，甚至被批评是"出卖国家领土，是为资本家服务"[①]。但发生在深圳的首次土地拍卖，确实是揭开了中国内地土地使用制度改革的序幕。

深圳试验土地改革的过程并非毕其功于一役，在确立国有土地使用权有偿转让制度之前，率先确立的是土地有偿使用制度。

1979—1986 年，受制于改革初期的资金约束，深圳迈出土地使用制度改革的第一步。

站在当时的历史路口，国民经济主要以农业为主，工业化、城市化都还很落后。在遍地滩涂的小渔村深圳，发展最缺的是钱而不是地。观察香港，在 1968—1973 年，政府启动了"新市镇

---

① 《深圳改革：下一站去哪儿?》，http://www.chinare form.org.cn/area/city/Practice/201504/t20150420_223436.htm。

开发计划"，并于 1972 年制定了"十年建屋计划"①。这些举措，使香港楼市迅速繁荣，房价和租金飙升，当时香港的财政收入中，有三成以上来自土地拍卖。

香港楼市的繁荣，让时任深圳房管局副局长的骆锦星看到了土地的宝贵价值。当时骆锦星接到一个任务：一年之内建成两个小区作为科级以上干部宿舍，总计面积超过 2 万平方米。据估算，建造宿舍总计的费用至少达到 200 万元，而当时深圳一年的财政收入才 3000 万元，能够拨给该项目的资金最多只有 50 万元，其他的资金缺口，必须由房管局来解决。②

当时《宪法》第十条明文规定：任何组织或个人不得侵占、买卖、出租或以其他形式非法转让土地。因此，骆锦星选择了通过贸易补偿这种"擦边球"的方式，获取地产开发的资金——深圳政府出地、港商出资建房、利润双方分成。骆锦星通过深圳市接待办接触到香港妙丽集团董事长刘天就，双方最终商定：深圳与香港方面合作开发住宅，采取深圳出地、港方出钱的模式，建房后到香港销售，利润方面深圳和妙丽集团以 85∶15 进行分成。

1980 年 1 月 8 日，经深圳市委组织部批准，深圳经济特区房地产公司成立，负责与港商合作建房事宜。这是深圳经济特区第一家房地产公司，也是内地有史以来第一家房地产公司。时任深圳市房地产管理局副局长的骆锦星兼任总经理。

就这样，内地第一个商品房小区东湖丽苑在 1981 年建成，严

---

① "十年建屋计划"是香港政府积极从供给方面入手，全面改善港人住房品质的重大举措。

② 《骆锦星：竞得中国土地使用权"第一拍"的吃螃蟹者》，http://www.shenchuang.com/zjbwsggrw/20180117/783552.shtml。

格意义上说，它还不能算是完全的商品房——因为土地还是由政府划拨的。

1981年3月10日，经深圳市编制委员会批复同意，内地第一家物业管理企业——深圳市物业管理公司成立[①]，中国内地物业管理行业由此诞生。东湖丽苑商品住宅交付使用后，深圳市物业管理公司东湖丽苑管理处开始运作，物业管理正式走入深圳人的日常生活。

有了东湖丽苑的成功尝试以及政策层面的初步认可[②]，深圳市住房商品化的脚步开始加快。与港资、外资合作建房在深圳获得默许，"补偿贸易"转变成"合作经营"，翠竹苑、湖滨新村、怡景花园等住宅小区逐步推向市场。深圳罗湖诞生了第一个集中诸多商品住宅的新兴片区，一定程度上也解决了第一批深圳人的住房问题。[③] 当时深圳方面定下规则，多层建筑二八分成——深圳方面得80%利润，高层建筑三七分成——深圳方面得70%利润。

土地有偿使用作为一项制度被明确下来。1980年8月，由广东省颁布的《广东省经济特区条例》第12条明确提出："境外客商使用经济特区土地的要缴纳土地使用费。"1981年11月，广东

---

① 后经改制规范登记，改名为深圳市物业管理有限公司。

② 东湖丽苑开盘之后不久，1980年4月2日，邓小平就住宅问题再次发表讲话："城镇居民个人可以购买房屋，也可以自己盖。不但新房可以出售，老房子也可以出售。可以一次付款，也可以分期付款，10年、15年付清。建房还可以鼓励公私合营或民建公助，也可以私人自己想办法。"参见《时事报告》杂志社，住房大记事，http://www.ssbgzzs.com/txt/2010-07/24/content_3624861.htm。

③ 《城镇化系列报道之一：东湖丽苑——中国商品房的起点》，http://sz.leju.com/2013-06-07/news/09373242419.shtml。

省五届人大常委会通过了《深圳经济特区土地管理暂行规定》，该规定对深圳经济特区范围内土地的征用、规划、权属、经营、收费标准和使用年限都做了明确的规定，土地正式进入了有偿使用的时期。

敲响"中国内地土地使用权拍卖"第一槌

在当今中国，土地使用权的有偿出让已是再寻常不过了。但是，在市场经济尚未深入人心的年代，土地资源一向是通过行政划拨，土地使用权拍卖在当时被认为是违宪的。

当时，深圳政府正进行大规模基础工程建设。土地使用的运作流程是，政府先对大范围的土地进行"七通一平"①，然后根据城市规划和各单位的申请，将土地划拨给相关单位。在这种模式下，土地基本上是无偿划拨，收取的土地使用费远远低于"七通一平"的费用。② 随着特区建设步伐加快，资金缺口越来越大，极大考验着市政府筹措资金的能力。

在一次与港商的座谈会议上，深圳市领导受到了启发。③ 他们希望能够学习香港的经验利用起土地的价值，于是迅速成立了专题考察组，赴港"取经"。考察组借鉴香港经验之后认为，可

① 指土地前期开发。
② 《深圳：改革改到了改革者—革命革到了自己头上》，http://www.chinareform.org.cn/area/city/Practice/201506/t20150612_227472.htm。
③ 深圳市原市委书记李灏接受记者采访，讲述霍英东为深圳作出的贡献："在深圳发展最需要资金的时候，霍英东给当时的市领导提出了通过转让土地使用权为政府增加收入的建议，从而使深圳也使全国有了首次出让土地使用权的石破天惊之举。"

以对现行的行政划拨土地、收取土地使用费的办法进行改革，采取公开拍卖为主，公开拍卖、招标与行政划拨相结合的特区土地管理制度。

1986年年底，深圳市政府草拟了《深圳经济特区土地管理体制改革方案》（以下简称《方案》）。《方案》决定在全国率先推出土地使用权有偿、有期出让和转让的试点改革。但在该方案的可行性论证期间，有关境外专业人士仍对其实施的法律环境心存忧虑。[①]

在无法绕开《宪法》和《土地管理法》关于"土地不能转让"的刚性规定之前，深圳试图从马克思主义经典著作中寻求理论支撑。例如《方案》的说明中有如下一段阐述："马克思说：'劳动和土地是财富的两个形成要素。劳动和土地是一切财富的源泉。'创办经济特区，就是要利用特区廉价的劳动力和土地这两大资源，创造良好的投资环境来吸引外资。因此，土地问题解决的好坏是特区建设成败的关键因素之一……"

有意思的是，尽管《方案》决定取消行政划拨土地为主的供地方式，但对使用"拍卖土地"一词依然十分谨慎，最终确定的用语是"协议"、"招标"和"公开竞投"等。[②]

1987年5月，在改革方案论证会上，国家土地管理局、广东省国土厅和其他城市的土地管理局负责人到会，研讨深圳土地管

①　1987年5月举办有香港人士参加的关于该方案的可行性专题论证会。其间，港方人士对该方案实施的法律环境有所顾虑，尤其是如何将《宪法》和《土地管理法》衔接的问题。

②　《方案》起草者因担心使用"拍卖"一词过于敏感，便将其替换为"公开竞投"，但其后广东省通过的《深圳经济特区土地管理条例》却大胆采用了"公开拍卖"的表述。

理改革方案是否可行。这次论证会之后，一些令人惊喜的成果落地了，先是方案得到中央的认同，其后的 7 月，国务院决定将深圳、天津、上海、广州 4 个城市作为首批土地使用权有偿出让的试点城市。

在此背景下，深圳修订了《深圳特区土地管理暂行规定》，将原来"土地使用权不能转让"的条款改为"土地使用权可以有偿出让、转让、抵押"，同时将其更名为《深圳经济特区土地管理条例》。

1987 年 12 月 1 日下午 4 时半，首次土地使用权拍卖拉开序幕，土地开拍价 200 万元，44 家中外企业举牌应价。一番激烈角逐后，时任深圳市规划国土局副局长的刘家胜挥起官槌重重击下，深圳特区房地产公司以 525 万元成为胜者，拍下了这块编号 H409-4、面积 8588 平方米、使用期限 50 年的土地。

值得一提的是，当时的中共中央政治局委员、国家经济体制改革委员会主任李铁映，国务院外资领导小组副组长马建南，中国人民银行副行长刘鸿儒，以及广东、深圳等地的政府要员都来到现场观摩。

深圳的土地拍卖最终促成了《宪法》的修改。1988 年 4 月，第七届全国人民代表大会第一次会议通过了《中华人民共和国宪法修正案》，将原《宪法》中有关表述修改为"土地使用权可以依照法律的规定转让"。随后，《土地管理法》也做了相应的修改，为国有土地使用权的出让和转让提供了法律依据。

与土地使用权拍卖相联系，深圳开始筹划推出住房制度改革。1988 年 6 月 10 日，市委、市政府在深圳会堂举行深圳经济特区住房制度改革动员大会，宣布《深圳特区住房制度改革方案》(以下简称《房改方案》)正式出台，即停止住房实物分配，实行住房商品化及住房分配货币化。"房屋是商品"观念开始从深圳走向全国。

深圳的《房改方案》提出，改革后实行两条轨道的住房供求模式：一条是政府投资建房，出售给党政机关事业单位职工和部分企业职工；一条是房地产公司投资建房，通过市场租售。

1989年6月，在《房改方案》的基础上，深圳市政府颁布《深圳经济特区居屋发展纲要》明确提出，在深圳特区建立"双轨三类"多体制住房供应模式。三类住房包括成本价安居房、微利价安居房和市场商品房。其中，成本价安居房和微利价安居房由政府建设，前者提供给党政机关事业单位职工，后者提供给企业缺房职工。

深圳房改方案的指导思想是：补贴提租，鼓励买房。通过房改，摒弃了低租金福利性的传统公共住房政策，实施了市民向所在单位及政府购租成本价安居房和微利价安居房的新公共住房政策。[①]

用农村土地化解城市化用地需求

我国实行世界上最严格的土地管理制度，土地所有权区分为国家所有和集体所有。根据《土地管理法》的规定，城市土地属于国家所有；农村和城市郊区的土地，除由法律规定属于国家所有外，属于集体所有。这样，就形成了城乡土地的二元结构。从实际情况来看，城市土地的面积较小，随着城市的不断扩张，势

[①]《深圳公共住房政策住房制度改革》，http://news.szhome.com/2748.html。

必会有大量集体土地转变为国有土地。

经过十来年的高速发展，20 世纪 90 年代初的深圳已经成为南方最引人注目的未来之城，资金不再是迫在眉睫的约束，但是关内的土地却日益捉襟见肘。

在此背景下，1992 年 6 月 18 日，深圳市政府出台《关于深圳经济特区农村城市化的暂行规定》（以下简称《暂行规定》），实施城市化统征工作，将特区内 68 个行政村、16 个自然村全部转为城市居委会，4 万多农民全部转为城市居民。

《暂行规定》做了如下的规定："农村人口全部转为城市人口，农村管理体制改为城市管理体制，已划给原农村的集体工业企业用地和私人宅基地所有权归国家，使用权仍属于原使用者。"

1992 年"特区内统征"工作总体上保障了特区经济的发展，促进了原集体经济组织股份公司的转型和发展，使股份公司通过土地入股或者自行发展实业分红等方式充分参与了城市化的进程。

在城市化统征过程中，政府对原集体组织实行如下补偿：一是收归国有的土地按照征地补偿价款给予一次性现金补偿；二是根据社区的人口和户数，划定一定的工商发展用地以及公共基础设施用地，规定土地性质为国有土地，视为行政划拨用地；三是政府通过鼓励和支持居民就业、集体经济参与社会保险和福利等方面充分保障社区经济的发展。

1992 年集中统征基本上还算是水到渠成。因为早在 20 世纪 80 年代特区成立之初，政府就给特区内农民建房统一划定了用地红线，使得农村建设行为都基本控制在有限的地域范围内。之后随着特区开发建设的推进，逐步进行土地成片征收，虽然在过程中也存在城中村违法建设失控的状况，也出现部分村民逾越红线建设的行为，但这种混乱状况都发生在局部范围，不足以影响整个特区的整体建设格局。

2003 年 10 月 29 日，深圳市委、市政府发布《关于加快宝安、龙岗两区城市化进程的意见》（简称《意见》），把 1992 年的特区内统征扩大到特区外（就是宝安、龙岗两个区），涉及宝安、龙岗两区 18 个镇，218 个村民委员会，27 万村民。

与特区内不同，特区外的土地并没有给各村集体建设划定用地红线。① 原特区土地统征加剧了宝安、龙岗的村集体和村民对于自身土地所有权的不确定性预期，抓紧抢建抢占以攫取眼前利益成为一致的集体行动，以致 1994 年竟然一下产生 230 多平方公里的推平未建土地。

历经十年的发展中，城市化进程速度加快，土地增值收益空间飙升。深圳房价逐年上涨的同时，也提高了集体和农民对土地收益的预期，使其对土地收益分配提出了更高的要求。因此，2004 年的"特区外统转"政策实施效果变差。为了减少转地的成本，深圳又出台了多项政策，宣布农民建房为"违法建筑"，试图通过"查违"推进"统转"，结果导致更多摩擦。

从根本上说，政府和原村民并未对土地产权的征转达成共识。政府名义上拥有土地所有权，但实际上却难以使用；原村民在实际上享有使用、收益而没有转让、再开发等的不完全产权，造成原村民手上掌握的天量"违法建筑"，陷入"政府拿不走、村民用不好、市场难作为的困境"，严重阻碍了土地和空间资源的再开发和再利用。

---

① 或者虽然划了但管理形同虚设。详细请参考《向深圳学习：从特区到模范城市》。

但不管怎样，深圳经过 1992 年和 2004 年两次城市化统征（转），实现了全部土地的国有化，并尝试通过土地返还、现金补偿、多项土地政策激励等多元化的补偿方式满足集体和农民的需要，但也造成了众多土地历史遗留问题，一定程度上造成了未来深圳土地更大的困局。

求解"城中村"困局

在深圳城市快速扩张的过程中，很难有时间慢慢吸收、消化原有的乡村资源。城市建成区扩大，占用的是原来大量城市周边的农业用地。土地被征收以后，失地农民应该得到妥善的安置和合理的补偿。但是，对农民的拆迁补偿是一个复杂的问题，涉及农民、政府、开发商方面的利益，要协调好这三方面的利益并不是一件容易的事情，需要长时间的谈判。

为了降低城市扩张的成本并且避免复杂的社会问题，深圳选择了绕过村落进行城市建设。农地被大量征用的同时，原来的村落被保存下来。随着城市建设的推进，原来的农村村落逐渐被包围。原来廉价的农地价格猛涨，此时再回头和农民谈拆迁补偿的问题，难度更大，很多村落被保存下来，就是很多城中村形成的原因。[①]

与此同时，深圳的人口增长速度尤其是外来人口的增长速度迅猛。外来人口增加，加大了对廉租房的需求。和许多大城市不同，深圳市政府并没有为低收入群体提供大量的廉租房，而生活成本相对较低的城中村刚好承担了廉租房的重任，满足了这部分

---

① 参见罗清和、蔡腾飞论文《深圳城中村问题的思考》。

人的需求。①

深圳市城中村抢建风潮主要发生在以下几个阶段：第一次是特区成立之初；第二次是在从 1987 年的土地有偿使用开始，到 1989 年深圳特区内的集体土地统一征用的过程中；第三次是 1992 年特区城市化以及 1993 年宝安县撤县改区的过程中；第四次在 1999—2002 年深圳市查处违法建筑相关政策出台期间；第五次是 2004 年年底宝安、龙岗城市化期间。②

例如在 1999 年，政府公布《深圳市人民代表大会常务委员会关于坚决查处违法建筑的决定》并于当年 3 月 5 日颁布实施。虽然该决定明确规定实施日期以后所建的违法建筑一律查处，但抢搭"末班车"的心理促使原居民再度疯狂抢建，大约 10 万栋违法私房在短时间内建成。这么大范围的抢建，政府也只能默认，难以一一查处。

为了合理利用有限的土地资源，让城市的发展有更多的预留空间，深圳市政府接连推出举措。2001 年市人大颁布《深圳经济特区处理历史遗留违法私房若干规定》《深圳经济特区处理历史遗留生产经营性违法建筑若干规定》（简称"两规"），明确对 1999 年 3 月 5 日前的违法建筑进行处理；2004 年，市委、市政府

———————

① 深圳市政府的《城市暂住人员住房问题研究》显示：有 48.7% 的暂住人员住在城中村中。在城中村居住的人员不仅有外来农民工，大量初来深圳的城市白领阶层也居住在城中村内。

② 原住民以合法土地指标所建房屋（合法有产权，一旦拆除重建，就会获得高额的赔偿金或者房子补偿）。1999 年 3 月 5 日前占用村集体土地（村集体出卖土地）所建房屋。1999 年 3 月 5 日之后占用村集体土地（村集体出卖土地）所建房屋（其中包括原住民及外来居民）。村集体（股份合作公司）私自变更土地使用性质或在红线外所建房屋（其中就包括村里的厂房、统建楼以及各式小产权房）。

出台《关于坚决查处违法建筑和违法用地的决定》，明确对 2004 年 10 月 28 日后新产生的违法建筑有一栋拆一栋；2009 年，市人大出台《关于农村城市化历史遗留违法建筑的处理决定》（简称"三规"），对 2009 年 6 月 2 日前产生的各类违法建筑进行一揽子处理。①

渔农村是首个实现"整体拆改"的城中村，成为深圳城中村改造的典型案例。

渔农村位于福田口岸与皇岗口岸的中间地带。2004 年改造前，渔农村发生的抢建风潮曾引起轩然大波：有几户村民抢建，村领导不仅不制止，反而也变本加厉带头抢建，于是村民"集体行动"——原来六七层的房子一下子长高达到 16 层。②

针对渔农村抢建，福田区成立工作组入驻。工作组进驻后，渔农村违建得到控制。但是，拆迁改造谈判却推进得异常艰难：首先是划编制、拆迁补偿等，无现成经验可循；其次，村民不理解，抵触情绪浓；最后，测绘基础资料少，还原面积难。

政府和村民经过反复斡旋，最终才达成了"9982"政策。具体含义是：第一个"9"为拆赔比 0.9；第二个"9"和"8"为基建成本的赔付率，即 8 层以上（含 8 层）违建的赔付率是 0.9、

---

① 根据深圳市规划和国土资源委员会统计，截至 2014 年年底，深圳全市违法建筑 37.30 万栋，共计 4.28 亿平方米。2009 年 6 月 2 日以前农村城市化历史遗留违法建筑 36.26 万栋，共计 3.90 亿平方米，2009 年 6 月 2 日之后新增违法建筑 3791.31 万平方米。全市违建总面积占建筑总量的比例 2009 年为 49%，2013 年下降至 43%。而全市已建设用地中合法外用地 268.3 平方千米（其中原农村集体经济组织控制 166.5 平方千米），约占全市建设用地的 26.63%。

② 《第一爆拉开城中村改造，深圳渔农村改造的背后》，http:// news.focus.cn/sz/2010-05-22/940523.html。

7层（含7层）以下违建的赔付率为0.8，损失部分由个人承担，作为违建抢建成本；"2"为赔付的房屋租金，即改造期间，由开发商补偿给村民每月每平方米房屋租金20元。

尽管这可能不是最理想的解决方案，却是当时最为合适的解决方案。一定程度上，这为深圳城中村改造起到了示范作用：首先，折赔比0.9平衡了各方利益，使得改造能够启动，0.1的差距体现了政府对违法抢建的一种惩罚；其次，政府投资上亿元建设基础设施，作为对过去农村城市化后社会管理和城市管理缺位的一种补偿。

渔农村的改造模式主要是自行开发，政府给予一定的政策优惠。经过改造，渔农村33栋私房改建成11栋小高层和1栋20层高层公寓，基础设施一次性安装到位。特别是村民私房变成了商品房以后①，拥有的产权可以继承、转让和交易。同时，改造方案中留出商业物业给股份公司，促进了集体经济转型升级。

时至今日，"城中村"依然是深圳土地更新的困局之一。对"城中村"的改造往往容易在产权上陷入两难困境：如果承认违法建筑产权，就是鼓励违法；如果不承认产权，考虑到法律依据不足及违法行为的普遍性，对部分违章建筑还是难以强制拆除。况且，"城中村"改造开发强度大②、涉及的补偿数额高、业主抵触情绪强，往往让开发商望而却步。

对于"城中村"的改建形式，深圳正在进行探索。在较新的《城市更新条例（草案）》中，深圳首次借鉴了香港的"多数决"方式。"强制征收"和"强制售卖"两大核心条款向来被诸多从

---

① 只须补交10%的市场地价，房产就可以进入市场交易。

② 主要是因为市政公用设施欠债多。

业者视为"钉子户解决机制"。关于强制售卖的合法性、合理性以及操作性频遭争议，但在香港，目前很多开发商已经通过购买旧的住宅重新装修而更改了用途，这说明，重建也不一定非要拆，重新改造盘活旧楼或许也是一种新的思维。此外，深圳福田区正探索将"城中村"提质改造后转做人才公寓，提供更多保障性住房。

消除城市内部界线

1980 年，深圳经济特区成立，随后深圳经济特区界线上又设立了一道管理线，外地人员须办理"特区通行证（边防证）"，接受广东边防官兵检查后方可通过。一堵由混凝土界桩和铁丝网组成的墙将二线变成了实体。原规划长度 84.6 公里，实际建成后长达 90.2 公里，铁丝网高 3 米，沿途设置了 9 个检查站，接近 200 个武警执勤岗楼。这条管理线被很多深圳人称为"二线关"。

建立"二线关"主要是出于政治上的考虑：保证特区的改革不冲击到内地，缓和内地对改革试验的不理解情绪。经济上也有较为特殊的安排：建立特区与非特区分界线后，凡经批准进口供特区使用的生产品和消费品，可享受低税率或免征关税。①

1986 年 2 月 22 日，广东省第六届人大常委会第十八次会议批准的《广东省深圳经济特区与内地之间人员往来管理规

---

① 1981 年 7 月，中共中央、国务院在一份文件中明确："特区与非特区的分界线进行了严格的管理控制后，凡经批准进口供特区使用的生产资料和消费资料，除烟、酒按最低税率减半征税，少量物品照章征税外，其他均免征关税。特区运往内地的货物、物品，应按一般进口的规定征税。"

定》明确规定，"内地人员，须持写明'前往深圳经济特区'的《中华人民共和国边境管理区通行证》或《前往边防禁区特许通行证》"。这也意味着深圳进入"两地三证"时代。[①] 也就是说，来深圳时需要办边防通行证，找到工作后办暂住证，工作稳定收入增加后设法调入深圳户口时，再办理带有 T 字标志的特区身份证。

有意思的是，当时"二线关"建设的预算，在改革开放初期算得上是一笔巨款。中央决定，这笔钱由国家、广东省、深圳市各出 1/3。国家的资金是国家计委、财政部和中国银行拿出来的，深圳市则依靠市财政拨款。

曾参与筹建"二线关"的海关工作人员回忆，由于当时深圳经济特区实行了一系列税收减免政策，"二线关"设立后，深圳的货物运出关口的时候要缴纳一定的税费。由于价格差异，深圳周边地区的"自行车队"就经常出现在关口工作人员的视线里。这些"队员"基本上是一些小商贩，他们的自行车后架上总搭着一些日用品运到深圳周边地区去贩卖。每每遇到海关工作人员检查，这些小商贩就骑着自行车"捉迷藏"。[②]

1999 年 12 月 16 日的《人民日报》发表了新华社记者钟玉明、张知干采写的《深圳边检站前："特区通行证"黑市猖獗(见闻录)》[③]，反映了当时特区通行证黑市买卖猖獗的现象。这也成为后来"二线关"改革的背景之一。

---

① 特区内、特区外，深圳户口身份证、暂住证和"边防证"。

② 《你还记得"深圳边防证"吗?》，http://www. shenzhentour. com/show.action?guid={BFA8163D-0000-0000-5961-B601FFFFFFE9}。

③ http://www. people. com. cn/rmrb/199912/16/newfiles/wzb_1999121 6001x087_10.html。

尽管"二线关"作为经济特区的一道保护线,在相当长的时间里担负着特区边界线也是边境管理线的角色,但也逐渐成为束缚特区发展的瓶颈。"关内"的福田、罗湖、南山、盐田四区,仅占全市总面积的 1/6,"关外"宝安、龙岗两区虽占全市 5/6 的土地,却不能享受特区待遇。这道铁丝网,像一道鸿沟,将这座城市人为地割裂成为特区内外两部分。

1992 年,全国人大赋予了深圳特区以相对独立的立法权,特区可以根据实际情况进行立法,以解决经济发展以及社会管理中遇到的问题。由于特区仅仅只是深圳市的一部分,因此整个深圳就出现了一市两法的现象。这使得政策相对更加优越的特区内部吸引了大量的资源,而特区外部发展艰难得多。①

有报道称:"关外每平方公里产值仅相当于关内的两成,关外学生人均预算内教育事业费低于全市平均水平约 1000 元。龙岗区区长介绍说,辖区路网密度不足城市规划标准的一半,每万人病床拥有量只有 9.4 张,全市平均水平是 17 张;全市每万人 14 个警力,龙岗每万人只有 6 个警力。"② 此外,也有报道指出:"特区外居民虽与特区居民同为深圳市民,但在养老保险等方面的待遇迥然不同;特区内外工伤养老保险、交通管理等方面也因法律适用不一样而存在差异。"③

2003 年 3 月全国"两会"召开期间,有代表联名提出建议撤

---

① 《深圳经济特区管理线被撤销,它存在的 40 年间发生了什么?》,http://www.qdaily.com/articles/49278.html。

② 《深圳:撤关撤出一个"新加坡"?》,http://city.sina.com.cn/focus/t/2010-06-10/10345420.html。

③ 《深圳首获立法权护航"闯关"》,http://news.163.com/10/0906/08/6FSR41LQ00014AED.html。

销经济特区管理线。其实，早在 2000 年春季，深圳"两会"和广东省"两会"期间，就不断有人大代表和政协委员就此提出多份议案和提案。随后，国务院体改办特区司还专门联合公安部、海关总署等部门，组成"深圳二线北移调研组"南下深圳，经过一周的实地调研，得出结论："二线作用不小，暂不能撤！"①

随着 2001 年中国加入世贸组织、粤港澳经济一体化的提出，不仅二线旧话重提，就连粤港澳边境一线的改革通关也成为各方议政热点，仅广东省"两会"和深圳市"两会"代表的议案、提案就近 10 份之多。有提案称，二线不宜撤，因为二线为维护深圳、珠海特区及港澳地区繁荣稳定发挥着重要的作用。但也有不少人认为，二线管理在一定程度上阻隔了特区与内地的人员及货物的交流，制约了特区建设的发展，为了"适应中国加入世贸后市场经济和对外开放的进一步发展"，为了"经济特区与内地其他地区市场经济的公平竞争性"，应该撤销二线。还有部分委员认为二线应北移扩大，将深圳市龙岗、宝安两区纳入特区内。这样才有利于深圳的可持续发展，才能最大限度地扩展深圳的发展空间。②

生活在特区内外的深圳人，感受到的是两种截然不同的城市环境。一座城市，却在基础设施、城市环境、管理制度等诸多方面存在巨大差异。

直到 2010 年 5 月 31 日，深圳市"两会"期间，国务院正式批复深圳经济特区扩大到全市，但同时提出，新关不设，旧关不

---

① 百度百科，https://baike.baidu.com/item/%E6%B7%B1%E5%9C%B3%E7%BB%8F%E6%B5%8E%E7%89%B9%E5%8C%BA%E7%AE%A1%E7%90%86%E7%BA%BF/22341682?fr=aladdin。

② 同上。

撤，现有的特区管理线上的关口，作为实体的建筑形态，将继续存在。但具有特区分割线意义的"二线关"，正式退出历史舞台，深圳人的"大特区"梦想，终于实现。

2010 年 7 月 1 日，对于工作生活在深圳龙岗、宝安两区的人们而言，是个难以忘怀的日子。从这一天开始，深圳经济特区面积扩容接近 5 倍，龙岗、宝安正式成为特区的一部分。

随着"二线关"逐渐退出历史舞台，深圳地理意义上的"关内"和"关外"概念也不复存在，特区进入了融合发展的新时代。

突破用地的局限

从用地潜力来看，深圳后劲较小。2012 年，深圳市陆地总面积 1952 平方公里，分可建设用地和不可建设用地两大类。可建设用地包括工业用地、商业服务用地、居住用地、学校医院等各类公共设施场所用地、交通用地、公园和绿化用地。不可建设用地包含基本生态控制线内面积 974.02 平方公里，线外基本农田 7.38 平方公里，线外河流、湖泊及滩涂等 36.31 平方公里，剩余可建设用地总量为 935.13 平方公里。如果与国内外较为发达城市对比的话，深圳人均可建设用地仅是高于香港（表 4-1）。

表 4-1　深圳人均实际可建设用地与其他城市对比

城市	可建设用地 （平方公里）	人　口 （万人）	人均可建设用地 （平方米）
深圳	935	1400	66
东京	1304	1200	108
香港	242	730	33

（续表）

城市	可建设用地 （平方公里）	人 口 （万人）	人均可建设用地 （平方米）
新加坡	500	430	116
上海	2294	2300	110

数据来源：万得资讯，截至 2012 年

从土地产出率来看，深圳处于国内领先的地位。2012 年时，深圳本地生产总值 12950 亿元，每平方公里产值达到 6.6 亿元人民币，每平方公里税收超过 19549 万元。这意味着，深圳人均占有土地面积是全国大中城市最少之一，实现的单位土地生产总值和单位税收产出却是全国领先水平（表 4-2）。

表 4-2　深圳土地利用率与其他城市比较

城市	土地面积 （平方公里）	2012 年生产总值 （亿人民币）	每平方米公里生产总值 （万人民币）
深圳市	1952	12950	66342
苏州工业园区	288	1764	61250
上海浦东新区	1210	5929	49000
上海市	6393	20101	31442
天津滨海新区	2270	7205	31740

数据来源：万得资讯，截至 2012 年

尽管如此，深圳与国际上先进城市（或地区）仍有差距。例如，日本东京每平方公里土地产出生产总值为 6.95 亿美元，是深圳的 6 倍多；香港每平方公里达到 2.38 亿元，是深圳的 2 倍多。这也意味着，继续推行高度集约化、精细化的土地管理模式在深圳仍有空间。

从产业结构来看，深圳第二产业占比高达44.3%，工业用地占比达到36.8%，显著高于国内外一些重要城市工业用地一般不超过10%的标准。这一方面体现了深圳工业供地可能还不够集约，另一方面也反映了深圳持续提供工业用地对居民住宅建设用地的挤占效应。

深圳目前工业用地效率低，主要原因是其中90%以上供地作为产业链条中低端的加工业用地。反观上海，作为全国工业发达城市，其工业用地一直控制在20%左右，究其原因，主要是上海市工业结构先进，以中高端产业为主。

深圳要突破空间发展的局限，不得不开始追求更为精细化的土地管理方式。

除了"城中村"改造，深圳还加大对旧工业区的改造力度。以南山麻雀岭工业区为例，其占地面积11.67万平方公里，改造前建筑面积仅12.43万平方米，改造后扩大到20万平方米。改造前，小区仅40多家企业，多数是纺织、印染、注塑、包装等传统企业，规模小、效益差，且有较大污染。改造后迁出企业33家，新安排高新技术企业66家，共有企业73家。改造前工业区年平均产值不到1000元/平方米，改造后年平均产值3万元/平方米。

深圳重视提高土地的产出密度。始建于1996年9月的深圳高新区，其规划面积11.5平方公里，系国家建设世界一流高科技园区的六家试点园区之一。深圳高新区目前汇集了国内外众多院校，设立了独立高校深圳研究院，拥有重点实验室、工程实验室、企业技术中心及企业博士后工作站等众多研发机构。与此同时，其创投广场聚集了多家创业投资机构，管理资本较高。

深圳高新区也聚集了众多高新技术企业，它们内生孵化出一批具有核心技术和创新商业模式的行业龙头：华为、中兴跻身世界通信设备制造业三强，腾讯跨入全球互联网业三强，迅雷跃居全球 BT 市场第一，迈瑞成为全球应用诊断设备的创新领导者。

深圳谋求地下发展空间。目前亚洲最大的地下火车站——福田站已经投入运营。福田站是亚洲最大、全世界列车通过速度最快的地下火车站。该交通枢纽工程以广深港客运专线深圳福田站为中心，定位为国内大型地下铁路车站、珠三角重要的城际交通枢纽。车站内共设四座岛式站台，总建筑面积为 14.7 万平方米，相当于 21 个标准足球场大小，共设有 36 个出入口，以方便整体交通的旅客运输。①

适度填海亦为深圳释放了发展空间。对于深圳这样拥有着省级经济体量，但同时又只有县域管辖面积的沿海城市来说，除了精耕细作发展城市，填海是最快速也是最节约成本的模式。过去 30 年，填海为深圳提供了大量的土地，带来了丰厚的经济效益。尤其是经过十余年的"中心西移"，几乎完全由填海造出的深圳湾及前海湾沿线②，开始逐渐积聚这座城市的精华。预计到 2020 年，深圳填海区总面积可能在 100 平方公里以上。

深圳市推行高度集约化、精细化的土地管理模式也是借鉴了多方经验。从用地分类、基地位置、建筑高度三方面对土地的开发强度进行控制，放宽容积率和建筑高度，严控建筑密度，合理协调居住、工业、商业、基础设施、特殊用地等多方面关系，探

① 百度百科，https://baike.baidu.com/item/% E7% A6% 8F% E7% 94%B0%E7%AB%99/6393067?fr=aladdin。

② 其中包括后海、前海两大中心区。

索交通与城镇同步发展的模式。

大量采用在交通节点周边进行高密度、高强度的住宅商业混合开发模式，既节约了宝贵的土地资源，又能为城市交通形成稳定的客流，还为市民的出行购物生活带来便利。

打造城市更新的"深圳样板"

深圳作为改革开放的一个前沿阵地，经过近 40 年的快速发展，经历了城市发展史上非常重要的变革，城市规模和人口密度都高度增长。与此同时，早期的粗放式发展使得城市建设用地几乎耗尽，如何释放土地潜能是摆在深圳面前一个非常重要的课题。

2009 年 10 月，深圳市颁布了全国首部城市更新办法，率先提出了"城市更新"的概念，围绕"城市更新单元"进行了政策和机制的多项创新。[1]

深圳的城市更新不仅仅是土地利用模式的一种变革，虽然当时是以国土部和国土系统为主来实行，但实际的操作层面是城镇化路径的探索[2]，具有鲜明的"深圳特色"。

制度方面，深圳市先后出台了《深圳市城市更新办法》和《深圳市城市更新办法实施细则》，形成了城市更新政策的两大核心。以此为核心，深圳市又相继出台了法规、政策、技术标准和

---

[1] 深圳从 2007 年就正式开始了城市更新的立法研究工作。2009 年 10 月 22 日，深圳市政府常务会议审议通过了《深圳市城市更新办法》，最早正式将城市更新概念引入深圳城市发展和土地二次开发中。

[2] 《城市更新的深圳经验——规土委副主任全面介绍深圳》，http://www.zhzgj.gov.cn/zwfw/csgx/201607/t20160731_16146218.html。

操作等各个层面的指示，内容各有侧重，既有综合性的又有针对性的，建立了城市更新完整的一套政策体系。①

表4-3 《深圳市城市更新办法》出台前的法律法规汇总

类别	时间（年）	内容
土地	1992	《关于深圳经济特区农村城市化的暂行规定》，对深圳经济特区内实施农村城市化，对关内的农村进行人员和土地的城市化改造
	1998	《中共深圳市委、市人民政府关于进一步加强规划国土管理的决定》，对建设用地坚决按照规划用途进行选址和建设进行了规定
	1999	《深圳经济特区征收和收回条例》，对征收和收回土地的问题进行了规制
	2003	《关于加快宝安、龙岗两区城市化进程的意见》，决定从2003年10月30日开始启动宝安、龙岗两区的城市化工作，将土地转为国有土地
	2004	《深圳市宝安龙岗两区城市化土地管理办法》，正式宣布了宝安、龙岗两区城市化转地工作的相关法律依据、转地程序、补偿标准等
	2006	《关于处理宝安龙岗两区城市化土地遗留问题的若干规定》，规定了两区城市化过程涉及的四类土地遗留问题的处理

---

① 例如，为配合《深圳市城市更新办法》的实施，国土部门制定了《深圳市城市更新单元规划制定计划申报指引》等规范性文件；深圳市政府又于2011年发布了《深圳市城市更新单元规划编制技术规定》，促进了规划的规范化编制。2013年，深圳市政府常务会议通过了《深圳市房屋征收与补偿实施办法（试行）》，作为对《国有土地上房屋征收与补偿条例》的进一步完善。2014年，深圳市政府发布了《关于加强和改进城市更新实施工作的暂行措施》，进一步细化城市更新工作管理。

（续表）

类别	时间（年）	内容
房地产	1994	《深圳市人民政府关于处理深圳经济特区房地产权属遗留问题的若干规定》，对已建的未办理合法手续的房产登记进行了规定
	1999	《深圳市人民代表大会常务委员会关于坚决查处违法建筑的决定》，界定了违法建筑的含义和包括的范围
	2001	《深圳经济特区处理历史遗留违法私房若干规定》《深圳经济特区处理历史遗留生产经营性违法建筑若干规定》，俗称"两规"，对处理违法建筑提供了依据
	2002	《深圳市处理历史遗留违法私房和生产经营性违法建筑工作程序》，具体规范历史遗留违法建筑的处理工作程序
	2004	随着原关外的宝安、龙岗两区进行城市化改造，对违法建筑查处和寻找新的解决方案，深圳市政府颁布了《关于坚决查处违法建筑和违法用地的决定》和《深圳市城中村（旧村）改造暂行规定》
	2005	《深圳市城中村（旧村）改造总体规划纲要（2005—2010)》
	2006	《关于宝安龙岗两区城中村（旧村）改造工作的若干意见》《关于宝安龙岗两区自行开展的新安翻身工业区等70个旧城旧村改造项目的处理意见》
	2007	《深圳市政府关于工业区省级改造的若干意见》

理念方面，深圳城市更新重视政府引导、市场运作。政府引导着重发挥好政府在城市更新中的政策指引和服务作用。市场运作则真正发挥市场在资源配置方面的决定性作用。深圳城市更新有一个鲜明特点：注意尊重和保障原权利人的合法权益和改造意向。在项目申报的阶段要求2/3的原权利人同意进行改造才能立项，立项后在实施层面要求所有权利人和开发企业达成一致后方可实施。

2015 年，深圳改革再出新招——"强区放权"①，在此背景下，深圳率先在罗湖区进行了试点，城市更新成为优先下放的职权和事项。

原本城市更新审批在市级层面涉及七个职能部门，是一项"系统工程"。2015 年 8 月《关于在罗湖开展城市更新改革试点的决定》颁布以后②，罗湖区迅速与七个对口部门衔接，梳理出涉及城市更新工作的事权共计 25 项，其中 22 项事权可以通过授权或委托的方式下放至区行使，只有 3 项因法律规定等无法下放，以绿色通道形式加快审批。

与事权下放相配套，深圳市规土委还将涉及城市更新的各类基础数据信息向区里开放，包括罗湖辖区国土地理信息、产权信息、地籍、房产档案查询系统。《政府令》颁布后一个月内，事权全部承接到位。

深圳也借鉴台湾地区的经验，将旧城改造以城市更新单元为基本的管理单位，突破了以单一宗地为改造对象的惯常做法。城市更新单元的划定在面积以及用地比例等方面有相对严格的限制条件，原则上是要具有一定规模的相对成片区域，通过改造以后能够有效落实城市基础设施和公共服务设施。

以罗湖东部老城区莲塘为例，其长期存在空间结构不合理、公共配套设施比较薄弱等问题，尤其是医疗、教育、轨道交通、社区服务设施等缺口较大，而城市更新的推进为莲塘公共配套设施的改善提供了契机。更新项目将提供 22396 平方米用地作为公共

---

① 这项改革旨在较大程度地解决市区权责不对等、事权与资源配置不协调等问题。

② 2015 年 8 月，许勤签发市政府第 279 号令。

配套设施用地，土地贡献率达 52.6%，更新单元内建设一所 30 班的小学和公交首末站、社区服务中心、保障性住房等公共配套设施。通过城市更新打造一个具有较完善公共配套体系和良好空间环境的社区，体现了城市更新过程中"公益优先"的机制创新。

数据显示，截至 2016 年 6 月，已批的城市更新规划中已落实中小学 90 所、幼儿园 196 所、医院 3 家、社康中心 164 家（总建筑面积 11.87 万平方米）、公交首末站 107 个（总建筑面积 34.25 万平方米）及其他一大批公益设施，切实促进了全市的公共设施均等化。[①]

参考文献

1.《我们房地产那些年》，卜凡中著，浙江大学出版社，2010 年版。

2.《城乡中国》，周其仁著，中信出版社，2013 年版。

3.《香港土地利用模式对深圳土地改革的借鉴意义》，刁其怀著，《中国房地产》，2012 年。

4. 付莹，《深圳经济特区土地有偿出让制度的历史沿革及其立法贡献》，《鲁东大学学报》哲学社会科学版，2014 年。

5. 刘芳、邹霞、姜仁荣，《深圳市城市化统征（转）地制度演变历程和解析》，《国土资源导刊》，2014 年。

6.《深圳城中村的现状、问题与对策研究》，深圳市社科院课题组，2004 年。

---

① 《创新风潮引领城市更新建设　助力深圳升级蝶变》，http://www.chinahightech.com/html/chuangye/cyfh/2017/0519/412019.html。

第五章　广东双城记：
中国城市发展的财政与税收难题

范子英

深圳转型升级的成功，其背后有非常复杂的因素，诸如地理上毗邻香港、早期工业化的先发优势等，但是在 2007 年之后，深圳特区的这个"特区"已经不再重要了。直观来说，特区之所以特殊，是因为其政策是垄断性的，全国独此一家。但是，随着特区、开发区、高新技术园区等在全国范围内的遍地开花，深圳的政策优势也就逐渐丧失了。更糟糕的是，2008 年的《企业所得税法》对深圳特区是一次严重的冲击，这在很大程度上导致深圳的税收优惠丧失殆尽，也迫使深圳逐步放弃其原有的低端制造业。

在这样内外交困的背景下，深圳经过十余年的转型和升级，成功发展成为我国领先的创新型城市，诞生了一批科技含量非常高的企业。与美国的硅谷不同，深圳本地并没有出色的高校，但是却在吸引外来人才和培育未来产业方面表现突出，也确实令人匪夷所思。不过，深圳的成功也绝非偶然。从中国政策的成功经验来说，要么是地方政府和职能部门做得更多，实施了积极的产业政策，要么就是其做得更少，维系了一个开放透明的市场环境。

在我们看来，深圳创新产业的成功，其财政和税收政策具有非常鲜明的特点。财政方面，计划单列市的身份为其争取到了更多的财政分成，2016 年深圳市仅此一项就增加了近千亿元的财政收入。自 2000 年以来，则多分成了 5800 亿元，深圳市每年的财政收支还存在大量的盈余，仅 2016 年就结余了 1095.5 亿元。税收方面，深圳市为企业和国家税收政策之间构造了一个缓冲区。

超出广州两倍的深圳财政收入

一、体制的遗产：计划单列市带来的巨大优势

无论是政府实施积极的产业政策，比如给予一些办公场所、厂房等的补助，甚至是直接把补助发给企业，还是说，在税收政策方面给予企业一些优惠，都需要地方有非常雄厚的财政实力。

我们在深圳调研时，与市财政委员会的领导干部进行座谈，其中他们提到两个数据令我们很吃惊。2016 年，深圳全市财政收入达到 7910 亿元，其中留给深圳市本级的财政收入有 3136 亿元。其中，关键的地方不在于深圳一共拥有多少收入，而在于其留存的比例。我国的财政体制，通俗来说是一种分成制度，地方产生的财政收入中，首先要与中央进行分成，剩余部分再与上级政府进行分成。深圳市作为一个地级市，其分成比例接近 40%，这是一个高得离谱的分成比例。

为了更直观地理解这种分成比例，我们把广州和深圳放到一起进行比较，这两个城市的发展一直如影相随，在整个广东省也长期排在前两位，可谓是广东的"双城记"。从历年的 GDP 规模来看，两个城市几乎没有差异，广州略高于深圳，例如 2016 年，深圳市的 GDP 是 1.95 万亿元，广州是 1.96 万亿元。如果认真计算一下两者的差异，还会有一些有意思的结果，在 2004—2009 年，两者的差距是逐步扩大的，广州超过深圳的部分由 4% 上升

至 10%；自此之后，差距则快速缩小，2016 年两者仅相差 0.7%。看上去，深圳这些年都在积极追赶省内的这个"龙头"城市。

如果我们再转回来看看两个城市的财政收入，简直是不可同日而语。平均来看，深圳的财政收入是广州的 2 倍左右，同样是从 2009 年开始，两者的财政实力差距逐步在扩大，从 1.25 倍上升至 2.25 倍。以 2016 年为例，深圳市的本级财政收入达到了 3136 亿元，而广州市的仅为 1394 亿元，这相当于深圳市 3 年前的财政收入。即使是从两者各自的增长表现来看，深圳市也表现得出色很多。自 2012 年中国经济进入新常态之后，广州市的财政收入增速急剧下滑，从 2012 年的 13%下降至 2013 年的 3%，虽然此后 4 年中，广州财政收入增速有过调整，但均没有超过两位数。可以说，广州的财政状况就是全国财政的翻版，一些结构性的因素也同样拖累了广州。但从深圳市的财政收入来看，几乎看不到新常态的影子，其跨年的环比增速均在 15%以上，2015 年甚至高达 31%，这在全国来说，都表现得非常突出。

直观来说，导致两个城市财政收入状况迥异的原因有两个：一是问题出在财政收入盘子上；二是问题出在 GDP 数据上（如图 5-1，图 5-2 所示）。

在普通老百姓的眼里，企业和个人缴的税都是交给了政府，这个"政府"好像就是单一的，但实际操作中，这个"政府"是存在很多层级的。在目前中国的政府架构中，存在五级政府，其中具有财政功能的只有四级，最底层的乡镇一级政府是没有独立财政的，长期实施的是"乡财县管"。除此之外的四级政府均具有独立财政，也就是中央、省、市、县四级财政。这就意味着，企业和个人缴纳的每一块钱税收，都会在这四级财政进行分成。1994 年，我国在中央与省财政之间实施了分税制，通俗来说，就

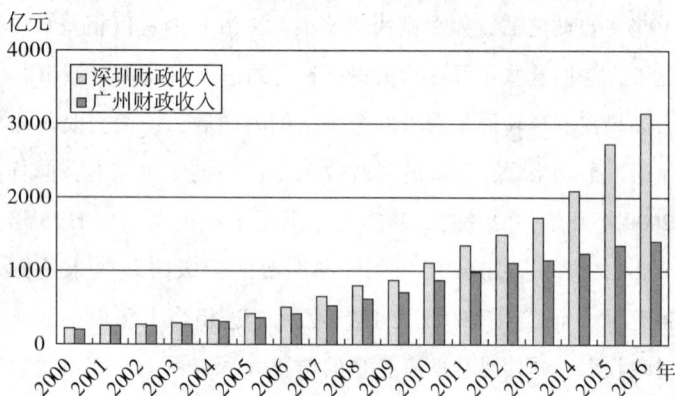

图 5-1　深圳与广州的财政收入对比

数据来源：2015 年之前数据来自《中国统计年鉴》，2016 年数据来自统计公报

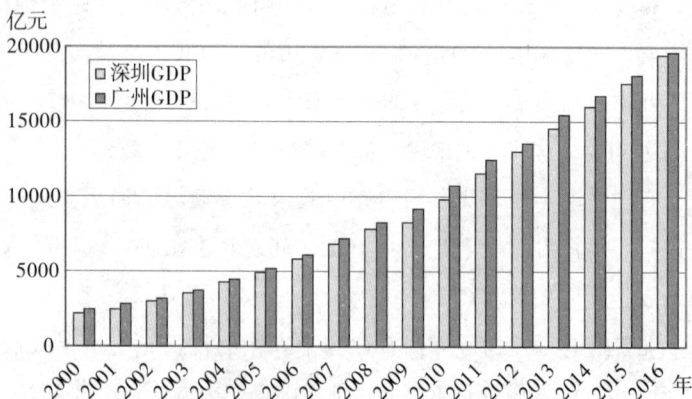

图 5-2　深圳与广州的 GDP 对比

数据来源：2015 年之前数据来自《中国统计年鉴》，2016 年数据来自统计公报

是中央与省的财政分成不再是基于全部地方收入，而是选择了一些特定的税种，比如增值税的 75%、所得税的 60%、消费税的 100% 都是中央财政收入，这些税种剩余的部分，比如 25% 的增值

税，将接着在省和市、市和县进行分成。为了避免地方与中央讨价还价，这种分成规则是全国统一的，也就是说，不存在落后地区留存多、发达地区留存少的现象。

因此，当看到深圳地方财政收入比广州高出一倍多，一个直观的理解就是深圳经济产出的全部财政收入更多。为此，我们专门去查阅了两地的财政收入数据，以 2016 年为例，深圳全市的总财政收入为 7910 亿元，留存 3136 亿元；广州全市的总财政收入为 5174 亿元，留存 1394 亿元。从总量上来看，深圳市确实产生了更多的财政收入，在两者的 GDP 规模相差无几的情况下，深圳产出的财政收入是广州的 1.53 倍，但这还远不能解释两者留存收入的差异。也就是说，两地的国地税和其他行政事业性收费机构，初步收缴的财政收入中，在与上级政府分成之后，深圳留存的比例也远远大于广州，前者是 40%，后者仅为 27%。可以简单这样认为，深圳每征收 1 元的税收，其地方财政可以留下来 0.4 元，而广州的地方财政仅能留下 0.27 元。

另一个猜测就是深圳的 GDP 是被压制的，虽然这不能解释两者留存比例的差异，却是对总财政收入差异的一个合理解释。我们在调研的过程中，与一些职能部门进行座谈时，他们实际是提到了 GDP 统计和汇报时，考虑了广州的省会城市地位，如果深圳 GDP 大幅度超过了广州，会使得广州"脸上无光"。因此，往往是广州先汇总 GDP，深圳再根据广州的数据调整自身的 GDP 数据。但是与 GDP 数据不同的是，地方财政收入，特别是税收收入，是根据入库（国库）金额进行核算的，也就是说地方报告的财政收入与国库中的金额是一一对应的。不能否认的是，由于深圳的财政收入来源较多，税务部门可能会放松税收执法，不过这个事情会比想象中更复杂，因为还牵涉到国税和地税两个不同的部门。我们会在税收政策部分详细论述。

　　实际上，深圳和广州虽然都是地级市，但两者的地位是不同的，特别是与财政相关的领域。中国的地级市可以分为副省级城市和一般城市，广州和深圳都是副省级城市，但却是不同类型的副省级城市，广州是省会，深圳则有另一个非常罕见的类型：计划单列市。目前，全国仅有 5 个计划单列市，其余的副省级城市均是省会城市。深圳的计划单列市的身份起始于 20 世纪 80 年代，全称为"国家社会与经济发展计划单列市"，即在行政建制不变的情况下，省辖市在国家计划中列入户头并赋予这些城市相当于省一级的经济管理权限。计划单列市的产生是有一些特殊的时代背景的，我国的政府间管理一直采取"下管一级"的策略，即中央一般只管理到省，省管市，市管县，上级政府很少越级管理，这样一方面能够减少上级政府的事务性工作，另一方面又能够调动地方的积极性。改革开放以后，这种多级管理模式产生了一些新问题，城市经济在 80 年代是非常活跃的，但其经济发展的权限受制于中央和省级政府，导致效率非常低下。原国家体改委周少华司长曾经举过一个非常形象的例子：在计划单列之前，重庆市的企业如果第二天要给工人加班费，就必须连夜坐火车到成都去请求批示，因为人事权限集中于省级政府。

　　计划单列，按照字面上的理解，意为在计划经济体制下，国家针对特定地区在进行生产、资源分配以及产品消费等各方面的计划时，打破原有的行政隶属关系，对其单列户头，分配调拨计划指标。由于国家固有分配调拨的直接对象单位，都面向省一级的行政区（省、自治区、直辖市），那么能够让国家在省级行政区之下给予单列的对象单位一般就是地级市，由此，"计划单列市"的称谓才应运而生。最早实施计划单列的城市是重庆市。

1983 年国务院批准重庆市为计划单列市，重庆市成为"行政上的省辖市，经济上的直辖市"。1984 年的 5 至 7 月，新增了武汉、沈阳和大连三个计划单列市，10 月又增加了广州、哈尔滨和西安，1986 年的 10 月，青岛也加入了计划单列市，此后，宁波、厦门、深圳、南京、成都、长春也相继成为计划单列市。因此，历史上计划单列市最多时有 14 个。

1993 年，党的十四届三中全会作出了《关于建立社会主义市场经济体制若干问题的决定》，确立了社会主义市场经济是基本体制，而计划单列市赖以存在的基础是计划经济中的投资综合平衡，因此这种计划单列市的称谓和作用就显得不适应了。于是，在 1994 年将所有的计划单列市定位为副省级城市，其中所有省会城市的计划单列市身份全部取消，强化了省级机构的统筹规划和协调的能力。可以说，这次的改革在很大程度上是回归了过去的"下管一级"的策略，虽然副省级城市的领导干部依然由中央任命，但经济管理权限则被极大地压缩了。不过，深圳、重庆、大连、青岛、宁波、厦门这 6 个非省会城市仍保留计划单列市，并且其相应延续之前的管理权限。其中，重庆于 1997 年升格为直辖市，其计划单列市地位自动取消，剩下 5 个城市的计划单列市身份一直延续至今。

表 5-1　我国的计划单列市名录

序号	城市	设立年份	终止年份
1	重庆	1983	1997
2	武汉	1984	1994
3	沈阳	1984	1994
4	大连	1984	—

（续表）

序号	城市	设立年份	终止年份
5	广州	1984	1994
6	哈尔滨	1984	1994
7	西安	1984	1994
8	青岛	1986	—
9	宁波	1987	—
10	厦门	1988	—
11	深圳	1988	—
12	南京	1989	1994
13	成都	1989	1994
14	长春	1989	1994

数据来源：《经济研究》，史宇鹏和周黎安 2007

在 20 世纪 80 年代，计划单列市和省级（直辖市、自治区）政府一样，拥有省级的经济管理权限，在国家计划中单列户头，其经济和社会发展各项计划全面单列，直接纳入全国计划综合平衡、统筹安排，并直接参加全国性的各种经济活动。到了 90 年代，随着社会主义市场经济体制的逐步确立，国家计划的职能也在逐步减少，此时的计划单列市还有另一个非常直接的好处：与中央直接分成。

一个普通的地级市，其留存的财政收入是与中央、省分成之后的剩余，但如果是一个计划单列市，则只需要跟中央进行分成，不再与省级政府进行分成。虽然 1994 年实行分税制，中央针对所有省级地区实施了统一的分成规则，但此次改革仅停留在省级财政。以企业所得税为例，中央分享了广东省 60% 的所得税，广东省和广州市需要在剩余的 40% 进行分成，因此留给广州市的所得税可能就只有 20%。与此不同的是，深圳由于是计划单列市，中央直接与深圳分享所得税，名义上深圳可以分享 40% 的所得税，仅此一项就比广州市多了很多财政留存收入。

我们可以假想一下，如果广州市也与深圳一样拥有计划单列市的身份，其收入会增加多少，这样就可以知道计划单列市给深圳带来了多大的体制优势。简单一点，假设广州和深圳的税收结构是相同的，那么理论上，如果广州也是计划单列市，其留存比例应该是与深圳一样的 40%。以 2016 年为例，其留存的地方财政收入应该为 2052 亿元，比现实世界中的 1394 亿元多出了 47%。或者反过来说，如果深圳没有计划单列市的身份，即使其征收到了 7910 亿元的收入，也仅能留存其中的 2131 亿元，而不是现在的 3136 亿元，其中差了 1005 亿元的收入。从这些简单的测算可以看出中央—广东省—地级市之间的分成规则。首先，地级市的整个财政收入盘子中，中央分享 60%，接着广东省再分享 13%，留给地级市的仅为剩下的 27%。深圳市的计划单列市身份，不在于改变这里的 60%，而是可以节省省级政府抽成的 13%。考虑到深圳市近 8000 亿元的总量财政收入，13% 的抽成将是一笔非常巨大的财政资源，如果再计算一下自 1994 年以来的累计收益，这个数额将是非常惊人的。我们按照前面同样的逻辑，可以得出分税制以来的累计收益约为 5841 亿元。

二、预算外收入：土地财政下的不缺钱

中国政府财政是一个非常模糊的概念，不仅普通居民不清楚财政收入的边界，即使政府工作人员或者专业人员，对财政收入也是有不同理解的，这是因为对什么是政府的资产是有不同定

义的。

如果我们按照财政部的统计，每一级地方财政至少有四本账：一般预算收入、政府性基金收入、社保基金收入和国有资本经营收入。其中第一项就是前文提到的统计口径。在这四本账中，后两项基本不能由地方政府部门自由使用，其中社保基金很多地方都是入不敷出，国有资本运营对应了每一个相对明确的企业。我们经常提及的预算内收入，是指一般公共预算收入，预算外收入则是指政府性基金收入，全国大约一共有 44 项政府性基金，其中属于中央收入的有 29 项，例如铁路建设基金、南水北调工程基金等，地方上会增设一些政府性基金，其中有一部分是各地都有的，比如地方教育附加，有一些则具有地方特色，比如山西省煤炭可持续发展基金。理论上，政府性基金是专款专用，是为支持某项事业发展组织征收的基金、资金、附加和专项收费。

相对来说，地方政府更加喜欢预算外收入，因为预算外的收入使用起来非常自由。我国目前对预算规则执行较为严格的，还仅限预算内的收入，在每年年初的预算中，这一年的预算支出需要被细化到"类""款""项""目"，其中"目"是最细的支出，例如我们常见的"教育支出"属于第一个层次"类"。这些预算在执行的过程中，肯定会有很多的出入，一方面是因为计算每一个项目的预算支出时，方法不够科学，很多结果完全就是依赖于上一年的信息；另一方面是对未来的变化没有足够的预判，而支出数据又必须非常精确，两者就产生了矛盾。于是，在实际的预算执行过程中，每年的年中都要对预算调整很多次，但调整预算需要经过一个法定的程序，要有充足的理由，过程又非常烦琐，因此一般公共预算的使用比较受限。与此不同的是，预算外的收支是不需要经过本级人大的审核批准的，因此，其预算的调整是相对自由的，反过来也可说，预算外收支是不受监督的。

深圳市2016年的政府性基金收入有966.4亿，但当年实际发生的支出仅为413.7亿元，可以说，深圳市的政府收入是有大量盈余的，出现了"钱花不出去"的现象。实际上，最近几年深圳市的政府性基金收入，每年均有大量的盈余，2015年市本级（不含区）盈余454亿元，2014年盈余262亿元。深圳市之所以有如此规模巨大的政府性基金收入，还是得益于其火爆的房地产市场，深圳房价目前排在上海和北京之后，在全国所有大中城市居然能够排到第三。高昂的房价必然会催生地价的上升，地价在政府性基金里面有一个专门的目录：国有土地使用权出让收入，或者更通俗的称谓"土地财政"。以2015年为例，市本级政府性基金预算收入818.5亿元，其中国有土地使用权出让收入726亿元，占政府性基金收入的89%。实际上，这一现象在大多数城市都是成立的，土地出让收入是一个地方政府性基金的最大组成部分，房价高的城市，土地出让收入也多，从而也相应增加了政府性基金收入。

我们可以总结一下深圳市的政府财力。深圳市每年的财力非常丰裕，无论是哪种口径的政府收入，均出现了大量的财政盈余，以2016年为例，深圳市的预算内结余162亿元，政府性基金结余193亿元，国有资本经营收入结余4.5亿元，社保基金当年结余736亿元（累计结余4771亿元），2016年当年一共结余了1095.5亿。仅结余的财政收入这一项，就远超过很多地级市的全部收入，因此，可以说深圳市财政是"不缺钱"的。

先天优势下深圳令人羡慕的财政支出

一、超出上海近一倍的财政支出比例

深圳市是一个年轻的城市，自 1979 年把宝安县改为深圳市，至今已 40 年。年轻的好处，在于没有历史包袱，计划经济年代遗留下来的国有经济，以及与之相附的职工安置和社保费用，在深圳这个城市几乎都不存在。另一方面，深圳在快速的经济发展过程中，吸引了庞大的外来务工和就业人口，却没有相应吸纳这些人群，深圳市时至今日依然紧守户籍政策，2016 年深圳的常住人口为 1191 万元，但户籍人口仅为 385 万元。这些人为深圳的发展作出了贡献，但却不是真正意义上的深圳人。深圳为今天和未来在做"瘦身计划"，为的是不给财政增加负担。可以说，深圳享尽了制度和体制的红利，却完全不用承担相应的支出责任，因而其财政支出是非常灵活和有效率的。

深圳市的财政支出盘子是非常大的，特别是相对于其户籍人口而言。2016 年，深圳全市的财政支出规模有 4393 亿元，这是一个什么概念？作为普通读者，可能难以理解这个数字的大小。为了更加直观，我们选择一个发达的省份作为对比，我们可以看一下浙江全省的数据，浙江省的实体经济非常活跃，其财政收支也排在全国的前列。我们从浙江省的财政厅可以看到其历年的财政收支，2016 年浙江全省的财政支出为 9358 亿元，其中有很大一部分是用来置换地方债务的支出，并不是实际的支出，更加类似于左手倒右手，如果把地方债置换的部分扣除，实际支出仅为 8681 亿元。也就是说，深圳市这么一个地级市的财政支出，能够占到浙江这么一个大省的 1/2。

我们可以再拿旁边的福建省做一个对比。2016 年，福建全省的一般公共预算支出为 4287 亿元，比深圳市还少了 6 亿元。并且与深圳不同的是，福建省全省的总收入为 4295 亿元，这意味着中央政府几乎没有要福建贡献收入，流程上是先通过统一的分享制度上划福建的部分收入，然后又通过转移支付的形式，把这些收入返还给了福建省。深圳却为中央财政贡献了不菲的收入，2016 年为中央财政贡献了 4765 亿元，此外，虽然深圳作为计划单列市，不与广东省直接分享财政收入，但还是为广东省贡献了 190 亿元的体制上解。或者说，深圳的财政总收入中，有一半是贡献了全国和广东省，而福建的财政总收入则全部留在了当地。

即便是这样，相对于其狭小的行政区划面积和数百万的人口规模，深圳的财政支出规模也是非常惊人的。深圳的人均财政支出高达 11 万元，是浙江的 7 倍，福建的 10 倍。如果按照土地面积计算，深圳的表现更为突出，深圳每平方公里土地上的财政投入高达 2 万多元，是浙江的 25 倍，福建的 62 倍。这样一对比，深圳的支出规模是非常惊人的，近年来国家对财政预算的进度和效率要求越来越高，那些被安排的支出项目必须在年度预算结束前用掉，这样一来，就不可避免地出现预算安排不下去的状况，财政部门每年头痛的不是如何平衡各区和各部门的预算需求，而是如何能够把当年的预算安排出去。在我们与财政委员会的座谈中，工作人员还提到，财委甚至每年都主动求着下属部门增加预算。

深圳市的财力状况不仅优于福建和浙江，甚至还超过了上海这样的大都市。按照户籍人口计算，上海市 2016 年的人均财政支出为 4.8 万元，仅为深圳市的 44%。与福建、浙江这样的制造业优势不同，上海市在产业结构上更加接近深圳，同样也是以科创产业作为重点发展方向。在吸引外来人口和土地利用方面，两者也是非常相似的，但是深圳表现出来更高的产出效率，并且从经济总量和财税收入方面，深圳正在赶超上海。如果考虑单位面积上的财政资源投入，上海也仅为深圳的 55%。

二、没有先天负担的深圳财政

财政规模可能还不足以说明问题，而相应的支出结构才真正反映一个地方政府的发展偏好。对地方财政部门来说，最为头痛的倒不是如何在上下级政府间分成，因为分成的规则相对来说比较稳定透明，最难处理的是如何在不同支出类型上进行权衡。这就好比一个家庭，每一年的开支需要明确在衣食住行等方面的数量。中国的地方财政被广为诟病的，是没有发挥公共财政的功能，而主要是生产性的财政，或者说地方财政主要花在那些资本性的产出上，而对服务类的支出太少，因此近些年来，中央财政不得不在这些方面"补短板"，给地方补贴了大量的民生支出。

我们在图 5-3 中，列出了几种最主要的支出和相应的占比，为了便于比较，我们把全国层面的地方支出结构作为基准。所谓的地方支出，是指全国财政支出中扣除中央财政支出，可以认为是其他地方财政支出的一个平均水平。与全国相比，深圳的支出结构是非常"轻"的，这主要体现在两方面。

一是深圳没有历史包袱，其他地区非常头大的支出是社保支出，这个社保支出主要是用于社保的补贴，例如给当地农村老年人的地方补贴、城镇职工社保的亏空补贴、就业失业救济等。我们从数据中可以看到，全国平均水平是 10% 左右，深圳却不到 5%，计划经济年代的企业承担了政府的很多福利功能，在 20 世纪 90 年代国企私有化的浪潮中，中国才开始正式构建社保体系，

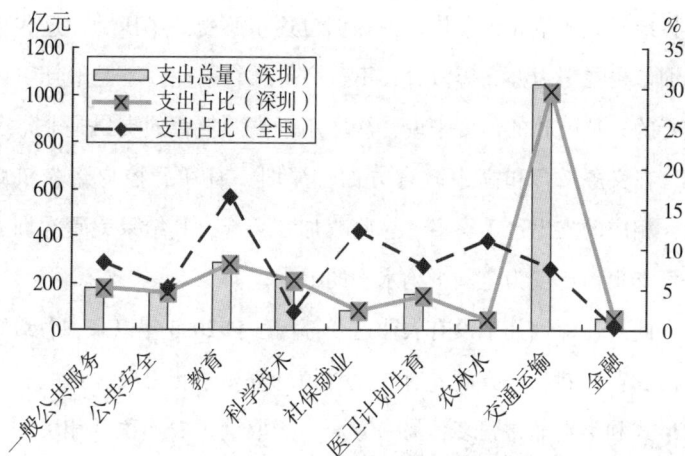

图 5-3　2015 年深圳和全国的财政支出结构

数据来源：《中国财政年鉴》，2016 年

由于此前并没有任何的社保投入，因此社保体系就完全是现收现付制，虽然在全国层面上，每年的社保收入能够维持支出，但是地区间的差异是巨大的。一方面，深圳没有计划经济的这些遗留问题，深圳经济是从无到有的过程，因此相应的社保支出是非常少的；另一方面，深圳的外来务工人员非常多，这些人员在深圳当地缴纳的社保，并不能完全转移到其户籍地，特别是统筹账户中的养老金费用，这就相当于为深圳的户籍人口作贡献。因此，深圳市每年的社保费用都有巨额的结余，根本就不需要用预算内的财政收入来补贴社保，而其他一些国有经济色彩浓厚的城市，地方财政每年都要对此进行补贴。因此，从财政与社保的关系来看，深圳市每年都会节约很大一笔开支。

深圳市另一个支出较少的领域是教育。深圳市的高等教育机构非常少，但深圳的高科技企业对高端人才的需求是非常庞大的，这些人才要么来自海外，要么就来自其他省市的高校，但随着各地对人才争夺的白热化，深圳也逐步感受到了压力。这些年深圳市也在努力办高等教育，不过高等教育事业并不是短期可以改善的。从财政的角度来说，深圳用于高等教育的支出是非常少的，在义务教育和高中教育方面，深圳一直在严控户籍人口政策，相应的支出也不够多。这些累加在一起，其结果就是深圳的教育支出占比仅为全国平均水平的一半。

此外，深圳几乎没有农业这个部门。自 2003 年以来，各级财政向农业倾斜，一方面要对农业种植和养殖进行补贴，这些补贴的形式和类别非常繁多；另一方面由于取消了农业税及相关的收费，农村和集镇的政府运行支出也全部依赖于财政补贴。这些支出在全国其他地区占到地方支出的 10% 左右，而深圳既不需要对农业进行补贴，也不需要对农村的乡镇机构进行补贴。

三、深圳模式的财政科技支出

以上这些领域节约出来的财政资源，赋予了深圳市极大的调整空间。深圳市在两个领域的支出遥遥领先于其他地区，一个是交通运输支出，这里的交通运输包括公路、水路、铁路、航空等领域的投入，以 2015 年为例，深圳市在交通运输领域投入了1045 亿元，占当年财政支出的 30%，是全国占比最多的城市。这是一个非常庞大的数字，要知道当年全国所有地方财政中用于交通运输的，一共才 11503 亿元，深圳占了全国的 9%。这些财政资金被用于轨道交通三期建设、机场三跑道及 T4 航站区围填海工程、市内高速公路回购、平湖医院建设、清林径引水调蓄工程、保障性住房回购以及天然气老旧管道更新改造等重大基础设施建设。深圳与其他地区的差异，不在于深圳投资了很多的重大基础设施，因为近些年来，全国主要城市都在轨道交通、市政建设、机场港口等方面投入巨资，深圳与这些城市最大的差异，在于深圳用的是预算内的财政收入，而其他城市用的是预算外甚至是非财政的资金。这个差异，通俗来说，是深圳用税收就足够支撑基础设施建设，而其他城市得找银行借款，它们的税收收入只够维持政府运转。如果是用非财政的资金投资基础设施，这里面的操作是较为复杂的，地方政府受《预算法》的限制是不能直接找银行借钱的，不得不专门成立一个国有企业来为地方政府融资，也就是所谓的融资平台，地方政府在融资平台借贷的过程中提供了信用担保，于是承担了一部分的国有债务，这种平台债务逐步演变为今日财政系统最大的隐患：地方债。但是深圳市并不存在这种融资难题，其地方债也就不是非常严重，2015 年年末的债务余额一共才 159.5 亿元，相对于其庞大的财政收入能力来说，简直不值一提。

财政部对 2015 年的地方债置换和发行，采用的是限额管理，也就是说每个地方该年发行的债券，无论是一般债还是专项债，无论是用于置换原来的地方债务，还是新增地方债，都应该在财政部批准的限额内。一般来说，每个地方都希望尽可能多地提高限额，这样就可以运用杠杆来增加地方的公共建设投资。但是，我们注意到一个非常少见的情况，2017 年财政部给深圳的地方债限额是 332.1 亿元，深圳市却向财政部申请暂缓发行 2017 年政府债券。这也说明，深圳市的财政支出规模已经足够覆盖其所有领域的需要，完全不需要利用杠杆。

另一个是科技支出，作为一个科创型城市，深圳市每年在科技领域投入了巨额资金，其支出占比是全国平均水平的两倍以上。全国其他地方，正常情况下，都是教育支出大于科技支出，前者更加接近于我们理解的基本公共服务，后者则是用来补贴科学和技术开发。按照我国目前的财政支出分类规则，科技支出可以进一步细分为事务性支出、基础研究、应用研究、技术研发、科技服务、社会科学、科技普及、科技交流和合作。深圳市的高校较少，这也意味着其基础研究的科技支出是比较少的，大部分还是应用研究和技术研发。

深圳市在科创产业的扶持政策，有一条是非常值得其他地方借鉴的，那就是"明股实债"的政府投入。近些年来，政府财政资金对科技产业的投入，不再是单纯的直接补贴了，特别是一些应用性和技术攻关类的项目，一旦成功，将产生非常可观的市场收益。为了盘活财政资金，同时也为了赋予企业更多的激励，财政资金也逐步采用股权投资的方式。不过，财政的股权投资往往是有明确的产业政策目标，例如为了扶持某一类产业的发展，同时市场还未培育成功，但这些产业的未来前景是很乐观的，也就是所谓的"未来产业"。未来产业是很难通过资本市场进行融资的，一方面是因为没有资产抵押，债务融资非常困难，另一方面缺乏相应的市场评估，也难以获得股权融资。此时，深圳市财政开始介入，以股权投资的方式注入财政资金，一旦企业开始市场化运作，资本市场中的风险投资基金愿意进入，此时的政府资金就可以退出了，然后再开始下一轮的投资。

我们在跟深圳市科委的座谈中，有一条操作经验是非常有特色的，即政府股权投资的企业，在其市场化运作之后，需要核算政府退出时的实际收益，在一些成功的项目中，这种股权投资的收益是非常可观的，但在实际的操作过程中，深圳市政府是在给企业发展让利，只是要求了一个较低的固定回报率的收益，而非全部的股权收益。因此，深圳市的这些投资名义上是股权投资，实际上是一笔无抵押的贷款，但是在我国的财政体制中，地方政府是不能作为贷款的发放方的，因此深圳市政府采用了迂回的方法，绕过政策的限制对企业进行扶持，既为初创企业解决了融资难题，又降低了企业的融资成本。

政府通过财政补贴或者投入的方式，有其优势，但是也有缺陷。优势在于可以非常有针对性地实施产业发展战略，缺陷在于地方政府对市场不够敏感，直接投资的效率是比较低的。因此，理论上应该还存在另一种更好的扶持政策，即政府出钱、市场出项目，这就是 2015 年以来暴增的政府引导基金。这种引导基金比一般基金的构成更加复杂，一般的操作模式是政府出一部分资金，然后吸引有关金融、投资机构和社会资本加入，合作成立一些子基金，投资于种子期、起步期等创业早期的企业，弥补一般创业投资企业主要投资于成长期、成熟期和重建企业的不足。政府引导基金的发展非常迅速，截至 2016 年 12 月底，国内共成立 1013 支政府引导基金，目标筹资规模已经超过 5.3 万亿元，已到位资金 1.9 万亿元。其中，仅 2016 年就新设立政府引导基金 384 支，披露的总目标规模超过 3.1 万亿元。可以看出，政府引导基金是有杠杆作用的，严格来说政府引导基金是一个母基金，在其下再成立很多子基金，子基金往往是要吸纳其他的资本进入的，于是就放大了政府引导基金的规模。

实际上，政府引导基金的出现是有一些特殊背景的。一方面，国家对一些财政补贴的规定越来越严格，2014 年 12 月国务院正式公布《国务院关于清理规范税收等优惠政策的通知》对财政补贴政策进行清理，地方政府如果还要实施产业扶持政策，则要转变资金的使用方式，例如从直接补贴改为股权投入；另一方面，2015 年颁布实施的新《预算法》对财政结余做出了更加严格的规定，要求"各级政府上一年预算的结转资金，应当在下一年用于结转项目的支出；连续两年未用完的结转资金，应当作为结余资金管理"。由于政府引导基金的资金是来自本地财政，因此地方政府对政府基金参股的一些子基金的投资方向是有规定的，例如要求投资在当地。

2014年国务院开始全面清理财政存量资金，这是因为很多资金虽然在预算上安排下去了，但没有发生实际支出。深圳市2014年政府性基金总收入1036.3亿元，按照国务院全面清理财政存量资金的要求，清理出的1045.3亿元，这些存量资金要纳入2015年年预算安排。于是，深圳市在2015年初预算中安排了800亿元政府引导基金，不过在当年年底前，这800亿元政府引导基金又另有安排，实际的引导基金规模并不大。从我们查到的数据看，截至2016年年底，深圳市政府引导基金已协议参股子基金42支，总规模1053亿元，其中引导基金承诺出资的仅为153亿元，对社会资本的放大比例近7倍。

深圳市的政府引导基金投向有明确的"双创"导向，例如处于初创期的创新企业，或是深圳市重点发展的产业方向。对于创新企业的认定，深圳市也有自己的一套标准，要求直接从事研究开发的科技人员占职工总数的20%以上，并且这些创新企业必须是初创期或者早中期，也就是说，是企业最缺资金的阶段。而所谓的新兴产业，则是战略性新兴产业、未来产业。深圳将智能装备、机器人、可穿戴设备、航空航天、海洋、生命健康作为其重点打造的六大未来产业。这些产业有非常明显的特征，如现阶段的市场不明朗、关键技术还亟待突破、都是技术密集型的产业等。自2014年起至2020年，深圳市将连续7年每年安排10亿元专项资金，用于支持这些产业的技术攻关、产业化项目建设等。

妥善使用税收政策为企业减负

一、企业税负的"中国现象"

2016 年 12 月，福耀玻璃董事长曹德旺的一段媒体采访，在网上引发了轩然大波。曹德旺认为中国的综合税负比美国高 35%，随后天津财经大学的李炜光教授经过测算，发现我国企业综合税负达到 40% 以上，在 21 个亚太经合组织国家中排名第四，企业基本上处于死亡的边缘，这就是所谓的"死亡税率"。但是我们也知道，中美之间的税制差异巨大，直接比较某个税种的税负是不合理的，例如美国是以直接税为主（所得税），中国则是以间接税为主（增值税），因此在国家层面的横向比较，应该采用的是宏观税负，也就是把所有的税和费全部加总，再计算其占当年 GDP 的比重，这个宏观税负可以用来衡量一个国家对经济产出的占有程度。

如果采用宏观税负指标，无论是哪种口径，中国的水平都不高。我国的政府收入一共有四本账：一般公共预算收入、政府基金、社保基金、国有资本经营。2014 年这四本账全口径收入为 23.7 万亿元，占当年 GDP 的 37%。但是，其中很多部分并不构成企业和个人的税负，例如国有资本经营收益只是国有企业以及其参股企业的利润、股利等收入核算，因此第 4 本账严格来说不能算是税负；而在第 3 本账的政府性基金收入中，也有一部分与大多数制造业无关，例如彩票公益金收入、烟草企业上缴专项收入、国有土地使用权出让金收入等，如果将这些无关的项目剔除，2014 年宽口径的税费总额为 19.3 万亿元，占当年 GDP 的 30.3%，远低于发达国家平均水平 42.8%，也低于发展中国家平均水平 33.4%。小口径宏观税负是指税收收入占 GDP 比重，

2012—2015 年我国宏观税负 18.5% 左右，并逐年下降，按照 IMF
数据测算，2013 年发达国家为 25.9%，发展中国家为 20.4%。

这就让我们非常困惑了，企业自身抱怨税负重，宏观数据却
揭示税负不重，甚至有略微的下降。我们正常的理解，应该是要
么企业是正确的，要么宏观数据是正确的，但真实的情况是，两
者都是正确的。

中国的宏观税负不高，这是事实，同时企业的税负很高，这
也是事实。背后的原因，在于中国特殊的税制结构。与其他国家
不同的是，中国绝大部分税收是面向企业征收的，从历年的数据
来看，政府税收收入中的 90% 是企业税，仅有 10% 是个人税。图
5-4 是 2015 年中国的税收结构，在这 19 个税种中，仅有个人所得

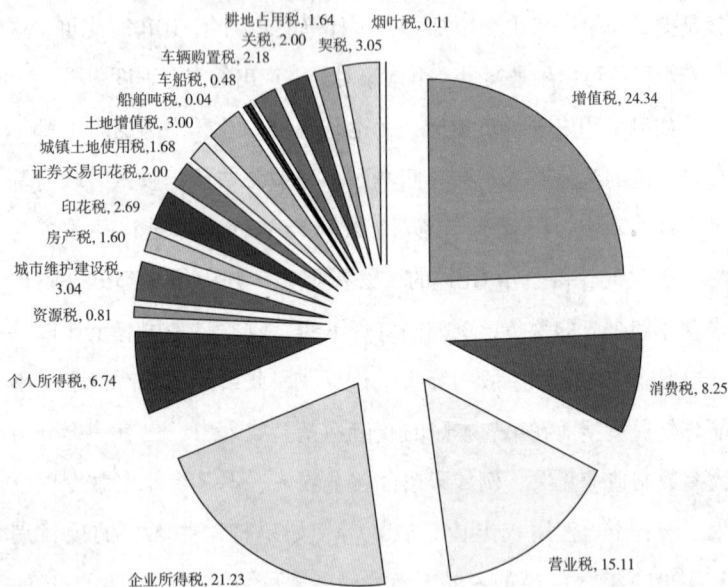

图5-4 2015 年中国的税收结构

数据来源：《中国财政年鉴》，2016 年

税、车船税、车辆购置税等少数几个税种是针对个人征收的，其余16个税种都主要是针对企业征收，并且这些个人税种中，也仅有个人所得税的份额稍大，这还得益于近年来的征管力度强化。

正是因为90%的税收是来自企业，因此才出现宏观税负与微观税负的背离，这就好比100斤的担子，在其他国家只有一半是落在企业的肩上，在中国却全部是企业承担。即使中国的这个担子只有80斤，企业也会承担更多。这个特征事实也反过来说明，如果要扶持本地企业的发展，为其提供较为宽松的税收环节，不能从加总层面进行改革，而是要有针对性的减税政策。

二、有限的深圳减税空间

在操作层面，深圳市的减税空间是有限的。

首先，税务局可以不理深圳市政府的减税诉求。中国每一级地方政府都有两套独立的税收征收机构：国家税务局和地方税务局，这一制度来自1994年的分税制改革，当时的中央政府为了防止地方之间恶性税收竞争对中央收入的冲击，将原来的税务局一拆为二，其中的地税局还维持了属地管理的体制，但国税局实施了彻底的垂直管理。通俗来说，深圳市拥有地税局局长的任命权限，但无法影响深圳市国税局局长的任免。在管理体制上，两个机构的差别实际上更大，国税局的领导干部、人事编制、经费等都是由国家税务总局垂直管理。我们在跟深圳市科委座谈的过程中，他们也提到了这一点，地方很难去协调国税局，国税局都是"照章办事"，很少理会地方的一些产业发展需求。反过来说，如果地方有特殊的产业发展方向，同时又希望税收政策方面能够给予一些倾斜的话，也只能通过地税局进行干预。

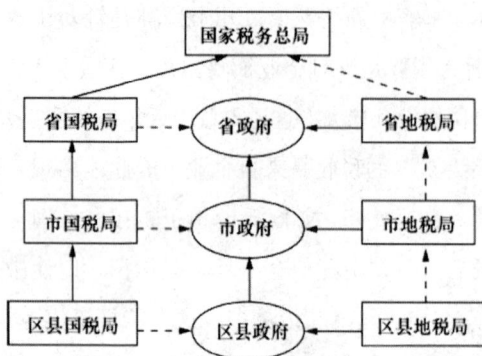

图 5-5　中国的税收征管机构

其次，大多数的企业税种是归国税局管辖，深圳市能够影响的范围较小。在目前的税种设定中，企业承担的几大税种分别是增值税、消费税、营业税、企业所得税，其中营业税在 2016 年做了调整，并入了增值税。企业的这些税种中，增值税、消费税、企业所得税（部分）都是由国税局征管，地税局管辖的税种非常少。这就限制了地方政府制定差异化税收政策的空间了，即使地税局是归地方政府管理，地方政府直接干预的空间也就很小了。

最后，调整税收的法定权限集中于中央政府，地方政府几乎是没有权限的。在地方政府很难干预国税局的税收征管时，如果地方还能够保留一些调整税收规则的权限，也就可以通过法定的程序进行干预。但是在目前的税收立法权的分配上，地方是没有任何权限的，既没有立法权，也没有调整和更改的权限，即使是一些税法比较模糊的地带，地方税务部门也需要获得国家税务总局的认可。在法定税率的认定上，深圳市在 2007 年之前享受了特区 15% 的优惠所得税税率，应该说在这段时间，深圳的税收制度是有特殊照顾的，其他地区的内资企业所得税税率为 33%。2008

年颁布实施的《企业所得税法》将内外资企业的所得税税率统一调整为25%，其中就取消了外资企业的优惠税率和特区内部的优惠税率，考虑到15%优惠税率和25%的新税率的差距，国家给了特区5年的过渡期，2008年按18%税率执行，2009年按20%税率执行，2010年按22%税率执行，2011年按24%税率执行，2012年按25%税率执行。

看上去，国家并没有给予深圳特殊的税收政策，甚至还上收了一部分权限，同时税务机构的设置也在很大程度上限制了深圳市的产业扶持政策。但这并不是说，深圳市就完全没有调整空间了，深圳市在三方面做了非常大的工作。

三、有为政府的企业减负深圳模版

首先，是针对地税部门管辖的企业。在四大税种中，有两个税种是与地税直接相关的，营业税（2016年之前）全部是归地税局征管，一部分企业所得税也是地税管理。我国在1994年的税种架构中，工商业的流转税是增值税，服务业则是营业税，当时把营业税划归地方财政收入，所以其管辖机构就是地方税务局。深圳市重点打造的很多科创企业，特别是一些以研发为主的企业，交纳的就是营业税，营业税是企业的营业额乘以一个法定的税率，其中的营业额是需要税务部门核定的，这也为地税局的灵活执法提供了一些空间。企业所得税的征管划分较为复杂，企业所得税本来是地方税种，但2002年一次所得税分享改革，将企业所得税由地方税变更为共享税，中央自2002年开始分享一部分的所得税收入，如果按照《税收征管条例》，共享税的征管机构应该是国税局，那么原来有地税局征管的所得税企业就应该全部移交给国税局。不过，这次的改革采取的是"新人新办法、老人老办法"，规定 2002 年新成立的企业才由国税局征管，后来在 2009 年又将范围缩小至增值税为主体税种的企业所得税。总结一下，时至今日，深圳市地税局征管的企业所得税包括 2001 年之前成立的企业，和 2009 年之后成立的服务业企业。这些企业还是可以受到深圳地税的特殊照顾。

其次，国家层面上有一些特殊的税收优惠政策。深圳市的可取经验，在于最大程度上利用了这些政策，一是高新技术企业的认定。在 2008 年的新企业所得税税法中，针对高新技术企业设定了优惠的 15% 所得税税率，税收征管事务是在税务部门，但高新技术企业的认定是在科技部门，同时国家将高新技术企业的认定权限下放给了地方政府，规定省、直辖市和计划单列市都拥有认定权限，这个时候深圳市的计划单列市身份又一次发挥了作用，深圳虽然是地级市，但在高新技术企业的认定方面不受广东省政府的限制，深圳市的科技部门直接与科技部进行对接。因此，一个地方的高新技术企业的数量，在很大程度上取决于地方科技部门的积极性。在实际的操作过程中，有的地方科技部门将高新技术企业认证作为一项权力，深圳市的科技部门则将认证工作作为是对企业的一项服务，积极为深圳的科技企业争取高新技术企业资格。结果是深圳的高新技术企业远远超过周围地区，截至 2016 年年底，全国高新技术企业达到 10.4 万家，广东全省高新技术企业数量逾 1.9 万家，深圳的数量遥遥领先，达到 8037 家，占到广东全省数量的 42%；相邻的广州市的高新技术企业为 4744 家，仅为深圳市的一半。

高新技术企业是我国用来扶持企业创新研发的，享受税收优惠政策，但关于高新技术企业的认定标准并不是非常明确的。在

2016 年颁布的《高新技术企业认定管理办法》中，规定高新技术企业需要满足 8 项条件，其中 5 条标准是有明确的数据支撑的，剩下 3 条则是非常模糊的，比如第 7 条"企业创新能力评价应达到相应要求"。即使是那些有明确指标要求的，争议的空间也非常大，其中最主要的两个指标是科技人员和研发费用占比，规定科技人员占全部职工的比重要达到 10%，但对于科技人员的界定本身就是不确定的。关于研发费用，要求其占销售收入的比重要达到一定的条件，同样比较模糊的地方是，研发费用本身的界定也是存在争议的。因此，虽然国家关于高新技术企业制定了相应的标准，但这些标准本身要么是没有明确门槛，要么就是标准本身也很难界定，于是就依赖于地方科技部门的积极性。

另外，跟研发直接相关的税收优惠政策，除了高新技术企业的认定，还有一项，那就是研发费用的加计扣除。高新技术企业最终还是要受到国家层面的限制，深圳市不可能在数量上有特别大的突破，因此这种所得税税率优惠政策是很难惠及普通企业的。但是研发费用加计扣除则不同，这种优惠是可以照顾到为数众多的企业的，只要该企业有研发方面的支出。与优惠税率不同的是，加计扣除是在降低所得税的税基，这样即使税率没有下降，实际的税负也可以降低。按照目前的税收政策，企业的研发费用可以按照 50% 加计扣除，也就是说企业每增加 1 元的研发费用，在计算所得税税基时，可以扣除 1.5 元。

这个政策看上去很简单，但操作过程是非常麻烦的。政策上规定"研究开发活动是指企业为获得科学与技术（不包括人文、社会科学）新知识，创造性运用科学技术新知识，或实质性改进技术、工艺、产品（服务）而持续进行的具有明确目标的研究开发活动"。负责研发的是企业，负责征税的是税务部门，税务部门是无法确定这些费用是否是用于研究开发活动的，于是两者之间的争议就不可避免。考虑到这种情况的普遍性，政策又规定"主管税务机关对企业申报的研究开发项目有异议的，可要求企业提供政府科技部门的鉴定意见书"。因此，研发加计扣除名义上是税务部门的事务，但税务机构因缺乏研发领域的专家，难以准确认定企业的研发活动，例如企业是否通过研究开发活动在技术、工艺、产品（服务）方面的创新取得了有价值的成果，是否对本地区相关行业的技术、工艺领先具有推动作用。最后演变成了地方科技部门的责任，并且地方科技部门在提供鉴定意见时，是不允许收费的，因此一个有为的地方政府就显得非常必要了。

我们在跟深圳市科委座谈的过程中，他们就多次提及研发费用加计扣除，深圳市科委的处理方法就是"有求必应"，一次性为企业解决研发费用的鉴定问题，并且是从维护企业利益的角度，尽量为企业提供正面的鉴定意见。2016 年深圳市科委一共为 2817 家企业提供了研发费用的鉴定工作，涉及 83.52 亿元的研发费用加计扣除，为当地的企业提供了实质上的减税。

在税法权限高度集中，同时税务征管权限也逐步交由国家税务局管理的状况下，深圳市还是在积极提供一些税收的优惠，无论是高新技术企业或者研发费用的加计扣除，都是在充分利用国家的规则。

财税深圳模式：不确定的未来

一、财税"深圳模式"的成功

深圳是依赖加工贸易起家的，但随着生产成本的攀升和国内其他地区的竞争压力，服装、珠宝、手表、家具等传统产业的优势在逐渐丧失，于是在 2005 年前后迎来了它的迷茫和蹉跎。那一篇《深圳，你被谁抛弃》更是残忍揭开了深圳这个城市的痛处，深圳这个最著名的"特区"却没有特殊的政策优势。痛定思痛之后，深圳经历了浴火涅槃，再次实现了产业发展上的领先，在原有低端制造业的基础之上，迈向了高科技、高附加值的现代产业体系。正如一个王朝的兴衰一样，其背后必然还是财政和税收问题，深圳的成功转型也同样如此，势必会表现在其财政和税收上，甚至财税在很大程度上就是深圳成败的根本。深圳的财税政策，总结下来，其成功之处主要有两点。

体制的遗产： 深圳市有一些特殊的历史背景，虽然特区的很多政策，如今其他一些大城市也基本上惠及了，但是与其身份直接相关的一些政策仍然延续至今。在财政体制方面，深圳市的计划单列市身份在很大程度上为其争取了更多的财政收入，这一点远不是同为地级市的广州可以比拟的，这种计划单列市的身份，使得深圳在财政收入划分方面，跟三大直辖市是可以直接对比的。当然，现如今拥有计划单列市身份的也不止深圳，还包括大连、青岛、宁波和厦门。因此，深圳市丰裕的财政收入，一方面得益于 1988 年确立的计划单列市身份，另一方面也跟其自身的产业发展非常繁荣有关。

深圳市另一个体制的优势，就是年轻。深圳没有上海这样城市的国有经济历史，深圳市几乎都是从零开始，这实际上为其减轻了很多历史包袱，没有庞大的国有经济发展历史，地方财政就没有社保负担。不仅如此，深圳也没有其他的产业负担，例如几乎没有农业，不用为解决农民进城和农村问题所困扰。"年轻"的深圳几乎都是轻装上阵，不受制于过往，也就有了更多可能的未来。

普惠性的产业政策：深圳市的产业政策用一句话概括就是没有产业政策。产业政策其实是最难的，目标产业越明确，失败的概率越高；反之，如果目标定得过于宽泛，实际上也就不能称之为产业政策。产业政策作为政府干预市场经济的一种主要手段，其主要的缺陷在于，政府并不比市场更敏感。这就意味着，如果政府锁定的产业是有前景的，那么由于市场更为敏感，该产业应该由市场进行配置；反过来说，如果市场没有任何的反馈，在一定程度上也说明该产业是没有前景的。同时，政府在某些领域的深度干预，也会对其他产业产生不利影响。

深圳产业政策的成功都与财税政策直接相关，一是"少取"。我们与相关职能部门座谈的过程中，他们就主动提及了，深圳对企业的"吃拿卡要"非常少，更多的情况是带队到企业面对面解决实际问题。"吃拿卡要"是一个地方营商环境的主要表现，所谓的"阎王好见，小鬼难缠"，真正对企业的日常经营产生实际影响的，倒不是身居要职的领导干部，而是职能部门的工作人员。深圳市的职能部门能做到"企业不找我，我就不找企业"，不给地方企业添乱，这一点对于初创和小微企业的发展至关重要。深圳市之所以能做到这一点，也与其雄厚的地方财力直接相关，从统计数据也可以得到同样的结论，2015年深圳市的非税收入占地方本级收入的比重仅为16.7%，广东全省为21.2%，全国其他地方则高达25.6%。正是因为深圳市的"吃拿卡要"比较少，所以深圳非税收入占比才会很低。深圳市充裕的财政收入已经足够维持其政府各职能部门的运转，这些部门不再需要通过非正式的收费来弥补运行经费，但是在一些欠发达地区，收费反而成为地方政府收入的一个主要来源，导致营商环境恶化。

深圳市产业政策成功的第二个方面，是普惠性的产业扶持政策。这一点也与财税状况相关，正是因为钱多了，才可以"撒胡椒面"，地方财政如果非常紧张，则更加注重重点支出。深圳市财政在产业方面的支出，更加接近于普惠性，投入了大量的财力用于基础性研究，例如2017年推出的"十大行动计划"，其中的"十大重大科技基础设施""十大基础研究机构""十大诺贝尔奖科学家实验室"等都是用于基础研究。深圳市非常清楚的是，深圳的产业在国际上处于前沿探索阶段，没有重大基础研究是很难在关键技术方面取得突破的。

除了基础研究之外，深圳市的产业政策位于更加"前端"的干预，而不是干预产业的实际过程。例如，深圳市给很多新创企业办公场所的租金补贴，自企业设立两年内给予每月每平方米30元场租补贴，第三年则逐步降至15元补贴。深圳市还在2017年试行了"创新券"，针对一些科技型中小微企业和创客，正常情况下，这些企业是需要向市场购买一些科技服务的，例如检测、设计、代理等，深圳市在这些方面给予企业补贴，企业拿到市政府的创新券之后，可以按照自身的需要在近百家机构中选择适合的服务提供商，服务提供商在拿到企业的创新券之后，再从市财政获得等额的收入。这样，深圳市既实现了对小微企业的科技补贴，同时又没有过度干预市场运作。2017年6月，深圳市科创委下达第一批科技创新券发放额度的通知，向1525家单位发放了5万元到20万元不等的科技创新券，合计发放额度11672万元。

二、深圳财税未来的新挑战

后"营改增"时代的挑战。我们在跟深圳市经信委座谈的过程中，他们提及了一个现象，"营改增"使得深圳2016年的收入减少了 360 亿元，更让他们困惑的是，这个改革对于服务业的战略调整的影响。"营改增"本来只是一次税制的改革，将服务业原来征收的营业税改为和制造业统一的增值税，但复杂之处在于，营业税原来是地方税，增值税是中央地方共享税，"营改增"带来的首要问题就是中央与地方的收入划分。中央否定了通过税收返还的方式，即将营业税改为增值税的那部分收入，返还给地方财政，这个方案行不通。于是当营业税收入并入增值税之后，就势必要调整原来增值税的 75：25 的分成比例。

2016 年 4 月 30 日，《全面推开营改增试点后调整中央与地方增值税收入划分过渡方案》正式出台，将分享比例调整为 50：50，这个比例能够维持全国层面的收入分配格局，也就是说中央在"营改增"前后的收入不变，相应地，全国所有地方加总之后的收入占比也没有变化。但是，这个比例却会重新改变各地方的财力分配，由于每个地方的产业结构差异，其增值税和营业税的比例也是不同的，于是有些地区因为制造业和采掘业较为发达，增值税占比较多，在此次改革中受益更多。另一些地区，例如海南和北京，几乎都是服务业占主导，服务业的营业税收入在此次改革中，将被中央财政分享一半，这部分减少的收入远远超过增值税比例增加的部分。深圳同样如此，按照 2011 年的数据进行模拟测算，深圳的潜在收入下降了 6.1%。这一下降幅度虽然在全国不是最高的，但考虑到深圳近年来注重后工业化的发展，大力加大对服务业的扶持，例如重点发展金融业、高科技研发企业等，其潜在收入的下降幅度将进一步增加。

此外，"营改增"还会对地方的产业发展方向造成困扰。随着工业化进程的推进，一些城市的经济结构迈向了"轻工业、重服务"的模式，这一方面跟产业发展的规律相关，另一方面也与之前的财税体制相关。不可否认的是，在中国的财税分成中，营业税是所有地方财政的第一大税种，发展服务业有利于营业税增收，自然带来了产业发展和地方财政的激励兼容。但随着"营改增"对整个收入分成体制的冲击，服务业的重要性急剧下滑。深圳市的职能部门也流露出了同样的担忧，作为一个科创型的城市，高附加值的产业肯定是不二之选，其中必然有很多是现代生产服务业。但是，营业税收入分成的下降，使得像深圳这样的地方开始踟蹰不前。作为决策层来说，这一点需要格外警惕。

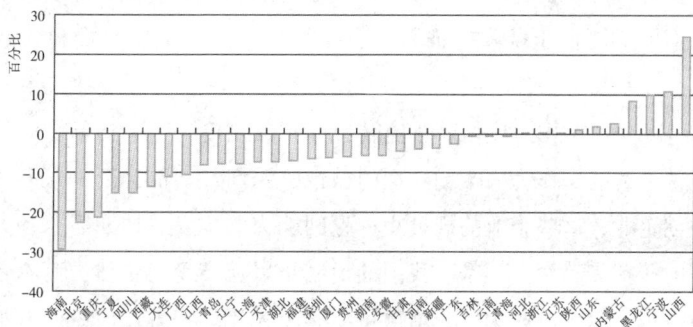

图 5-6 "营改增"的潜在收入变化（2011 年）

僵硬的税收政策。深圳的财政政策是比较灵活的，这得益于财政体制中明确的权限划分，但是深圳的税收政策却是非常僵硬的。随着深圳产业的进一步发展，深圳将会面临越来越多的税收限制。一方面，中国的税权高度集中，深圳市不仅不能影响属于中央财政部分的税收，甚至也不能改变属于深圳收入的那部分。深圳市需要制定一些符合地方特色的产业政策，其中必不可少的就是税收倾斜，但是深圳市在税收政策上的活动空间非常小，目前也只能限定在国家政策的允许范围内，国家层面鼓励的产业范畴与深圳市是不完全一致的。因此，深圳能够运用的往往还是财政政策，例如给予企业一定的财政补贴。不过，随着国家对财政、税收政策的逐步调整，深圳市之前采用的一些政策也将变得不可行了。另一方面，近些年来中央加大了对征管权限的控制，地方间接干预的空间被压缩。越来越多的税种被划归国家税务局管辖，这就意味着这些税种的征管权被收归中央，地方的征管权越来越小。征管权实质上发挥了产业政策的作用，深圳市曾经向国务院建议，将深圳国地税合并，但税务机构的管理权限要保留在深圳当地，这个议案虽然被否定了，但从侧面反映出深圳对税收征管权的重视程度。随着 2018 年国地税的机构合并，深圳市几乎不再掌握企业税收的征管了，要想再实施地方特色的税收政策，几乎没有操作空间了。

此外，中国过度依赖于流转税的税收制度，这对初创企业是非常不利的。作为一个创新型的城市，深圳每天都会诞生众多的初创企业，这些企业的规模小、赢利能力弱，发展初期需要各方面的扶持和培育。但是，我国的税制是以流转税为主体，而不是所得税。以现阶段为例，增值税是第一大流转税，增值税的缴纳非常广泛，几乎可以认为，只要企业生产就要缴纳增值税，即使企业是亏本的，这种税收也是要缴纳的。反之，如果是以所得税为主体，则那些不赢利或者赢利能力弱的初创企业，是可以不用承担税负的。增值税的税制，从国家能力的角度，是可以维持较为稳定的财政收入来源，但是从企业的发展历程来说，对一些企业却是不利的。增值税税制还有另一个弊端，对于生产型的服务业，其中间投入是非常少的，主要投入都是智力投入，例如雇用了很多的工程师和科研人员，但是增值税的进项是不允许抵扣人工成本的，这就意味着生产型服务业的进项税是较少的，进而导致该类服务业的税负相对更重。这些同样会对深圳的高附加值服务业的发展带来不利影响。

第六章 深创投：
创投行业的"中国模板"

陈丹 兰小欢

　　深圳，一座当之无愧的中国创新之城，近年来被冠以"高新技术产品出口基地""亚太经合组织（APEC）科技工业园区""先进国家高新技术产业开发区"等多项头衔。深圳知识产权局2017年4月发布的《深圳市2016年度知识产权统计分析报告》显示，2016年深圳市国内专利申请量同比增长38%，发明专利申请量居全国副省级城市第一名；2016年深圳市 PCT① 国际专利申请量同比增长48%，占国内企业和个人申请总量的47%，位居全国第一。

　　短短30多年间，深圳涌现出了诸如腾讯、华为、中兴、大疆、怡亚通、中青宝、努比亚等一大批引领中国乃至世界创新的高新技术龙头企业，这些龙头企业又带动了更多新兴创业企业的发展。2016年的统计数据显示，深圳市生产总值约1.9万亿元，其中高新产业占比40%，高新技术出口占出口总额的52%。众所周知，高新科技产业发展是一项高投入、高产出、高

---

　　① PCT 是《专利合作条约》（Patent Cooperation Treaty）的英文缩写，是一款有关专利的国际条约。根据 PCT 的规定，专利申请人可以通过 PCT 途径递交国际专利申请，向多个国家申请专利。中国于1994年1月1日正式成为 PCT 的成员国。

风险的工程，深圳是如何从一座小渔村迅速发展成为今天中国的硅谷？

与创新创业相对应的是，深圳也是中国风险投资最活跃的城市，连续 9 年摘得全国拥有最多中小板、创业板上市企业城市的桂冠。有数据显示，深圳拥有风险投资和股权投资机构达 4.6 万家，注册资本超 2.7 万亿元，其机构数量和管理资本均占全国的三分之一。① 2016 年，风险投资机构在深圳的投资项目就有 376 个，规模近 114 亿元。

创业投资是创业服务产业链的最关键环节。蔡国强等（2001）梳理深圳市高新技术产业发展与资本应用的历史关系后发现，不同于其他地方政府直接参与高新技术产业以促进产业升级，深圳市政府是通过发挥政府投资的杠杆作用，用引导的方式推动企业和社会对高新技术研发的投入，从而提升资本使用的效率，促进资本存量的迅速增长。深创投正是深圳市政府为促进传统产业转型升级、推动高新技术产业发展而利用资本驱动创新、创新促进产业转型和升级所创立的金融机构，彰显了深圳市政府在市场经济中的引导职能和服务角色。

深创投成立于 1999 年，是一家专业从事创业投资的有限责任公司，前身是深圳市创新投资集团有限公司，初期注册资本 7 亿元，其中深圳市国资委出资 5 亿元，占股 71.43%。2002 年，集团增资至 16 亿元，同时更名为深圳市新投资集团（简称深创投）并沿用至今。如表 6-1 所示，经过数次增资扩股，截至 2014 年，深创投的注册资本为 42 亿元。

---

① 《深圳将继续大力发展风险投资》，http://news. 163. com/16/0608/09/BP1DMF6M00014AED.html，2016 年 6 月 8 日。

表 6-1　深创投注册资本股东历次变更情况

年份	注册资本（亿元）	出资方
1999	7.00	深圳市投资管理有限公司出资 5 亿元，其他 6 家国企股东分摊 2 亿元
2001	16.00	新增 9 亿元，由大众公用等公司出资
2002	16.00	更名为深圳市创新投资集团有限公司
2004	16.00	将深圳控股持有的股权划归深圳国资委
2009	18.68	部分老股东增资
2010	25.01	由星河地产、立业集团及七匹狼集团出资 6.3 亿元
2012	35.02	以资本公积、未分配利润转增资本，从而新增注册资本
2014	42.02	以资本公积、未分配利润转增资本，从而新增注册资本

　　深创投坚持以资本为主要联结纽带来吸引民营资本进入，逐渐成为一家混合所有制公司。如表 6-2 所示，2016 年深圳市国资委依然是深创投的第一大股东（占股 28.20%），而民营的星河房地产开发有限公司为第二大股东（占股 17.39%），此外上海大众公用事业、深圳市远致投资有限公司也分别占股 10% 以上。

表 6-2　深创投现阶段主要股东列表（2016 年）

股　东	认缴额（万元）	占比
深圳市人民政府国有资产监督管理委员会	118483.26	28.20%
深圳市星河房地产开发有限公司	73081.41	17.39%
上海大众公用事业（集团）股份有限公司	58543.80	13.93%
深圳市远致投资有限公司	53760.00	12.79%
深圳能源集团股份有限公司	21139.08	5.03%
福建七匹狼集团有限公司	19459.77	4.63%
深圳市立业集团有限公司	19459.77	4.63%

（续表）

股　东	认缴额（万元）	占比
广东电力发展股份有限公司	15435.00	3.67%
深圳市亿鑫投资有限公司	13917.12	3.31%
深圳市福田投资发展公司	10273.82	2.44%
深圳市盐田港集团有限公司	9807.00	2.33%
广深铁路股份有限公司	5884.20	1.40%
中兴通讯股份有限公司	980.70	0.23%
合计	420224.95	100%

目前，深创投拥有总资产235.65亿元、净资产129.53亿元，管理各类基金总规模达2104亿元。除了管理自有资金230.49亿元外，深创投还管理着83支政府引导基金、5支中外合资基金、45支商业化基金等各类基金，数量约163支。[①] 截至2017年6月底，深创投累积投资项目758个，累计投资总额约292亿元，共实现122家投资企业在全球16个资本市场上市，平均年回报率（IRR）为40%。其中，深创投在深圳投资项目有168家，成功上市企业29家，年产值超过2000亿元，为深圳市产业的创新升级作出了巨大贡献。

集团下属各级全资子公司及控股公司共计63家，职工732人，其中本部105人，拥有金牌投资人24名。[②] 投资的企业数量和上市数量均位居国内创投行业第一位，并且创造了年度IPO数量最多机构的世界纪录。在中国投资协会创业投资专业委员会、

---

① 数据来源：私募通。

② 数据来源：深圳市创新投资集团有限公司官网，http://www.szvc.com.cn/main/aboutUs/jptzr/index.shtml，2017年6月23日。

清科集团、投中集团、《福布斯》中文版、《上海证券报》、《证券时报》等权威机构举办的内外资创投机构综合排名中，深创投连续多年名列前茅。[①] 2011 年，代表中国特色的创投机构首次被编入哈佛商学院案例教材。

作为一家本土国资背景的创投机构，深创投是如何从一家风险投资机构发展成为一所大型综合性财团并成为业界翘楚的？以往关于深创投的案例研究大都关注国资背景对其发展的束缚，却忽视了其发展壮大恰恰是政府和市场互补的结果。一方面，政府给予了深创投极大的制度支持；另一方面，深创投的发展又带动了深圳乃至全国范围内的企业转型和产业升级。这种互补关系是其他商业化创投机构、外资投资机构和纯粹的政府补贴所不具备的。本章将结合国内外市场环境，回溯深创投的发展历程，试图从宏观、中观、微观三个层面，梳理深创投如何助力产业升级和创新。

深创投裂变史

一、诞生：紧跟美国风投产业发展步伐

20 世纪 90 年代冷战结束，国际局势从剑拔弩张向和平发展转变，发达国家产业升级的需求促进了全球化和全球产业分工。创业投资在美国风生水起，超过 85% 的各类风险投资流入技术密集型行业，促进了高新技术企业的迅速发展，如今享誉全球的英特尔、谷歌、Facebook、苹果、微软和基因技术等正是在当时获

---

① 深创投官网，http://www.szvc.com.cn/main/aboutUs/companyIntroduce/index.shtml。

得了美国政府背景的风险投资支持而得以发展成为全球企业的龙头。

　　与此同时，国内政治经济环境也在悄然变化。早在 1991 年，深圳市政府就提出"以科技进步为动力，大力发展高技术产业"的发展战略，谋求产业转型。1992 年邓小平南方谈话和 1994 年中国分税制度改革，使得传统产业转型和升级迫在眉睫，民营企业发展亟待寻求突破口。1998 年 3 月，"风投之父"成思危在全国政协九届一次会议上提交的《关于尽快发展我国风险投资事业的提案》引起了业界的广泛关注。1999 年 3 月证监会第一次明确提出"考虑在沪深证券交易所内设立科技企业板块"，同年 8 月 20 日中共中央、国务院又发布《关于加强技术创新，发展高科技、实现产业化的决定》，使得社会上普遍认为创业板即将在深圳成立，一时激发了市场上风险投资机构的涌现。1999 年上半年，我国已相继成立了 92 家风险投资公司，但真正投入运作的机构不到 10%，且资金规模仅占高科技企业融资额的 3%，对高科技产业的支持力度远远不足以推动科技成果产业化。

　　"技术变化对于经济增长的贡献很难独立于投资，因为大多数新技术需要体现在资本品之中才能被引入"（路风，2016）。1998 年深圳市政府在筹备"中国国际高新技术成果交易会"的过程中意识到资本在科技成果转化中的重要作用。于是，借宏观层面的政策利好和产业升级的市场需要，国资背景的深创投应运而生，并在其后的发展中，成为本土创投企业推动技术创新以及中小企业发展的典范。

　　创立之初，深圳市政府就将深创投定性为一家政府引导、市场化运作、按经济规律办事、向国际惯例靠拢的创业投资机构，以专业化、区域化和国际化的发展路线支持中小创新科技企业发展，并确立了立足深圳，面向全国的战略布局。因此，深创投不仅是一家以营利为目的的商业机构，同时还肩负帮助其他企业和产业转型升级的重任。

从投资项目的阶段看，深创投主要投资处在高风险时期的创新创业公司。为了激发更多创新创业型企业的出现，深圳市政府要求深创投所投企业必须是自主创新高新技术企业和新兴产业企业，侧重投资还处在初创期、成长期及转型升级期的企业，所投资项目数量的 88%、投资金额的 72% 都集中在高风险的初创期、成长期的中小企业。深创投的具体投资对象也一直与深圳市政府所倡导的重点行业保持一致。在深创投累积所投的 758 个项目中，光电机/先进制造、消费/物流/连锁和互联网/新媒体位居前三，占项目总数的 59%，投资总额的 62%。

深创投从建立之初就积极探索全国甚至全球市场。其官网数据显示，深创投在深圳的项目仅占其所有项目的 28%，其余 30% 的项目在华东，14% 的项目在华北。除了经济发达的北上广深，深创投还有不少项目分布在经济相对落后的诸如东北、西北、西南、华中等地区，实现了面向全国的投资战略布局。

二、困中求变：引领创投的春天

深创投发展的 20 年，恰逢中国金融市场起步、探索、开放和完善的快速变化阶段。随着宏观环境变化、市场规模扩大、金融制度改革以及产业的不断升级，深创投也在不断突破瓶颈和困境，在创新中推进变革。其发展历程大致分为四个阶段（见图 6-1）。

第一阶段是 1999—2004 年的起步阶段。这一阶段外部环境恶劣，"整个创投的宏观环境不太好——创业板迟迟未推出，深交所

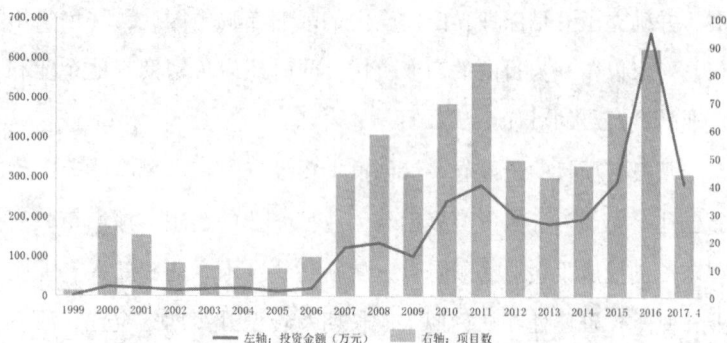

图 6-1　深创投历年投资项目数和投资金额变迁

数据来源：深创投官网。

和上交所又进入冬眠，A 股市场的 IPO 几乎完全关闭，几乎堵死了国内风投机构的退出之路。从 2001 年下半年开始，陆续有很多VC 倒闭"（潘虹秀，2008）。为解决退出和盈利问题，深创投采取"一头在内、一头在外"或者"两头在外"的模式，几乎所有项目的退出都在国外，如中芯国际、九城数码、德信无线、炬力集成电路、东方纪元等分别在美国纽交所、美国纳斯达克、新加坡证券交易所上市。[①] 尽管国内退出渠道不顺畅，但通过境外IPO、股权转让、回购等方式，深创投还是在诸多优秀项目中实现了高回报退出。此外，为确保每年收益，曾任申银万国总经理、时任深创投总经理的阚治东一度将"闲置资金"投向了证券市场，参与国债买卖、新股认购以及委托理财。2000 年，深创投的全年利润达到 9158 万元。但是这样的方式并不能解决深创投的

---

① 两头在外是指在国外募集美元基金、在国外资本市场上退出；一头在外、一头在内指在国内募集基金，在国外上市，如中新基金已有多个投资项目在美国纳斯达克、中国香港主板及新加坡交易所上市。

发展困境，也不符合其成立初衷。

第二阶段是 2005—2007 年的发展阶段。2005 年 4 月 29 日《关于上市公司股权分置改革试点有关问题的通知》标志着股权分置改革正式启动，股票进入全流通时代。同年 11 月 15 日，《创业投资企业管理暂行办法》鼓励地方政府用财政性资金出资参与创业投资基金，以弥补市场失灵。2006 年中小板开启，进一步促进了深创投与全国范围内地区政府产业基金开展合作。在这样的政策背景下，时任深创投董事长的靳海涛敏锐地发觉到了机会，并在内刊上发表《创投的春天即将到来》一文，拉开了政府引导基金发展的序幕。从 2006 年开始，深创投开启了以管理政府引导基金为主的基金模式。2007 年，深创投与苏州市政府设立了第一家政府产业引导基金苏州国发创新资本。当年，深创投又设立了淄博创新资本基金、吉林红土创投、郑州百瑞创新资本、湘潭创新资本、南通创新基金、南通红土基金、萍乡红土基金等政府引导基金。这一年，深创投共投出 49 个项目，投资额 11 亿元，并开始逐步从跟投转为主导投资，为日后成为全国规模第一的本土创投公司奠定了基础。

第三阶段是 2008—2012 年的爆发阶段。这一时期，无论是国际还是国内，创投行业都举步维艰，美国次贷危机爆发并波及全球，外资纷纷撤离，中国 A 股市场也因此暂停 IPO。但低迷的金融环境降低了深创投的投资成本，且之前获得外资创投融资的中小企业因为外资撤离而不得不另觅他处，不少也主动找上了深创投。2008 年深创投逆势加大投资，投出 59 个项目，包括乐视网、网讯科技、东方日升、晶科能源、好想你枣业等日后知名的公司，投资总额共 13 亿元。网讯无线更是成为金融危机后第一家在欧洲主板市场上市的企业。这些项目不仅为深创投赢得了声誉，也让深创投赚得盆满钵满。这一时期，深创投创立的政府产业基金合作模式也日趋成熟，各地政府开始主动找上深创投寻求合作，共同成立子基金 50 余支。2008 年，在清科研究中心发布的中国创业投资暨私募股权投资年度排名中，深创投一跃成为中国创投 50 强之首，风头压过了很多老牌外资创投企业。2010 年更是创造了全球创投当年 IPO 退出（26 家）最多的世界纪录，至今未被打破（见图 6-2）。

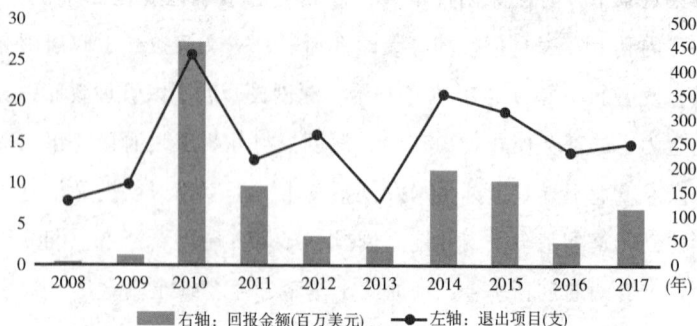

图 6-2　深创投每年退出项目数和退出金额状况（2008—2017）
数据来源：私募通

第四阶段是 2013 年至今的转型阶段。2013 年开始，创投的外部环境再次经受考验，IPO 停滞不前、PE 全行业低迷，同时深创投内部制度如激励机制以及决策制度也面临瓶颈，亟待转型。这一年，深创投开始向全球顶尖基金管理公司黑石（Blackstone）看齐，积极探索综合性投资财团模式，逐渐开始朝着多元化基金管理模式转型。

梳理深创投的发展史，可以发现深圳市政府对深创投的运行模式和投资目标一直有明确的指导和干预。一方面，深圳市政府通过制定规则来规范深创投的投资行为，如 2000 年颁布的《深

圳市创业资本投资高新技术产业暂行规定》和 2003 年颁布的
《深圳经济特区创业投资条例》；另一方面，深圳市政府也任命深
创投的高级管理人员、决定薪酬体系和激励机制、把握重点投资
领域及重大投资项目的决策，始终坚持政策导向和明确的投资目
标。同时，政府也在不断调整角色，弱化直接行政管理，强化服
务性管理，为深创投的发展不断拓宽空间。

三、新的探索：综合性财团初见雏形

面对激烈的市场竞争，深创投也在不断完善自身的制度建设
和投资策略。2007 年深创投率先与全国各地政府引导基金共同设
立子基金，形成了庞大的基金网络，保持了良好的地方政府关
系，掌握了大量地方的项目资源，提高了竞争力。

基于政府引导基金网络所积累的项目和资本，深创投从 2013
年起开始向综合性投资财团转型，不断扩大基金管理类型。2013
年，深创投创造性地以产权换股权的方式对创业企业进行投资，
先后在苏州昆山、常州钟楼区、南京建邺区设立了三支与政府引
导基金合作的新型科技地产基金。① 2014 年深创投又设立了红土
创新基金管理有限公司，将业务从私募拓展到公募，主要投资中
小板和创业板的高科技类股票。2016 年 1 月，深创投成为前海股
权投资母基金的唯一机构合伙人，该基金是中国目前最大规模的
商业化母基金，总规模 270 亿元。同月，深创投受托管理国家中

---

① 新型科技地产基金是深创投一次基金模式创新，即商业地产的产
权换取高科技及拟上市公司股权的新商业模式。在这种模式下，深创投
参与组建政府引导的创业投资基金。基金在地方政府的协调下，通过公
开招拍挂，取得当地的工业用地，并采用产权换股权的方式对创业企业
进行投资。

小企业发展基金首支实体基金，重点支持经济落后地区的种子期、初创期和成长型的中小企业发展，首支规模 60 亿元。2016 年 3 月，深创投受托成为佛山创新创业产业引导母基金的管理人。这是深创投受托管理的第一支政府引导母基金，总规模 100 亿元。2016 年 5 月，深创投与东方汇富及韩国 SV 投资管理公司共同成为中韩基金的管理人。这是首支中韩政府机构间合作的产业投资基金，也是深创投第一支多 GP 管理基金。2016 年 10 月，深创投又受托成为深圳市政府投资引导基金（母基金）的基金管理人，全面负责总规模 1000 亿元的政府引导母基金的运作。

至此，深创投管理的基金总规模已超过 2000 亿元，综合性财团初见雏形。其基金类型涵盖政府引导子基金、政府引导母基金、商业化母基金、实体基金、公募基金、中外基金以及商业化基金等，覆盖一级和二级市场。

发挥资本对产业升级的引导作用

技术进步是企业转型升级的关键。深创投自成立以来就致力于促进深圳乃至全国的技术进步、企业转型和产业升级，以基金投资和投后服务共同推动高新技术产业的发展。本节将从宏观、中观和微观三个层面分析深创投如何运用多种类型的基金来发挥资本对产业升级的引导作用。

一、全球价值链的产业升级和"走出去"战略

一般而言，以购买者驱动的全球价值链的增值部分大多集中在市场销售等流通领域，主要在发展中国家；而生产者驱动的全

球价值链的增值部分大多集中在生产领域，主要在发达国家。深创投早期重点投资在计算机、通信设备制造、数字电视等购买者驱动的流通领域，促进了中国产业最初的转型。随着产业升级和劳动力结构变化，2013年起，深创投开始关注航空航天、军工、智能装备、汽车制造等生产者驱动领域，投资重心逐步向技术密集型和高附加值的产业转移。

具体到某个产业内部，产业升级路径往往遵循"工艺流程升级—产品升级—功能升级和链条升级"的顺序（Gereffi，1999），而伴随这一进程的是不断增大的投资规模。为使资金规模与产业升级相匹配，深创投也在不断调整投资模式。

产业发展的初期阶段，所需资本相对较少，深创投主要采取风险投资常用的直投方式。随着产业逐步升级，深创投开始与各地政府引导基金合作，通过杠杆来撬动更多社会资本。2015年，深创投抓住财政资金管理改革机遇，积极参与、设立和管理各类母基金，成为多只母基金的管理机构。从图6-3可见，从单一的创业基金到政府引导基金的出现，再到如今多元化基金并存，深

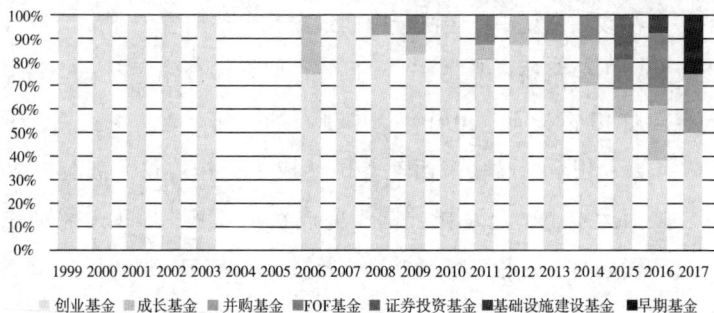

图6-3 深创投设立基金类型种类变化趋势（1999—2017年）
数据来源：私募通

创投敏锐地抓住了不同时期产业升级所需的资金规模的特点，不断转变基金运作方式和基金管理模式，为产业的升级和发展服务。

深创投还积极服务于中国企业的"走出去"战略和国家的"一带一路"倡议。深创投投资项目中，有6%的外币投资，占总投资额的7%。深创投所设立和管理的5支中外合作基金，总规模约52.13亿元人民币，包括了"两头在外"的中以基金和日元基金、"一头在内、一头在外"的中新基金和中美基金以及多GP管理的中韩基金。深创投已完成的海外（及地区）上市项目几乎囊括了全球主要资本市场，包括中国香港15家、中国台湾1家、美国14家、德国2家、澳大利亚2家、新加坡1家、韩国1家、加拿大1家、法国1家等。其中，深圳天鹏盛是第一家在台湾地区上市的大陆企业；智美控股是第一家在香港H股上市的内地企业；广东明阳风电是第一家在美国纽交所上市的中国企业；丰泉环保是第一家在德国法兰克福交易所高级主板上市的中国企业；三诺数码是第一家在韩国KOSDAQ上市的中国企业……

深创投所投资的公司在国家"一带一路"倡议的推行过程中也发挥了积极作用。2009年，陕西中交通力与巴基斯坦等"一带一路"沿线3国就中巴经济走廊西线项目、信德省公路改造项目以及SWAT公路项目等共6个项目签订联合体合作意向书，总合同金额逾10亿美元。2010年，中曼石油与阿联酋、伊拉克、伊朗、埃及、俄罗斯、马来西亚等国达成了合作协议。截至2016年，陕西运维电力已承接并圆满完成在土耳其、印度、孟加拉国、印度尼西亚、菲律宾、越南、老挝、塔吉克斯坦等国的重点能源建设项目（王兆龙，2016）。如今，深创投已与"一带一路"沿线上十多个省份设立了区域引导基金，搭建了已投企业俱乐部平台，既降低了交易费用又优化了资源配置。

二、布局全国的深创投

林毅夫等（2010）指出信息不对称会造成投资层面的产能过剩，导致整个产业链和国家经济发展的资源浪费，而政府的服务和引导可以降低信息不对称，避免投资流入过剩行业，培育更多新兴行业和经济增长点。政府背景的深创投，通过与地方政府共同搭建政府引导基金，实现了信息和资源的互通有无。随着管理地方政府产业引导基金的数量增多，深创投内部就能实现信息共享，避免了项目重复建设和资源浪费，优化了全国范围内的战略布局。

深创投的投资项目及上市项目，几乎涵盖了全国各省市，包括商业化创投机构可能不愿意涉足的贫困和偏远地区。比如设立于2007年的吉林省红土创业基金，由深创投与吉林省创业企业投资引导基金等共同发起设立，并由深创投管理。设立以来，吉林红土投资了喜丰节水、吉林农信、金冠电气、昊宇电器和科隆建筑等本地企业，且80%是A轮投资，帮助了当地企业的发展壮大和转型升级，促进了地区经济的发展。以长春金冠电气为例，这家成立于2006年的企业专业从事智能电气成套开关设备及配套元器件的研发、生产和销售。经过多年发展，金冠电气有了扎实的技术基础及规模生产的条件，但囿于资本限制迟迟无法实现大规模生产。2013年，吉林红土参与了金冠电气的A轮融资。增资后，深创投的投资团队开始向金冠电气输出专业的增值服务，通过科学的管理，帮助企业实现了规模扩张和业绩增长。2014年，公司六期研发中心1.2万平方米综合楼和占地7万平方米办公楼及厂房投入使用。2016年，公司在深圳证券交易所创业板挂牌上市。如今的金冠电气已是国家级高新技术企业，拥有国家专利50余项，多项科研成果被列为国家级或省级科研新成果，其研发实力、制造能力、产品质量均达到国际同行业先进水平，产品远销

非洲和欧洲多个国家和地区。深创投也在这一轮投资中，获得了
2.9 倍的投资回报。

2015 年 9 月，中央出资 150 亿元，与地方政府和企业共同建
立总规模 600 亿元的国家中小企业发展基金，试图通过合理的让
利机制，鼓励资金投向具有一定竞争性但存在市场失灵的重点领
域或欠发达地区的项目。深创投作为该基金首支实体基金的管理
机构，目前已经投资了 24 个项目，投资金额近 6.4 亿元，项目涉
及信息技术、高端装备制造、互联网、新能源、新材料、生物医
药等"十三五"规划战略新兴行业。特别是在新能源汽车领域，
该基金先后布局了新能源汽车电机、电池、充电桩等产业链上下
游项目，初步搭建出新能源汽车产业链框架，推动了经济欠发达
但具有一定比较优势地区的高新技术产业发展。①

三、深圳转型升级的背后推手

在深圳，民营企业占企业总数的 95%，为深圳创造了 80% 的
就业、60% 的 GDP 和 50% 的税收（胡彩梅等，2015）。深圳模式
的基石正是这些灵活多变的中小制造企业（路风，2016）。但由
于缺乏抵押品，传统银行对中小企业一直实行严格的贷款发放制
度，使其在创业初期举步维艰。深创投现任董事长倪泽望很早就
发现了创投对于这类中小企业的意义，"创投资本有助于抑制资产
泡沫、支持实体经济发展，一方面可以通过发行基金吸收市场中
过剩的流动性，化解资产泡沫化风险；另一方面可以将金融资源
引入实体经济之中，扶持中小微企业，激发创业创新"（王轶辰，
2017）。国资背景的深创投积极发挥政府引导基金的作用，帮助

---

① 资料来源：《深创投：引领"万流归海"，助推创新创业》，
http://szsb.sznews.com/html/2016-10/13/content_3635210.htm。

了大量中小企业解决融资难和融资贵的问题,支持了民营企业尤其是高科技企业的发展。

深创投一直致力于扶持深圳市政府重点发展产业领域中的中小企业。20世纪90年代,深圳重点发展计算机及外设制造、通信设备制造、平板显示、数字电视、生物制药等产业集群。2009年,深圳又在全国范围内率先提出生物、新能源、互联网三大新兴产业的振兴发展规划和政策。2011年,深圳又出台了新材料、新一代信息技术产业和文化创意产业发展规划。2013年以来,深圳先后将生命健康、海洋经济、航空航天、军工、智能装备五个产业列为未来重点发展产业(胡彩梅等,2015)。在这些重点扶持产业的政策规划下,深创投在不同时期支持了不同行业的中小企业(图6-4)。资料显示,深创投投资的168家深圳企业,主要集中在深圳的四大支柱产业(高新技术产业、物流业、金融业和文化产业)和三大战略性新兴产业(生物、新能源和互联网),无论是在投资项目数量上还是在投资金额上,高新技术企业都占75%以上,其中同洲电子、朗科科技、怡亚通等一大批企业现已成为推动深圳经济转型升级的领军或骨干企业。

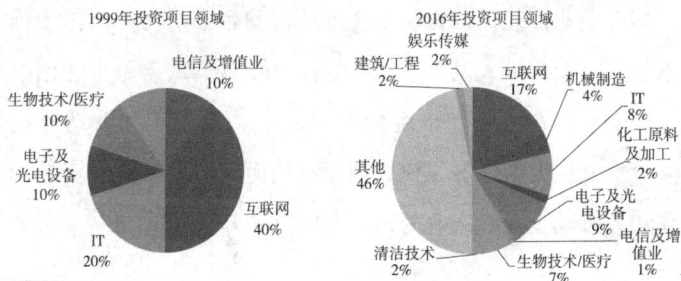

图6-4 深创投投资领域变化趋势比较

数据来源:私募通

　　成立于 1994 年的深圳同洲电子，是一家专注于为全球用户提供领先的智慧家庭产品与服务的高新技术企业。2000 年年初，深创投开始与同洲电子接触。当时，同洲电子还只是在两套公寓里办公的小企业。经过半年多的考察，深创投认为该企业有着创新的团队活力和广阔的行业前景，于是决定投资。[①] 深创投发挥自身政府资源优势，帮助同洲电子有效地整合了社会资源，争取到了政府资金的支持。最终，深创投联合其他 3 家创投机构在 2001 年入股同洲电子，并于当年对其进行改制。2006 年，同洲电子最终在深交所中小板挂牌上市，这是本土创投机构在国内资本市场首个成功退出的案例，也是深创投发展历程中的一座里程碑（邢会强、孙红伟，2009）。经过多年高速发展，同洲电子已成功构建了"平台+内容+应用+终端+服务"的智慧家庭生态产业链，带动了深圳上下游行业的发展，其产品出口连续多年领先国内同行，为深圳的产业转型作出了重要贡献。

深创投的创新：深圳模式的一个缩影

　　国有企业往往被认为缺乏改革动力和企业活力，但作为国资背景的深创投却给人以勇于创新的印象。本节重点分析深创投如何扬长避短，在政府和市场的互补互动关系中实现管理模式创新、投资制度创新和募集模式创新，从而充分发挥政府资本的引导作用，推动企业和产业的升级发展。

---

　　① 此前，同洲电子已有一定的技术基础和市场积累，如 1998 年成功研制了国内第一台卫星接收机"981"。1999 年在全国近 20 个省市的"村村通"工程项目中中标，占国内市场 65%以上。

一、公司制与民营入股：深创投的管理秘诀

不同于其他国资背景的创投机构，深圳市政府对深创投的运作始终坚持以管理和监督资金为主，主要扮演着规则制定者和任命代理人的角色。[①]

创立之初，深创投就采取公司制而非有限合伙形式。靳海涛认为公司制比有限合伙制更符合产业投资的需要："第一，公司制有利于确立中长期目标，有利于网络布局和资金的循环使用；第二，公司制有利于深创投加强对早期项目的关注，而一般的商业化创投机构为追求利益最大化会更偏好中晚期项目，缺乏对早期项目的关注；第三，公司制有利于投后服务质量，做到精品服务；第四，公司制可以上市，这是合伙制无法做到的。"[②]

深创投对公司的股权结构始终保持着开放态度，坚持在国有控股的前提下，吸收更多民营资本的加入。成立之初，深圳市政府就为民营资本预留了2亿元注册资本，但当时多数民营企业都认为创投企业风险过高，无人问津。最终，深创投只能与另外六家国企组建了最早的股东团队。但在发展过程中，深创投始终在积极吸引民营资本的加入。通过数次增资扩股，深圳国资委注册资本金占比已从最初的71.43%下降到2017年的28.2%，同时更多民营资本进入到深创投。如表6-2所示，民营企业星河地产在深创投的注册资本中已达17.39%，是深创投的第二大股东。通过丰富股权结构，深创投不仅放大了政府引导资金规模，还吸收

---

① 2017年5月10日，国务院办公厅关于转发《国务院国资委以管资本为主推进职能转变方案》中认为管资产为主的基本定位是"专司国有资产监管，不行使社会公共管理职能，不干预企业依法行使自主经营权"。

② 郦晓，《聚焦靳海涛：最大本土VC进入创业板阶段》，http://finance.qq.com/a/20091221/002927_2.htm。

了更多先进的管理理念和创新活力，既保证了社会效益又获得了市场收益。

领导力和团队组织对于创投机构至关重要。深创投的成功离不开历任高管在不同发展时期的决策和行动，而这些人均由深圳市政府任命（表6-3）。深创投首任总经理阚治东被誉为本土创投"教父"。在深创投任职期间，他一共主导投资了34家企业在国内外证券交易所的上市。他所提出的一系列投资管理模式被后来者纷纷借鉴。[①] 执掌深创投十余年的靳海涛董事长，主持了深创投的几次战略转型和制度创新，为深创投赢得了不少先机，其政府引导基金模式更是奠定了深创投在本土创投机构中的龙头位置。

表6-3 深创投历任高管

	姓名	任职期间（年）	任职前职位
董事长	王穗明（兼任）	1999—2000	兼任大股东深圳市投资管理公司总裁
	李黑虎（兼任）	2000—2002	兼任深圳市投资管理公司副总经理
	孙俊平（兼任）	2002—2004	兼任政府官员
	靳海涛	2004—2015	全球策略投资基金驻中国特别代表
	倪泽望	2015至今	罗湖区委书记、区人大常委会主任、党组书记

---

① 《创投简史：2万字盘点中国创投15年》，http://www.sohu.com/a/117440579_355028。

（续表）

	姓名	任职期间（年）	任职前职位
总经理	阚治东	1999—2002	申银万国总经理
	陈玮	2002—2007	兰州商学院会计系副教授
	李万寿	2007—2013	深圳创新投资集团董事、总裁
	孙东升	2013 至今	日本中小企业振兴会研究员，山东大学教授

资料来源：深创投官网

为适应高效的市场化运作，提高决策效率，深圳市国资委也配合深创投进行了多次决策流程改革。如 2005 年 4 月，深圳市国资委将投资决策调整为"投资额 5000 万元以上的项目由市国资委审批，限额以下则由企业自行决策；严格限制短期投资，短期投资余额最高不得超过集团净资产的 10%，不得进行委托理财，炒作股票或期货等高风险投资，集团所属企业不得进行短期投资"。2010 年 2 月，国资委又进一步放宽了深创投的自主决策权，"长期项目投资和设立机构项目投资的自主决策权限上调到集团最近一期经审计净资产的 5% 以下"（严圣禾，2016）。

深创投在激励机制上也做了多次突破和创新，改革了国有创投机构僵化的薪酬制度，激发了投资团队的积极性，保持了团队活力。除固定工资外，采取"8%＋2%"的股权激励机制：将年净利润的 8% 作为绩效工资奖励给全体员工，项目退出净收益的 2% 奖励给项目团队。2016 年又将这一比率提高到"10%＋4%"。对于所投项目出现亏损或破产的团队，会扣减工资以示惩罚，金额大约是损失额的 1%。① 此外，深创投还积极培育明星级投资

① 《深创投之困：董事长靳海涛离开发展变慢》，http://finance.sina.com.cn/chanjing/sdbd/20150906/094723165187.shtml，2017 年 4 月 16 日。

人，如金燕、陈诗义、盛波等，既提升了投资人的行业地位，其明星效应又吸引了更多地方政府及其他商业机构的主动合作，降低了沟通成本和项目搜索成本。

二、独树一帜的投后服务

在投资决策环节，深创投的"阳光下决策"和"全员参与"制度在创投行业内独树一帜。在深创投，每位员工均可参加项目评审会，并且在投决会上表达观点和看法。投决会一般采用投票方式进行表决，每个项目必须获得 2/3 以上参会投资委员的同意，且不被外部专家委员否决。投决会主任和副主任有一票否决权（原诗萌，2017）。

深创投还探索了各种退出方式，提高了退出效率。如图 6-5 所示，IPO 依然是深创投的主要退出方式，占 58%。但由于 IPO 通道经常关闭，近年来深创投开始寻求更多退出方式，如并购、

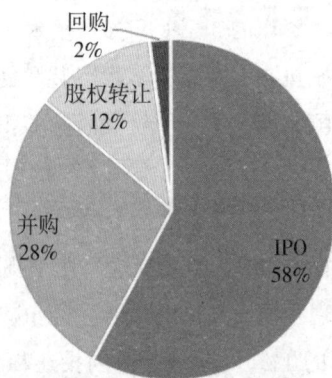

图 6-5　深创投项目退出方式情况

数据来源：私募通

回购和其他非上市股权转让方式。

深创投的跟投机制包括强制跟投和自愿跟投，集约束与激励于一体，既提高了投资成功概率，又稳定了人才队伍。强制跟投机制要求公司所有高管必须跟投公司所投的所有项目，而投资团队则必须跟投自己的项目，且至少跟投总投资额的1%。而公司其他员工则可自愿选择项目跟投。

深创投非常注重投后服务，帮助企业突破瓶颈和转型升级。深圳市政府一直强调政府的服务职能，并将这种理念传导给深创投，使其比其他本土创投企业更加注重投后服务。深创投的重点投资对象是中小企业，这类企业虽然拥有有竞争力的技术和商业模式，但却缺乏科学的企业管理。

深创投很早便提出了以上市为导向的一半精力做投资，一半精力做服务的投后理念，加强投后服务能力，切实帮助企业解决在资源整合和资本运作中遇到的难题，强化其在产业链和价值链中的地位，并为其在世界范围内选择最佳的上市地点。有数据显示，很多中小企业在获得深创投资本和服务支持之后，营业收入、净利润、上缴税款、总资产、净资产、员工人数等指标年均复合增长率达到了50%。① 以成立于2006年的浙江汉鼎宇佑为例，这是一家建筑智能服务商，初期扩张很快，但产品市场定位不清导致发展遇到瓶颈。2010年，深创投等投资机构向汉鼎宇佑注入资金，开始重新调整企业的战略规划。通过资产重组和对业务的去粗取精，明晰了企业的核心竞争力，提高了资本的运作效

---

① 《年均回报率高达40%，这家国资创投公司是如何做到的？》，第一财经，2016年12月14日，http://www.yicai.com/news/5182764.html。

率。2012 年，汉鼎宇佑正式登录深交所，成为当年国内最大的建筑智能服务商。如今，汉鼎宇佑已成为集信息技术、影视传媒、资产管理、健康环保、金融控股等五大板块于一体的企业集团，是中国民营企业 500 强之一。

三、服务国进民进的创造性募资模式

基于"立足深圳、面向全国"的目标，深创投创造性地发明了与地方政府引导基金合作的募资模式。如图 6-6 所示，深创投已成为诸多大型政府引导基金的管理机构，包括 3 支中央级、21 支省级、33 支地市级和 8 支区县级政府引导基金，充分发挥了资本的杠杆作用，吸引了更多社会资本参与，提高了政府资金的利用效率，也丰富了项目资源。深圳市国资委总结这一模式"既体现政府引导带动意图，又落实市场化运作原则，优势互补，实现双赢，形成了'国进民进'经济增长新模式形成示范效应"。①

对于深创投而言，政府引导基金的合作模式不仅提升了搜寻项目和联合投资的能力，形成了丰富且优质的项目资源库，也提高了投资效率和投后服务质量。一方面，作为出资方的地方政府会推荐当地真正优质的项目；另一方面，深创投又为缺乏投资管理人才的地方政府培养当地投资团队，为所投企业提供更多可持续的投后增值服务（原诗萌，2017）。据统计，有深创投参与合作设立的政府引导基金不仅可以撬动数倍杠杆，还能在收益上取

---

① 《深创投：11 年培育 65 家企业上市》，《南方日报》，2010 年 12 月 3 日。

得良好回报，如苏州政府的引导基金年化收益率达到40%，郑州政府的引导基金年化收益率达47%（张隽玮，2015）。通过与各地政府引导基金的合作，深创投也得以汇集各地信息资源和政府资源，积累了宝贵的管理经验，其品牌效应也为转型为综合性财团奠定了基础。

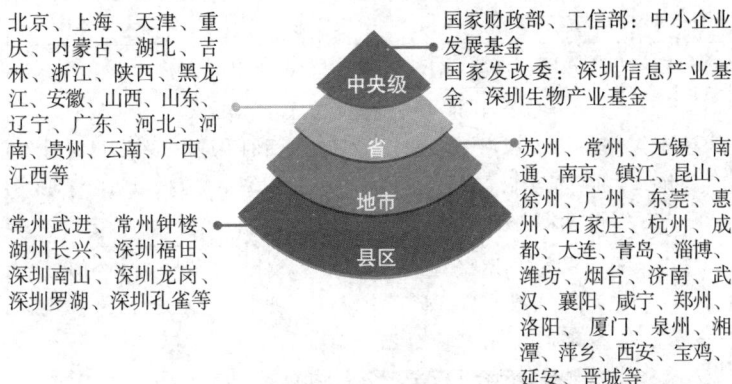

北京、上海、天津、重庆、内蒙古、湖北、吉林、浙江、陕西、黑龙江、安徽、山西、山东、辽宁、广东、河北、河南、贵州、云南、广西、江西等

国家财政部、工信部：中小企业发展基金
国家发改委：深圳信息产业基金、深圳生物产业基金

中央级
省
地市
县区

常州武进、常州钟楼、湖州长兴、深圳福田、深圳南山、深圳龙岗、深圳罗湖、深圳孔雀等

苏州、常州、无锡、南通、南京、镇江、昆山、徐州、广州、东莞、惠州、石家庄、杭州、成都、大连、青岛、淄博、潍坊、烟台、济南、武汉、襄阳、咸宁、郑州、洛阳、厦门、泉州、湘潭、萍乡、西安、宝鸡、延安、晋城等

图6-6 深创投的政府引导基金概况

资料来源：深创投官网

在与地方政府的合作中，深创投灵活运用包括保本+固定收益、特殊奖励、阶段参股、跟进投资、选择回购等多种合作模式。如表6-4所示，深创投在出资比例、存续期、基金角色、管理运作和收益分配上都采取了较为灵活的方式。比如，特殊奖励合作模式是政府让渡其出资份额应享有的部分投资收益。跟进投资模式是政府与创投机构共担风险，高比例分享投资收益。阶段参股模式要求政府5年内可按原始投资加固定回报收购股权。选择收购模式允许政府2—4年后可按原始投资加固定回报收购股权（胡学文，2012）。

表6-4　深创投与政府引导基金的合作模式

出资比例	1. 如果是政府与深创投出资设立，政府出资比例一般低于50%； 2. 如果是政府、深创投引导其他商业机构共同出资设立，政府出资比例为30%—40%； 3. 政府资金可分步到位，但要求首期到位资金不小于基金总规模的20%
存续期	一般7—10年
角色	既是LP，也是GP，但主要还是GP的角色
管理运作	一般采取公司制。具体的管理方式较为灵活，主要包括委托管理制、全权委托管理制以及较为灵活的跟进投资制。以深创投推荐的全权委托管理制为例，一般不单独成立区域基金管理公司，深创投集团总部就是基金的管理者
收益分配	1. 保本+固定收益：在基金净资产低于注册资本50%的情况下，政府方可以要求对基金清算，并享有有限受偿权；在基金盈利时，政府仅享有固定收益； 2. 特殊奖励合作模式：风险共担、同股同权。盈利时，除按基金净利润的20%向管理方支付业绩奖励以外，政府按出资比例从基金公司获得的净收益中提取部分收益（不低于20%）用于奖励管理方及基金其他出资方； 3. 跟进投资：没有管理费用，也不需要支付给管理公司相应的奖励额度。但在发生投资收益后，跟进投资方按比例所获得的投资收益中的50%将支付给管理公司； 4. 阶段参股模式：深创投的基金年限一般是5+2年，或者是6+2年。政府设立一些条款，投资前三年或者五年内进行一个回购； 5. 选择收购模式：政府跟随深创投匹配投资，匹配额度约为项目投资总额的20%—30%，在一定的期限内，深创投有权按照事先约定的利率计算本息和，而不是项目在收购时的公允价值

　　深创投与地方政府合作的政府引导基金类型多样，涵盖创业基金、母基金（FOF）、成长基金、并购基金和基础设施建设基

金等。如图 6-7 所示，早期政府引导基金模式主要采取创业基金形式。而随着产业转型和市场变化，母基金和成长基金等形式逐渐增多，并在 2016 年成为主要形式。

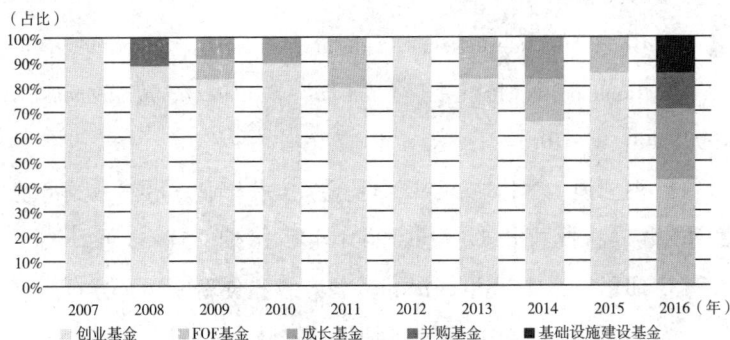

图 6-7　深创投政府引导基金类型变迁（2007—2016）
数据来源：私募通

多年来，深圳市政府一直非常支持深创投的发展，会邀请全国各地到访深圳的考察团参观深创投。在这个互动过程中，深创投与很多地方政府达成了政府引导基金的合作协议，实现了服务全国各地高新中小企业发展的战略规划。正是因为有深圳市政府的背书，深创投才能在秉持政府引导、市场化运作的原则下敢于尝试、大胆创新，甚至能在募资模式上寻求突破，脱颖而出。

然而，困扰其他国企背景创投机构的落后僵化的薪酬和激励机制，也可能是深创投未来发展的瓶颈。早在 2003 年，深创投就经历了激励机制落后而引发的高管离职潮。2010 年，深创投曾提交过一份国有股划转方案，其中就包括股权激励方案，但最终未获通过。人才是创投机构的核心，而相对落后的激励机制已几度把深创投拖入尴尬境地，这或许将是影响深创投未来能否转型成功、真正成为中国版"黑石"的关键所在。

参考文献

1. Gereffi G. International Trade and Industrial Upgrading in the Apparel Commodity Chain［J］. *Journal of International Economics*，1999，48：37-70.

2. 蔡国强，李怡娜，《从深圳高新技术产业发展看我国政府的作用》，《科技进步与对策》，2001 年第 18 期，54-55 页。

3. 胡彩梅，郭万达，《深圳转型升级和创新驱动：分析与借鉴》，《开放导报》，2015 年第 5 期，23-28 页。

4. 胡学文，陈中，《政府引导基金深创投样本解密》，《证券时报》，2012 年 11 月 13 日，A07 版。

5. 胡学文，《深创投拟设首家创投系独资公募基金》，《证券时报》，2014 年 3 月 28 日，A05 版。

6. 李献宾，江心英，《全球价值链理论研究综述》，《商业时代》，2010 年第 11 期，41-42 页。

7. 林毅夫，巫和懋，邢亦青，《"潮涌现象"与产能过剩的形成机制》，《经济研究》，2010 年 10 期，第 19 页。

8. 路风，《产业升级与中国经济发展的政策选择》，《文化纵横》，2016 年第 4 期，60-68 页。

9. 潘虹秀，《深创投：最耀眼的"官办 VC"》，《中国企业家》，2008 年第 12 期，64-67 页。

10. 王轶辰，《深创投：行业旗帜是怎样树起的》，《经济日报》，2017 年 2 月 6 日，第 8 版。

11. 王兆龙，《深创投：引领"万流归海"，助推创新创业》，

《深圳商报》，2016 年 10 月 13 日，A08 版。

12. 邢会强，孙红伟，《同洲电子：中国风险投资首个成功案例》，《国际融资》，2009 年第 10 期，第 40-43 页。

13. 严圣禾，《深创投：国企也能做风投》，《光明日报》，2016 年 12 月 15 日，第 7 版。

14. 原诗萌，《深创投：国有创投机构的成功秘诀》，《国资报告》，2017 年第 1 期，第 85-87 页。

15. 张隽玮，《深创投掌舵人靳海涛：政府引导基金就像火种》，《长江日报》，2015 年 12 月 30 日，第 7 版。

第七章 供应链：
深圳电子产业转型升级的下一站

文健君 石烁[①]

自 2007 年怡亚通上市，供应链行业一下子进入公众的视野。大家更惊奇地发现，作为电子产业中心的深圳竟然还成了中国供应链企业的摇篮，这里 1997 年就出现了供应链商业模式的雏形。人们不禁要问：供应链企业是什么？为什么出现？靠什么盈利？深圳的电子与供应链企业的关系又是怎样的？更为重要的是，供应链行业能否为深圳电子产业转型升级提供方向和指引？

本章所说的供应链行业具体指供应链管理服务业[②]，为行文方便，我们将从业企业统称为供应链企业。本章回顾了深圳供应

① 文健君，国际供应链与运营管理学会副主席，中国人民大学商学院 EMBA 客座教授，中欧国际工商管理学院特聘专家，清华大学五道口金融学院金融 EMBA 及 EE "最受欢迎的老师"。石烁，复旦大学中国社会主义经济研究中心，经济学博士候选人。作者感谢王隽整理了部分研究资料。

② 根据 2017 年 10 月 1 日起实施的《中华人民共和国国家标准国民经济行业分类 GB/T 4754—2017》，供应链管理服务业属于租赁和商业服务业大类的 7224 小类，指基于现代信息技术对供应链中的物流、商流、信息流和资金流进行设计、规划、控制和优化，将单一、分散的订单管理、采购执行、报关退税、物流管理、资金融通、数据管理、贸易商务、结算等进行一体化整合的服务。而在以往的国民经济行业分类中，供应链行业长期没有单独设立类别，可见其对于国民经济行业体系所带来的冲击与震撼。

链行业的产生与发展过程，着重探讨深圳电子产业的特点与供应链行业的互动关系，同时用大量案例阐述服务集群的形式以及供应链金融的商业模式，随后揭示了供应链行业发展的问题，最后提供了战略性的发展方向。

　　然而，对于大多数读者而言，面对供应链行业还是有些雾里看花的感觉，那么我们不妨先从一个有趣的故事入手，感受一下深圳供应链到底有多强大。

在一个美国人眼里，深圳懂硬件的比硅谷还多

　　斯科蒂·艾伦（Scotty Allen）曾是美国谷歌公司的软件工程师，辞职后在硅谷开了自己的公司。2016 年，斯科蒂经常到深圳出差，看到华强北热闹非凡的手机零配件市场，身为门外汉的他却天马行空地冒出一个念头：在深圳买齐所有的零件，自己拼出一台 iPhone 6S！

　　从手机壳到主板，从屏幕到开机键的垫片，斯科蒂操着蹩脚的中国话，在朋友的帮助下，只花了 2000 多元人民币，就在华强北陆陆续续找齐了近百种 iPhone 零部件。其间，他还特意到广州的一家职业技术学校学习了手机组装的理论和技术。

　　2017 年 4 月，斯科蒂在深圳寓所用了几天时间自己成功组装了一台能用的 iPhone 6S。他把全过程做成视频分享到 YouTube 上，仅仅 1 天就有近 200 万人次的浏览量。[①] 全球网友惊叹：深圳简直无所不能！

　　有趣的是，斯科蒂在接受采访时，将中国深圳与美国硅谷做

---

　　①　有关视频参见 https://youtu.be/leFuF-zoVzA。

了对比。他发现，在硅谷找软件工程师容易，但找懂硬件的人很难，而在深圳几乎每个手机零件商店的老板都能告诉你组装一台 iPhone 需要哪些东西。

这说明一个简单的事实：对于电子产业而言，懂硬件也是"硬"道理。这里的"懂"并不仅仅是具备生产能力，而是从产业链的角度熟悉上下游的全部设计、生产和销售流程，从而将为数众多的高度专业化的企业组织起来，作出最终产品，并将其顺利转化成市场价值。

深圳的"无所不能"正源自这些懂硬件的人。换句话说，假如我们把故事中的斯科蒂想象成一个智能手机设计企业（比如苹果公司），他已经有了一个设计方案（比如 iPhone 6s），只需要一个懂硬件的人（类似零件商店老板）指导一下，他就可以在深圳买到所有的零件，顶多再找一个组装外包企业（比如富士康），这样按图索骥地将手机做出来。又比如，这个企业可能只专业生产某一零件，但他不愁销路，因为总有一个懂行的零件商店老板，能够将这一零件配置到各种各样的手机上。

没想到，在深圳懂硬件的人将这个小行当做成了大产业，他们逐步将零件商店老板、海关代理小哥，乃至民间借贷中介等种种角色集于一身，为深圳电子产业的发展提供实打实的产业服务，这就是深圳供应链产业。

供应链企业为何扎堆深圳?

坊间传闻，深圳拥有中国八成以上的供应链企业。[①] 官方数

---

① 徐强，《八成供应链企业扎堆深圳》，《深圳特区报》，2016 年 6 月 23 日，http://sztqb.sznews.com/html/2016-06/23/content_3554320.html。

据显示，截至 2017 年 9 月底，深圳前海蛇口片区①注册现代物流业企业 30038 家，其中供应链管理企业 3347 家。2017 年上半年，前海蛇口片区的供应链企业实现营业收入 826.16 亿元，同比增长 63.4%。

深圳供应链企业不但数量众多、增速快，而且强手如云。2016 年我国一般贸易企业出口百强榜上，深圳有 15 家企业上榜，其中供应链企业就有 9 家，而来自其他地区的供应链上榜企业仅有 5 家。再看 2016 年的进口百强榜，12 家深圳上榜企业中 9 家是供应链企业，而其他地区的供应链企业则无一上榜。

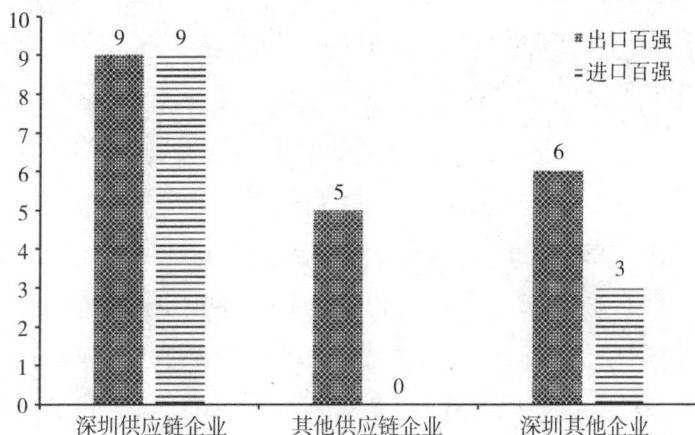

图 7-1　2016 年我国一般贸易企业进出口百强的深圳供应链企业数量

数据来源：整理自海关信息网

———————————

① 深圳前海蛇口自贸片区于 2015 年 4 月 27 日挂牌成立，是中国（广东）自由贸易试验区的一部分。片区总面积 28.2 平方公里，分为前海区块（15 平方公里，含前海湾保税港区 3.71 平方公里）和蛇口区块（13.2 平方公里）。

供应链企业为何会扎堆深圳？这是大家经常疑惑的地方，不过这个问题其实还不够准确。虽然中国八成以上供应链企业成立于深圳，但其中超过九成的深圳供应链企业是从事电子产业的供应链起家的。因此，更准确的问法应为：是什么促使深圳的电子产业必须衍生出供应链产业？

"快""外""群""态"是回答这个问题的四个切入点。

"快"是当今电子产业的特征，"外"是深圳毗邻香港所形成的外向型经济环境，"群"是深圳电子产业以中小企业为主的集群化发展模式，"态"是生产不断精细分工所推动的产能组织形态的演化规律。正是解决了"快""外""群"所带来的问题，为数以万计的生产企业减少了成本，供应链企业才得以作为新业"态"独立出来，并且做大做强。

一、电子产业供需双方的生死博弈

快，就是当今电子产业最大的特征。我们不妨以智能手机为例，讲讲到底有多"快"。人们一度认为，智能手机制造业能够从中国沿海"腾笼换鸟"转向内地，现实却告诉我们，智能手机只能在沿海，在中国范围内只能在深圳。原因很简单，智能手机更新速度太快了，而放眼世界也只有深圳拥有电子制造全产业链配套能力。

在模拟机和数字机时代，手机从奢侈品逐步普及开来，市场需求稳步增长。但是，到了智能手机时代，手机近乎时装一样，市场需求以半年甚至季度为单位进行洗牌，这要求生产地具有全产业链配套能力。甚至硅谷只需要发一套图纸，深圳就能在几天内拿出样机，并迅速形成标准化生产能力，即刻销往全球市场。

假如放到产业链缺失的内地组装，等产品做出来，就已经过时了。

　　深圳的手机产业链有多全？数字告诉你：2015年，深圳手机品牌占全球手机品牌总数的90%，全球整机生产商中有80%在深圳，方案设计商的70%、配件商的90%也都在深圳，零部件配套率达到99%。结果是，2015年全球手机出货量18.9亿部，其中深圳出货量便达到12.8亿部，占全球手机出货量的三分之二。

　　视野再大一些，如果从华强北这一大型电子信息产品集散地为中心向外眺望，一条完整的深圳电子信息产业链明晰可见：华为、富士康"重兵把守"的龙华——坂田片区；中兴、腾讯、创维、TCL、长城、金蝶等大型IT①、家电企业林立的高新区；手机、笔记本电脑、MP3等数码产品云集的天安及车公庙园区；互联网、云计算等战略性新兴产业聚集的大沙河创新走廊；华星光电、旭硝子等产业巨头集中的新型平板显示基地。

　　目前电子产业已经进入了胜者为王、赢家通吃的阶段。因为产品更新速度"快"，所以产业配套能力必须"全"，这成为巨大的产业进入成本，让其他想发展电子产业的地区望而却步。除非出现颠覆性的技术变革，否则深圳在全球电子制造业的地位是难以撼动的。

　　但这样的"快"却也曾经让深圳电子企业吃尽了苦头。实际上，电子行业长期面临着一个难题——成本与售价的矛盾。在人工、材料和运输等在不断上涨的同时，电子产品的价格却不升反降。这犹如"达摩克利斯之剑"，随时威胁企业的生存！

　　当电子产品更新越来越快时，缩减成本就成了电子企业盈利

---

　　① IT为英文Information Technology的缩写，意为信息技术。

乃至生存的唯一出路。因此，将非核心业务环节外包给供应链企业，可以实现原材料供应链集中采购，有效降低企业人工、材料和运输成本，从而实现提升产品利润率的目标，这确实是一个有效的解决方案。

第一，因为"快"，所以电子企业的采购订单零散化、频繁化的趋势越来越普遍，多品种、小批量采购正成为主流，这导致生产企业的采购库存风险越来越高。传统采购管理模式因反应速度、订单精确性和运作效率上的缺点，已难以适应电子行业的发展。通过供应链外包，整合需求管理、采购管理、计划管理、生产管理、物流管理、信息管理等环节，构建一个系统化的供应链体系，无疑可以最大限度地解决采购的零散化、频繁化问题。

第二，因为"快"，产业中游企业面临"上下夹击"。电子行业供需双方账期普遍在 90 天左右，长达 180 天的情况也不在少数，但是因为"快"，供方在资金压力下必然会尽可能缩短资金流转周期，亦即要求中游企业"先款后货"。同时，需方也会面临资金压力，付款自然能拖就拖，亦即要求中游企业"先货后款"。这使得中游企业走入"无货无款"的尴尬境地。

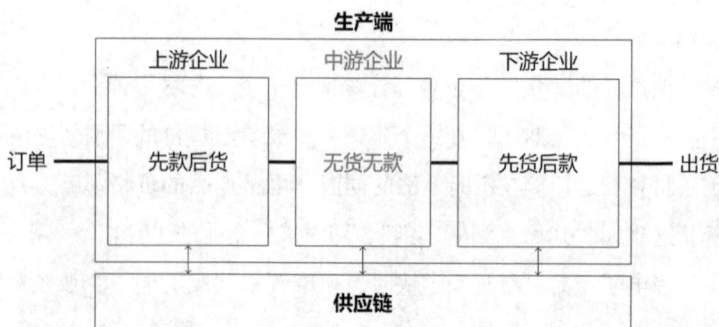

图 7-2　供应链解决中游企业"无货无款"的尴尬

而单看供需双方企业，在交货模式上也有矛盾。电子行业普遍采取 VMI（Vendor Managed Inventory）模式，中文译为"供应商管理库存"。VMI 要求供方在需方工厂（或仓库）一定距离内设立原材料仓库，当需方下单时，供方须予即时反应，快速完成交货。这本身是一个很好的概念，但在中国，却变了味道。稍微强势的需方，大部分会以自身"零库存"为目标，要求供方执行 VMI 管理，达到风险转嫁的目的。而供方呢，由于原材料的库存成本、送货、仓储、管理等方面的风险，往往会发现 VMI 项目其实远远不如一般交货来得稳妥、划算。如果把"付款+交货"的供需矛盾放到具体企业里去分析，你可以发现，很多电子企业应收款在 30—150 天不等，库存周转率水平也就是在 10—20 天，然而它们的现金周期基本上都是负数！为什么呢？因为它们的应付款周期都在 90 天，甚至长达半年以上！所以，在某种程度上说，中国电子行业的供需关系并非真正的合作共赢关系，而更像一种利益对立关系，谁能多用对方的款，谁能多占对方的货，谁就能活下来。

供需矛盾，表面看是不可调和的，但是在 2000 年前后，电子产业开始引入供应链外包。经过几年的磨合，渐渐发现，供应链外包模式竟然有效缓解了供需方的矛盾。

一方面，供应链企业代需方进行采购，垫付了货款，同时给予需方合理的货款账期，解决了需方的资金困境，同时又转移了供方的货款风险；另一方面，供应链企业将 VMI 改造为"第三方管理库存"，由供应链企业代替供方执行原材料的仓储、配送、分货和管理，转嫁了供方的运营风险。"融资+第三方库存管理"的供应链外包模式，让供应链企业成为供需双方矛盾的缓冲带，在这个缓冲带上，供方和需方都保证了各自的最大利益。

第三，进口代理商可能"店大欺客"。众所周知，艾睿、安富利、大联大等大型代理商[①]，几乎控制了亚太地区超过80%的电子料件进口贸易。大型代理商都存在一个"客户池"，只有进入这个"客户池"的企业，才能以最低价格拿到电子元器件。而进入"客户池"的门槛往往会让众多中小企业望而却步。这些企业不能直接向大型代理采购，也就不得不选择一些小代理或者贸易商交易，从而推高了采购成本。

由于供应链企业普遍都已经进入了各大代理商的"客户池"，而供应链外包的模式仅收取客户微薄的服务费，不会赚取交易中间差价，不至于大规模增加中小企业的采购成本压力。另外，对于安富利、艾睿等大型代理商来说，供应链企业的存在，可以有效减少收货单位的数量，进而降低物流、商务沟通和渠道管理等成本，又不会对业绩与销售量产生不良影响（甚至中小企业的订单还可能有所增长），自然推动供应链外包是最合理的选择。

深圳海关的便利创新：对毗邻香港优势的有效放大，电子产业越来越"快"，供应链企业能够有效降低生产企业库存风险，调和供需矛盾，减轻交易成本。不过，这只能解释供应链企业产生的充分性，但无法说明深圳发展电子产业就一定需要供应链企业，其中的必要性从何而来？

对此，需要认清深圳电子产业的另一个重要特征：外向型。那么我们自然要问：为什么外向型的电子产业特别需要供应链企业？

深圳电子生产企业是"两头在外"。高端电子元器件大部分均来自进口，相当大一部分加工后的电子成品也出口国际市场。

---

① 艾睿、安富利和大联大的亚太总部都设在深圳，可见深圳在电子产业分销环节上的重要性。

"一进一出"，企业就要与海关频繁地打交道，这意味着交易成本的增加。

虽然最近几年国家和深圳市政府逐渐放开对进出口贸易的管制①，但在电子产业兴起之初，企业报关、报税、报检等环节依然需要办理大量烦琐手续。当电子产品更新周期越来越短时，原有的通关速度、采销效率就常常难以满足生产和市场的需求了。

基于电子行业"更新加速，通关减慢"这一普遍"痛点"，供应链企业创造了"垫资付汇+集中收货+通关交货"的代理进口模式，以及"通关交货+结汇退税"的出口分销模式，基本可以保证深圳乃至珠三角企业实现进口24小时交货，出口3天垫付退税。这极大地降低了企业通关成本，迎合了电子产业"越来越快"的发展趋势。

但我们还需要追问：改革开放以来，发展外向型经济的沿海城市不止深圳一个②，全国做报关中介业务的企业多如牛毛，为什么深圳的供应链企业就做大做强了？

想要回答这个问题，就必须看到深圳的特殊区位，而无论人

---

①　例如，2017年1月，深圳市国家税务局出口退（免）税网上申报系统正式上线。企业办理出口退税，随时网上申报，不用跑税务局，只需要点一点鼠标，已经非常方便。参见王平和裴晨琛，《开创退税新格局　优质服务纳税人》，《深圳特区报》，2017年1月5日。

②　1979年7月，中共中央、国务院批准在广东省的深圳、珠海、汕头三市和福建省的厦门市试办出口特区；1980年5月，中共中央和国务院决定将深圳、珠海、汕头和厦门这四个出口特区改称为经济特区；1984年，大连、秦皇岛、天津、烟台、青岛、连云港、南通、上海、宁波、温州、福州、广州、湛江、北海，被国务院批准为全国第一批对外开放城市。而在这些城市之中，除了上海外，只有深圳是白手起家并一枝独秀跻身成为全国一线城市。

们怎样对比，都绕不过深圳的一个突出特点：毗邻香港。① 确切地讲，正是香港的加工贸易②及转口贸易③的发展将深圳外向型经济带动了起来。

首先，企业做加工贸易最大的好处是享受"免抵退"，即政府对进口料件免征增值税，同时出口时也零税率。这使得生产企业总有更富余的资金投入生产活动之中，不断扩充产能，利用规模经济优势，扩大市场份额。

但实施加工贸易需要海关实施全程监管，在改革开放初期，中国只有沿海城市的海关才有这样的能力和条件，这使得加工贸易多在沿海城市进行。同时，由于所有的进口材料不能在国内自由流通，如果生产途中需要补充或更换材料时，将会非常麻烦。深圳因临近香港，所以当企业出现上述问题的时候，可以选择退回香港（虽然也是很麻烦，但总比没办法好），而这更是其他沿海城市无法做到的。

其次，香港作为国际化码头，其发达的转口贸易也为深圳外贸的发展提供了良好的基础。改革开放初期国内的码头都比较小，也没有大吨位的货船，贸易范围基本只能停留在东亚及东南亚。因为临近香港，深圳才拥有了通往全球的航线。20 世纪 80

---

① 深圳与香港只隔着一条二十多米宽的深圳河；从深圳盐田港到香港维多利亚港，路程 57 公里，开车不到两小时。深圳与香港的经济互动关系，以及粤港澳大湾区的发展经济史，参见本书第三章。

② 加工贸易是指经营企业进口全部或者部分原辅材料、零部件、元器件、包装物料（以下简称料件），经加工或装配后，将制成品再出口的经营活动，包括进料加工、来料加工。

③ 转口贸易又称"中转贸易"，是指国际贸易中进出口货品的生意，不是在生产国与消费国之间直接进行，而是通过第三国易手进行的买卖。

年代以来，特别是香港回归以来，随着内地与香港的经贸合作不断加深，深港贸易规模从 1997 年的 701.4 亿元大幅攀升至 2016 年的 6961.5 亿元，两地贸易规模增长近 10 倍，年均增长 12.8%。① 深港贸易占深圳整体外贸进出口比重仍不断提升，从 1997 年的 18.8% 达到 2013 年 34.2% 的历史高位，到 2016 年深圳市进出口值 2.6 万亿元，对香港贸易额占深圳进出口超过 20%，香港在深圳口岸贸易伙伴中稳居第一位。其中，由于电子制造业发展，深圳对香港机电产品出口以年均近 20% 的速度快速增长，出口占比由 1997 年的 35.8% 增至 2016 年的 84.9%，在对港出口主要商品中占据主导地位（见图 7-3）。②

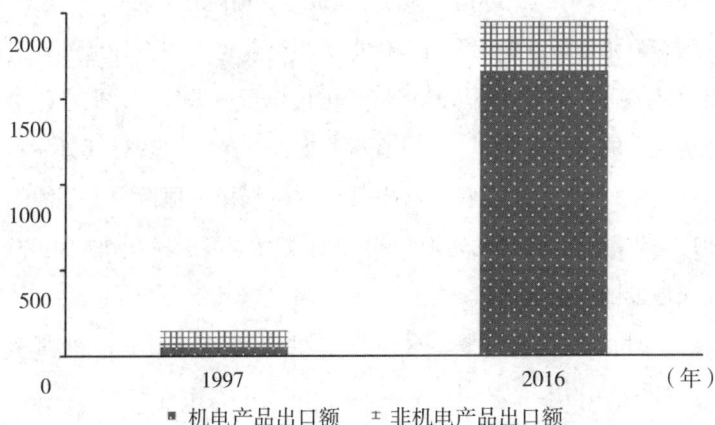

图 7-3　1997 与 2016 年深圳对香港机电产品出口额对比

数据来源：整理自深圳海关

---

① 香港回归前，1992—1996 年，深港贸易年均增速仅为 2.7%。

② 以上数据整理自深圳海关。参见《文汇报》，《香港回归 20 年深港贸易增长近 10 倍》，2017 年 6 月 23 日。

飞速的经贸发展对海关通关效率提出了更高要求，难能可贵的是，深圳海关始终能够改革创新，不断提升通关效率，全国唯一开通陆路口岸货运、旅检24小时通关；全国率先实行公路口岸通道自动核放；实现粤港跨境快速通关；推进区域通关一体化，将粤港口岸的便捷快速高效拓展至广东全省、泛珠四省乃至全国。

特别要提的是，深圳海关在全国先行实施客户协调员制度①，即海关对客户协调员制度企业实行集中管理，设置专门窗口办理业务，实施便捷审核；还实行"电子审单、提前申报、自动结关、事后交单""货物优先查验"的诚信通关模式；并具有无纸化报关、便捷式审核、信任式放行、一站式服务等几个突出特点，能够大大加快各项通关手续的办理，降低经营成本，提高通关效率。

客户协调员制度的推行，使得中小企业也能够更好地办理进出口通关香港事宜，极大地促进了进出口行业的发展，促进了供应链企业的形成和壮大。再加上税收方面，深圳从1988年开始就是计划单列市②，财政收支与中央挂钩，直接央地两分，不需上缴广东省财政，充足的财政使得深圳成为全国退税最快的地方，极大地鼓励了企业出口。③

顺理成章的是，深圳最早期的供应链企业就是一些具有

---

① 有关规定参见深圳海关关于发布《深圳海关客户协调员制度实施办法》的公告（2006年第1号），http://shenzhen1.customs.gov.cn/tabid/30518/InfoID/132762/Default.aspx。

② 1994年，国家将包括深圳在内的原14个计划单列市政府机关行政级别定为副省级，同时取消了其中9个城市的计划单列市地位，但深圳仍旧是计划单列市（至今）。

③ 同是特区的珠海，不在计划单列市之列。关于深圳财政和税收方面的制度优势，本书在第五章进行了详细讨论。

AA 类①或客户协调员资质的贸易企业，而最早在 2000 年年初，怡亚通②——深圳供应链行业的鼻祖，就已经开始做这方面的事了，并逐步摸索出一套商业模式。当时，深圳的中小企业或个人做出口贸易，还没有像现在一样的便利条件，万一中间出了什么差错，不但钱赚不到，甚至连本都要亏进去。所以出现了专门在"港口收货，代理出口"的一帮人，即货代公司。企业只需要把货及票给货代公司，它就利用其便利的通关、商检、结汇及退税条件，帮助企业出口和结汇，中间只收取少量的手续费，其他的事企业都可以不用管。

因为当时大多数中小企业都没有退税这个概念，甚至很多企业连发票都没有开，部分供应链企业就在那个时候把退税的钱也给赚了，形成了"原始积累"，业务也越做越大。有趣的是，在当年，外行人都看得一头雾水，就是猜不透这个供应链公司是怎么赚钱的。

二、分工合作的深圳电子产业"群"

供应链管理让企业能够不断适应"快"节奏的电子产业态势，供应链服务让企业能够在"外"向型经济环境中通关自如。简单地说，供应链的商业模式是通过给生产企业的成本做减法，

---

① 根据《中华人民共和国海关企业信用管理暂行办法》，按照自高向低的顺序设置了 AA、A、B、C、D 五个管理类别。其中 AA 类和 A 类企业适用相应的通关便利措施，B 类企业适用常规管理措施，C 类和 D 类企业适用严密监管措施。

② 怡亚通于 1997 年正式成立，2000 年成立香港公司，2001 年成立北京分公司，2002 年成立上海分公司，2003 年签到了第一家世界五百强客户，即思科公司。

获得服务费。

但是，仅靠一两家客户企业的服务费无法支撑深圳供应链行业高速增长，更不用说成长为上市公司。① 实际上，深圳电子产业是个"群"——虽然中兴、华为等随便哪一家出来，都是中国电子产业的翘楚，但深圳的电子产业从来都不是寡头独大，而是数以万计的中小企业②构成了产业链的主体——正是这种产业集群的发展模式③，为供应链企业做大做强提供了庞大扎实的业务源。

深圳的电子产业集群具有五大特点：一是产业内部企业之间具有某个或某几个显著的产业特征作为连接，产业内部企业之间实行专业分工；二是通过集群成员之间供需关系的连接，实现采购本地化，形成整个集群的成本优势；三是产业内部的单个企业绝大部分属于中小企业，规模不大，但是整个集群却具有显著的

① 截至 2017 年 7 月，深圳有四家供应链上市公司，分别是：怡亚通、飞马国际、普路通、东方嘉盛。

② 国家统计局《统计上大中小微型企业划分办法》（国统字〔2011〕75 号），依据从业人员（X，单位：人）和营业收入（Y，单位：万元），将我国的企业划分为大型、中型、小型、微型共四种类型。工业企业中，大型企业 X≥1000，Y≥40000；中型企业 300≤X<1000，2000≤Y<40000；小型企业 20≤X<300，300≤Y<2000；微型企业 X<20，Y<300。特别地，大型、中型和小型企业须同时满足所列指标的下限，否则下划一档；微型企业只须满足所列指标中的一项即可。

③ 产业集群（Industrial Cluster）是指集中于一定区域内，特定产业的众多具有分工合作关系的、不同规模等级的企业和与其发展有关的各种机构、组织等行为主体，通过纵横交错的网络关系紧密联系在一起形成空间积聚体，代表着介于市场和等级制之间的一种新的空间经济组织形式。产业集群的核心是在一定空间范围内产业的高集中度，这有利于降低企业的制度成本（包括生产成本、交换成本），提高规模经济效益、范围经济效益、产业和企业的市场竞争力。

规模优势和很高的市场占有率；四是集群产品销售具有极强的市场渗透力，部分集群在发展过程中形成了产业集群和地区专业市场互动发展的局面；五是发展过程基本从自发起步，依靠当地一批精英带动，逐渐形成产业雏形，政府部门再适当扶持，培育和发展成为中小企业集群。

2014年，深圳的科技型小微企业近3万家，占广东省科技企业半数以上。其中，在深圳4700多家国家级高新技术企业中，中小企业占了80%。[①] 到2016年年底，深圳市国家级高新技术企业达到8037家，其中中小企业占比超过80%；进入创新型中小微企业培育梯队的企业达到2670家，同比增长64.8%；中小企业授权专利数65230件，占深圳授权专利总数的68.4%。深圳中小板和创业板上市企业增至156家，首发募集资金1113亿元，连续10年位居全国大中城市首位。[②] 到2017年，粤港澳大湾区电子产业集群的规模已超过4万亿元，深圳也形成了以通信、计算机、微电子为代表，较为完整的电子信息产业配套体系。

降低生产成本是产业集群出现的主要原因。同性能的电子产品，深圳企业的销售价格往往会低于国外产品的成本价，原因除了中国的要素成本（主要是劳动力[③]、土地[④]）较低之外，还与深

---

① 《深圳科技型小微企业近3万家，占全省科技企业半数以上》，《深圳特区报》，2015年10月29日。

② 《深圳一年新增中小企业37.3万家同比增长33.1%"》，新华社，http://news.xinhuanet.com/fortune/2017-06/29/c_1121234772.htm。

③ 关于劳动力，特别是人力资本对深圳产业升级的影响，参见本书第一章。

④ 经济学所讲的"土地要素"是一个宽泛的概念，指的是满足经济活动需要的一切自然物质资源。关于土地对深圳产业升级的影响，参见本书第三章。

圳存在数量众多的专业化电子元器件配套生产企业有关。

虽然近乎无限的专业化分工让每个企业的生产成本大幅下降，但是整体供应链的运营成本提高了。一个产品的生产过程分布到众多中小企业来完成，这提高了产业链核心企业的协调成本，也提高了企业之间产品流、资金流和信息流的管理成本。

针对大量中小企业集群所带来的"业链长，分工细，运营难"的问题，供应链管理和服务终于从生产组织环节分离出来，成为一个独立的商业模式。其中，供应链管理通过加强对企业产品流、资金流、信息流的整合管理，优化企业运作，从而降低企业成本、提升服务、缩短现金周转时间、减小企业风险。另外，供应链服务提供服务外包和相关管理功能共享化，将供应链环节上的相关服务交由专业的供应链公司进行管理，从而帮助企业以较低的运作成本得到较高的服务水平，让企业将更多的精力专注于核心竞争力的提升，从而提高企业的利润率及客户满意度，创造更高的收益。

以智能手机为例，目前该产业的制造流程主要可分为接单、方案设计、样品制作、生产组装、物流交货以及收款结算和售后六个步骤。而几乎在每个环节上，深圳都可以找到专业化程度很高的企业，并且这些高度专业化分工的企业之间形成了良好的合作机制，也因此衍生出配套的供应链服务企业，如创捷供应链。

三、全球化下，产能组织从企业内走向企业外

在"快""外""群"的客观基础上，我们从理论上来谈一谈深圳供应链行业的内在动力机制，就是"态"的问题。实际上说

到底，供应链行业就是在产品生产高度分工的情况下出现的一种新的产能组织形态，这意味着对人类产能组织形态的一次大变革。

回顾人类经济增长史，生产分工与协作往往是在企业内部完成的。在资本主义萌芽阶段，欧洲织布工场的业主们会在农闲时候，将各家各户有手艺的女人们组织起来合力织布，从而提高效率。渐渐地就有人放弃农田，懂手艺的成为职业织布工，懂经营且有资本的就成为资本家，雇佣关系就这样建立在劳动和资本的大分工上。而在生产流程上，在 18 世纪亚当·斯密就敏锐地观察到，一家扣针厂里，生产一枚扣针需要经过 18 道工序，分工协作使得工人每日每人可以生产扣针 4800 枚。而如果让工人各自独立完成全部工序，那么他们中的任何一个人，一天连 20 枚扣针也做不出来。到第二次工业革命以后，泰罗制和福特制的产生，使得当时的工厂管理开始从经验管理过渡到科学管理阶段，但生产组织从未跳出企业之外。

回到今天，最终产品越是复杂，批量化的生产流程就越是近乎无限地细分，而在面向全球市场的巨大产业链面前，再强势的企业也只不过是"一道工序"而已，这使得产业组织从企业内走向企业间，同时出现了专注生产的企业和专注组织的企业的大分工。特别是，随着信息技术的发展，企业间的信息能够进行实时无障碍的流动，这使得全产业的供应链精确管理成为可能。

由此，在生产分工可以无限细分，产业链已经全球配置，再加上日新月异的信息技术，供应链已发展到与互联网、物联网深度融合的智慧供应链新阶段，成为以客户需求为导向，以提高质量和效率为目标，以整合资源为手段，实现产品设计、采购、生产、销售、服务等全过程高效协同的全新组织形态。

四、深圳供应链服务集群的形式

供应链企业到今天已经产生了多种不同的服务类型和商业模式。按供应链服务对象及其电子产业整合的深度进行划分，可区分为项目型、平台型、生态型三种典型供应链服务类型。

五、业务流程外包的项目型供应链服务

跨国企业在进入中国市场的过程中，将其非核心业务进行外包，从而产生早期的深圳供应链企业，这类称之为"项目型供应链"，其供应链服务的典型特征是供应链中某一个或几个环节的服务外包，以业务流程外包①为主要模式。

普路通就是典型的项目型供应链公司，例如其为小米提供的项目化进口通关物流服务，一方面与境外供应商对接、与普路通仓库合作仓储服务和增值服务、与海关合作海关服务、与物流方合作运输服务、与代工厂对接；另一方面则是对接小米，为小米提供项目化的服务。受益于小米这个大客户的业绩贡献，普路通于 2015 年 6 月上市，根据其招股说明书，普路通公司总体经手货值中小米占 90%以上，服务收入占比也高达 80%。

项目型供应链按提供的服务内容不同，还可分为三种子类型。

1. "物流—报关"型，利用专业团队为企业提供平台式报关服务，承揽"全球港口—中国主要港口"进口清关物流业务，为集团型企业、项目工程等提供大宗进口物流服务，典型企业如宇恒供应链。

2. "外贸—进出口"型，以承接跨国企业的非核心业务流程

① 业务流程外包，英文为 Business Process Outsouring，缩写为 BPO。

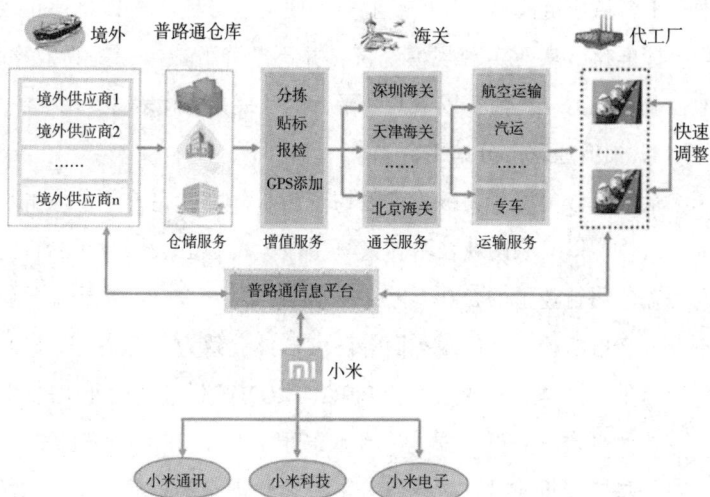

图 7-4 项目型供应链服务类型

外包为主，主要针对电子行业，根据企业的个性化需求量身定制供应链服务方案，典型企业如早期的怡亚通。

3. "资本—资产"型，依托较强的资本（资产）实力来构建供应链服务外包平台。如飞马供应链，该公司前身从事客运、介入中石油的国际总包服务，承接国家重点工程物资的国际货运业务、快线快运，有较强的资产与资本实力。

六、提供金融服务的平台型供应链服务

平台型供应链的特点是供应链服务于多个关联产业，业务综合性强、业务体量大、提供金融服务。供应链平台掌握客户信用数据、实现资金链闭环运作，在链内实现信用创造和信用增级，一定程度上降低企业的短期融资难度和融资成本。平台供应链的构建与运作依托互联网架构，借助信息化、线上化、网络化技

术，平台供应链能够依托巨量业务，使得业务流程得以迅速正规化、标准化，从而实现规模经济，并不断降低成本，提高效率，增强盈利能力。目前，以下两个平台的发展具有代表性。

1. 怡亚通深度分销平台

怡亚通以消费者为核心，以物流为基础，以完善的供应链服务为载体，以互联网新技术为共享手段，构建五大服务平台，全面覆盖流通行业里的 500 万家终端门店，紧密聚合品牌企业、物流商、金融机构、增值服务商等各大群体，致力于打造一个跨界融合、平台共享、共融共生的 B2B2C①/O2O② 供应链商业生态圈。

按照平台业务类型分类，怡亚通可分为以下三种业务模式。

一是广度供应链。这是以上下游客户需求为核心，构建采购平台、销售平台和物流平台，帮助企业实现从原材料采购到产品销售的供应链全程运作中的非核心业务外包，提升企业核心竞争力。怡亚通采购平台利用强大的资源整合能力，提供采购及采购执行、采购资源整合服务。有效连接上游供应商，帮助企业实现阳光采购，避免采购过程中因各种问题带来的成本失控；零库存管理，提高生产效率，解决计划生产与实际销售差距带来的巨量

---

① B2B2C 是 Business-to-Busines-to-Customer 的缩写。其中，B2B 为"商对商"或者"企对企"，是指企业与企业之间通过专用网络或互联网，进行数据信息的交换、传递，开展交易活动的商业模式。B2C 为"商对客"，是指商家（或企业）直接面向消费者销售产品和服务的电子商业零售模式。而 B2B2C 实际上指的是电商企业通过统一的经营管理对商品和服务、消费者终端同时进行整合，是广大供应商和消费者之间的桥梁，为供应商和消费者提供优质的服务，是互联网电子商务服务供应商。

② O2O 是 Online-to-Offline 的缩写，意思是从在线到离线，或者是从线上到线下，是指将线下的商务机会与互联网结合，让互联网成为线下交易的平台，以线上营销线上购买带动线下经营和线下消费。

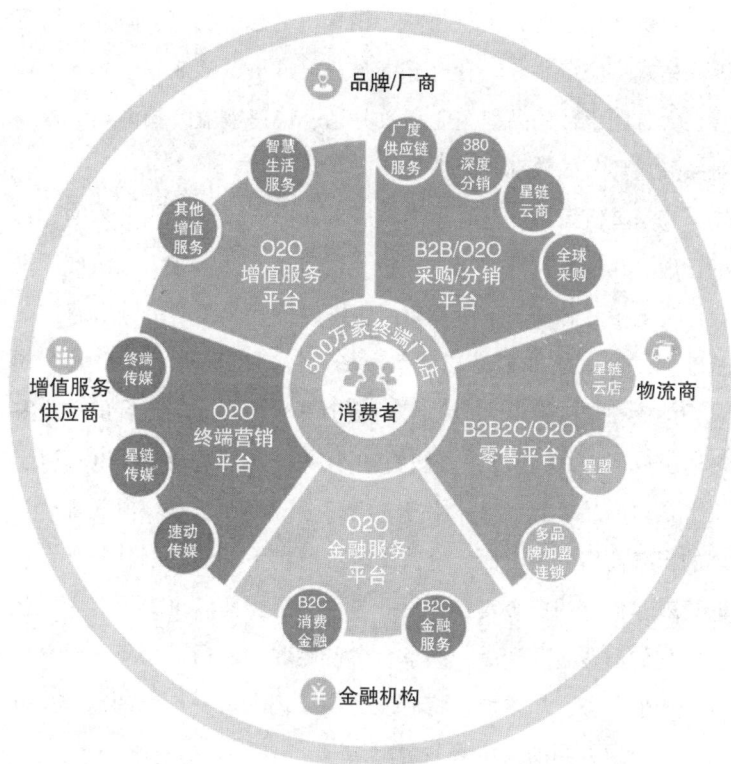

图 7-5　怡亚通运营模式

库存积压；对产品资源进行优势整合，帮助国内外商家实现全球产品采购，降低采购成本。

二是 380 深度供应链服务。这是将传统渠道代理商模式转变为平台运营模式，战略定位为整合型平台服务企业，通过实现国内外城市平台共享与分销体系优化，构建一个快捷、高效的直供渠道，为客户实现供应链管理的优化，提高市场竞争力。而深度 380 分销服务平台是深度供应链最重要的组成部分。该平台主要业务领域涵盖日化、食品、母婴、酒饮、家电等，通过搭建全国性的直供终端平台，提供市场、销售、信息、物流、商务、结算等一站式供应链服务，有效解决企业渠道下沉的成本、人才、运营三大难题，帮助品牌企业高效分销、快速覆盖终端网点，提高商品流通环节的效率并降低流转成本。

三是星链云商。这是集产品展示、广告投放、线上采购、订单管理、在线支付等功能于一体化的 B2B 采购平台+营销推广平台，为上游品牌商与下游零售门店搭建桥梁。在"星链云商"的基础上，怡亚通进军终端消费市场。特别是推出了"星盟"模式，其核心是"互联网+流通"，同时联合所有志同道合的中小零售商组成的 O2O 联盟，力图将中小零售商打造成集 O2O 商店、海量全球商品资源、媒体服务、消费金融服务以及增值服务于一体的未来商店。一方面，星盟商店可通过怡亚通金融服务平台获取高效、低息的资金支持；另一方面，星盟商店可为消费者提供多元化的消费金融产品，共享金融产品收益。通过怡亚通整合的各项增值服务，星盟商店将有能力满足消费者更广泛的需求，同时从中获取相应的增值服务费用。

2. 一达通外贸综合服务平台

阿里巴巴于 2010 年收购一达通部分股权，并于 2014 年全面收购一达通。至此，一达通成为阿里巴巴的全资子公司，形成了从"外贸资讯"到"外贸交易"一站式服务链条，为广大中小企业和个人从事对外贸易提供了更为全面的外贸服务，是典型的外贸综合服务平台。基于这些贸易大数据的应用，阿里巴巴集团开始打造信用保障体系，为海外买家的生意保驾护航。除此之外，加入阿里巴巴后，一达通也开始更茁壮地发展。在其原有产品线外，推出外贸融资服务，可完整覆盖出口贸易不同阶段的资金需求，为买卖双方提供全面的、安全的资金保障。在物流方面，集合了海运庄家、中俄铁路庄家、各类货代和空运快递服务商，为客户提供覆盖全球的海陆空一站式货物运输服务。

截至 2016 年年底，一达通服务客户突破数十万家，较同期增长了 48%，共计为逾 6 万外贸企业贷款融资近 240 亿元人民币，外贸交易额达 225 亿美元，同比增长 87.5%。

七、为区域产业服务的生态型供应链服务

近年来，一些专注于特定产业的供应链平台持续升级，在原有"平台+金融"的基础上，通过覆盖全产业链（生态链），结合线下服务（知识流程外包 KPO[①]），在区域性的产业集群基础上，构建行业的供应链服务平台，为区域产业提供服务。

创捷供应链生态圈模式以创捷供应链网络为核心，以生产、运营、管理、融资为功能，打造了供应链运营平台、供应链金融平台、供应链信息平台和供应链关系合作平台四大平台，来为生态圈内提供嵌入产业链的供应链一体化服务。创捷供应链的业务几乎全部都是围绕手机的智能硬件制造业开展业务，强调对客户的垂直化服务。由于创捷的资源库中基本涵盖了所有的零配件及各类优质加工企业，客户可以在创捷的平台中，享受到更专业、更优质的服务。

创捷作为市场上第一家真正实现虚拟生产的企业，业务的核心优势主要包括：作为一站式供应链服务商，帮助创客及方案设计商解决产品实际生产所需的原材料、加工厂、进出口、资金、税务等一系列难题；基于高质量的服务与高效的响应速度，促使客户对虚拟生产的生态圈形成高度依赖；构建贯穿于整个生态圈

---

① KPO，即 Knowledge Process Outsourcing。

的风控系统及信用评估体系，依托平台强大的风险协调能力，实现对业务、信用等风险的有力控制；通过对优质加工厂、供应商、客户的一对一培育、优质资源的合理匹配，孵化出具有代表性的企业，从而引领生态圈参与者共同成长；多维度的协同运作，促进产业生态圈的良性发展；具有行业可复制性，可以复制到多个行业。

八、S2B：未来供应链服务新形式

供应链服务平台的兴起极大推动深圳电子产业、智能终端产业的科技创新，让中小型成长企业回归核心业务，将那些可以外包共享的业务给平台完成，平台为中小企业提供融资、客户、生产外包等多方面服务，形成 S2B 的供应链服务平台模式。

S2B（Supply Chain Platform to Business），即服务于中小企业的供应链平台，S 是指一个大的供应链的平台，大幅度提升供应端效率，B 指的是一个大平台所对应数以万计甚至更多的中小企业。供应链平台要为诸多中小企业提供高质量的供应链管理服务，充分发挥中小企业自主性。

进入 S2B 阶段供应链和传统模式下的供应链相比有着自己鲜明的特点，特别是在低成本、快反应、高定制的要求之下，这样的供应链将依托大数据和信息系统把客户综合感知、智慧指挥协同、客户精准服务、职能全维协同、重点聚焦保障等要素集成于一体，使各个系统在信息主导下协调一致行动，最大限度地凝聚服务能量、有序释放服务能力，这样最终会使服务变得精准，使供应链变得透明、柔性和敏捷，使各个职能更加协同。

S2B 时代下的供应链是传统供应链的巨大转变：从职能并立

到联合协同，从线式供应链到非线式网状结构，从非接触式到接触式，从粗放服务到精准服务，从单一平台支撑到体系支撑，从纵向一体到全位一体，从单一空间到多维空间，这些转变无不以最大限度凝聚和释放服务能量、精准服务客户为终极目的。

探索供应链金融的"深圳模式"

供应链行业的下一步在于供应链金融，这是由中国创业、营商和融资的客观环境所决定的。创业维艰，所有创业者都必须解决产品、营销及供应链这三个问题。但供应链的问题极其复杂，涉及采购、制造、流转和交付等多个环节，而很多创业公司最需要解决的就是产品流和资金流——产品没特色、现金流不充裕。

在现实中我们看到大量纠结的创业人员，他们"有订单、有抱负、有一定能力和经验"，但他们往往"没有资金、没有足够的信用、没有现成的供应链资源"，业内戏称其为"三有三无"人员。

纵观中国商业现实世界，资金流问题不光难倒了创业者，也难住了绝大部分中小型企业，"融资难、融资乱、融资贵、融资累"已经是普遍存在的问题，"周转不畅"更是会时刻要了企业的命。《2016年中国企业付款状况调查报告》对1017家中小企业的调查显示：80%的企业被拖欠资金，30%的企业被拖欠长达90天，90%的企业被迫赊账。

而这些问题正是供应链金融发展的机遇，颇有"天将降大任"的意思。2017年10月13日，《国务院办公厅关于积极推进供应链创新与应用的指导意见》（国办发〔2017〕84号）中明确指出：积极稳妥发展供应链金融，推动供应链金融服务实体经济。

从此，供应链金融正式进入国家战略部署。

供应链金融正是产融模式创新的重要形式，面对现实国情对供应链金融创新的巨大需求，作为中小型企业或者创业者如何正确顺应这种创新，并正确使用供应链金融优化自己的供应链绩效，推动公司利润最大化？作为供应链金融平台的提供者怎样提供供应链金融的服务？产融模式创新有哪些？在深圳的实践中存在三种不同的供应链金融模式。

一、怡亚通模式

怡亚通为企业提供"一站式供应链管理服务"，将传统的物流服务商、增值经销商、采购服务商等服务功能加以整合，这是怡亚通的产业基础，也是区别于其他传统供应链管理服务商的大特征。另外，怡亚通在此基础上开展了金融业务的模式，这也是公司的核心价值所在。怡亚通的产融运作模式，将银行、股市及债券所融得资金，通过供应链金融服务方式投放给客户，并从中赚取利润。同时，通过不断提高应收款周转次数以获取更高的收益。另外，怡亚通还针对外汇结算业务开展金融衍生交易对冲外汇风险，赚取利润。

现今怡亚通的战略便是围绕"大采购"及"大分销"来展开的。以此为基础，怡亚通能够利用各类金融衍生工具，不断提高盈利能力，2016年金融衍生相关盈利占比已达到40%以上[①]。怡亚通的主攻领域为线下零售终端，这也使得怡亚通在小额贷款业务上表现得非常出色。怡亚通在对货物的把控方面，可以说做到了极致，对线下或线上门店采取动产质押的模式，也堪称供应链

———————————

① 数据来源：整理自怡亚通2016年年报。

金融的标杆。

怡亚通与众多银行结成了战略合作伙伴关系，并基于丰富的供应链金融服务经验，根据客户业务运作需求，可为客户提供多样化供应链金融服务。其业务包括融资、租赁、供应链金融解决方案与咨询等。短期资金融通：在规范、科学的风控管理原则下，为客户量身提供完善的资金配套及短期资金融通服务。设备融资租赁：通过整合产业资源优势，可为工厂、学校、医院等机构提供机械设备、医疗设备等器械的设备租赁服务。同时，也可提供设备融资租赁服务。

怡亚通在IT业近十年的实践表明：开展供应链结算配套服务，对客户、金融机构、厂商都是一个多赢的选择。怡亚通在业界经营多年，具备强大的客户资源信息系统，依托完善的风险内控体系，有一批专业内控人士在各自擅长的领域对客户资信和商业模式进行考察和控制。怡亚通开展此项服务的着眼点是：从整个产业链角度，开展一站式专业供应链管理服务，配套提供相应的供应链结算服务，并将针对单个企业的风险管理变为产业链风险管理，减少客户交易成本，而对不了解这个行业的金融机构而言，则降低了信息不对称产生的风险，成为客户与金融机构的"黏结剂"。详细业务流程如图7-6所示。

目前怡亚通在国内供应链结算配套服务方面已占有市场领先地位，特别是在IT业居于主导地位，逐步建立了完善的供应链结算配套风险管理制度，对客户进行全方位的信用管理，实现发展与风险均衡下的稳健增长。

怡亚通通常与客户签订一定期限的供应链管理综合服务合同，根据合同提供量身打造的个性化服务，基于业务发生金额、提供服务类型，按一定比例收取服务费。由于业务的多样化及非

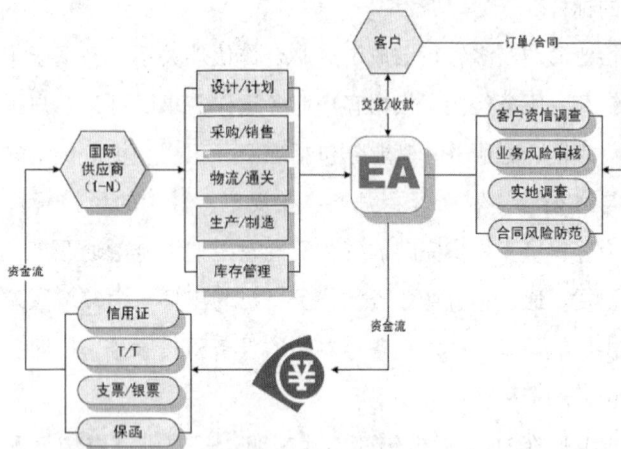

图7-6　怡亚通供应链结算配套服务业务流程

标准化，怡亚通没有一个标准化的费率水平，但是一个基本的原则是，服务层次越多、涉及供应链链条越长，收取的服务费率就越高。

该金融业务的开展，依托于一站式供应链管理服务中的两项核心业务，即分销和采购。如果仅仅是针对一站式供应链管理服务模式而言，怡亚通与传统供应链服务商的区别只是服务链的延伸，并没有实质性的突破。在一站式供应链管理服务的产业基础上开展金融业务的模式，才是公司的核心价值所在。

开展该业务的关键主要在如何减少融资成本以及减少货币风险。怡亚通通过提高资金周转率增强盈利能力，并利用金融衍生工具减少汇兑损失。另外，采用收取综合服务费的方式使怡亚通与采购商、供货商从传统的客户关系发展成利益共同体，即通过整合企业供应链环节，提高企业供应链效率和市场竞争力，从而提高企业业务量（交易额/量），同时提高本公司的服务费收入。而且公司的收费模式风险更小，不承担客户企业的经营风险。

该业务流程上最突出的一个特点是"信用管理"，它是怡亚通开展该项业务的核心内容。怡亚通把买卖双方的信用调查作为业务开展的前提、构成契约关系最重要的基础。同时，也非常注重对客户需求中的业务核心内容进行考察。例如，在与三星（SAMSUNG）硬盘及闪迪（SanDisk）的代理商合作过程中，以业务扩展性考量为依据，以核心企业三星及闪迪为出发点，为其在中国的供应链提供配套支持，同时由于怡亚通融入上下游企业的购销行为，增强了下游的商业信用，促进了中小企业与核心企业建立长期战略协同关系，提升了整个供应链的竞争能力，怡亚通也从中获利。实践表明，这种由核心企业（往往是世界五百强企业或国内的行业领先企业）参与的供应链结算配套服务，可以用最低的成本、最快的速度、最好的质量赢得市场，受益的往往不止一家企业，而是该行业中具有竞争优势的企业群。

怡亚通旗下的宇商小额贷款公司自 2010 年成立以来，凭借良好的商业信誉和经营业绩，与多家银行结成了战略合作伙伴关系，在严格、规范的风控管理原则下，为供应链上下游企业提供完善的资金配套及供应链融资服务。怡亚通于 2012 年分别成立了宇商资产管理公司和宇商融资租赁公司，并于 2013 年在赣州市投资 2 亿元人民币设立了网络小额贷款公司，以细分金融服务领域为切入点，希望为目标企业提供更专业的供应链金融服务，帮助企业破解资金难题。这满足了客户多元化的金融服务需求，特别是为百万小微终端零售客户提供可持续化、批量化的 O2O 金融服务以及个人消费金融服务。

二、一达通模式

2010 年，一达通被阿里巴巴收购，开始整合进入阿里外贸生态圈。一方面阿里巴巴国际站需要谋求从信息平台到交易平台的转变，凭借在外贸服务领域的多年积累，一达通能够帮助阿里巴巴国际站实现转型；另一方面阿里巴巴拥有的资金、品牌、外贸供应商等资源也能促使一达通实现更快发展。2014 年，一达通正式成为阿里巴巴的全资子公司，迎来了爆发式增长时期。

一达通就属于典型的外贸综合服务平台，基于大数据提供垫税、垫资、信保、信贷等产品。也就是说，外贸中涉及的所有服务，一达通都能提供。比如，我们出口一个集装箱货物，其中涉及通关（报关及报检）、结汇、退税等政务服务，还需要物流、金融等商务服务，这些都是一达通的服务范围。只不过，一达通将政务服务称为基础服务，商务服务称为增值服务。

在一达通，基础服务是免费提供的，并且还给予一定的补贴。这一举措完全颠覆了传统的外贸代理行业。一直以来，外贸代理都是收费的，毕竟其为客户办理报关、报检、结汇、退税等手续时有一定的成本。实际上，在 2014 年 5 月之前，一达通也是向客户收取每单 1000 元的基础服务费。此后，背靠阿里巴巴的一达通启动烧钱模式，不仅免费提供基础服务，而且补贴这些通过一达通平台出口的企业。实际上，这是典型的互联网思维。基础服务是"流量入口"，一旦免费开放，大量的中小企业涌入一达通服务平台，这将衍生出巨大的增值服务市场。

大额外贸 B2B 一直难以实现闭环，这不仅是阿里巴巴的难题，也是全球外贸的难题。毕竟，跨境电商 B2B 比跨境电商 B2C 要复杂得多，面临的风险也更大。1. 更复杂。跨境电商 B2B 是真正的"互联网+外贸"，其中涉及的通关、结汇、退税等都需要按照传统外贸流程来，而跨境电商 B2C 将所有的流程都做了最大程度的简化。2. 风险更大。跨境电商 B2B 涉及的是大额贸易，金额在几万美金、几十万美金甚至上百万美金，一旦发生违约（确实也经常有违约现象），平台、卖家、买家三者之间将存在繁杂的责任追索。而跨境电商 B2C 每次交易中涉及的金额很小，就算发生违约风险，平台也能轻易承担。

一达通提供的外贸综合服务（包括基础服务和增值服务），能够很好地解决跨境电商 B2B 的"复杂"问题，这在前文已经详细阐述过。至于跨境电商 B2B 的"风险"问题，一达通同样可以解决，只不过需要阿里巴巴国际站的配合。这个解决方案就是 2014 年 12 月阿里悄然上线的"信用保障服务"。

通过信用保障服务，阿里巴巴一达通极大地降低了交易风险，解决了跨境电商 B2B 中的"风险"问题：首先，买家的预付款能在信保额度范围内得到安全保证；其次，一达通保证货物按照合同约定按时交货，并根据买家的需求，对发货前货物的质量也提供保障服务；最后，买家在交易前可以查看到供应商的信保额度和历史评价信息，进而迅速了解该供应商的信用水平，以避免与不良商家交易的风险。

阿里巴巴一达通正构建属于自己的全球化综合外贸服务王国，以平台化的模式服务中小型贸易企业，基于大数据监测信用，以信保服务防范风险。即便如此，阿里巴巴一达通也长期遭遇海关降级及退税难的问题，平台化企业往往对上游及下游的把控过于薄弱，导致产生如虚假贸易、虚开发票及货不对板等问题。如今，阿里巴巴一达通已经将蛋糕做得很大，即使有小规模的坏账，对其本身也不会产生很大的影响。

三、创捷模式

创捷供应链为全国第一家免抵押、免担保结构化的供应链金融平台，为生态圈内中小企业提供超 500 亿元的融资服务，首创数据化、结构化风险控制技术，使得供应链金融坏账率在 5‰以下，这吸引众多银行总行级风控部门前来参观学习。

创捷供应链从五个要点和三个核心治理出发：万物感知、万物互联；分布式协同、业务数据化（信息治理）；需求定制供给的反向一体化；不过分约束的商业伙伴关系链（供应链结构性治理）；组织形态的生态化、社群化（组织治理）。彻底颠覆原先中小企业的商业模式。

创捷将产业链上的分割的节点、孤立的节点实现协同或集成，是互联网技术以生产者等组织客户为核心用户，以生产、服务活动为场景的应用。

随着信息通信技术发展，企业的边界开始扩大，交易的成本开始降低、边际成本也越来越低，面对复杂的网络结构，越来越需要网络的治理和协同，产融生态成为必然。创捷将产融生态圈中的基本节点重新有序整理，利用项目管理员创造价值，供应链管理员优化交易成本，加以供应链金融工具，将有效提升产业价值，促进产业生态平衡。

创捷供应链产融生态圈以互联网为核心，打造四大核心平台。

1. 供应链信息化平台：以 SAP[①] 为核心，涵盖海关、税务、

―――――――

① SAP 为 "System Applications and Products" 的缩写，是 SAP 公司的产品——企业管理解决方案的软件名称。SAP 公司是全球性的企业应用软件和解决方案提供商。

商检、物流、仓储、采购、生产、分销、保税仓储等环节，并形成信息化集成解决方案，创造接入即可享受的国际先进信息化管理工作体验。

2. 供应链电子商务平台：为企业提供电子商务工作平台，通过网络实现完整的进出口订单流程，实现与客户、供应商、海关、银行及供应链服务商的信息互通。

3. 供应链金融信息平台：依托运营平台建立信用体系及支付体系，提供供应链融资及金融衍生服务。

4. 供应链公共合作平台：构建"不过分约束伙伴关系"的社会化商业圈关系链。任何具备资格的创客都可自主加入，成为生态圈的合作伙伴。

这使得产融生态圈内，企业真正回归核心业务，并且为产业链上的各个环节提供更多机会，这也让商业模式融入更多的利益相关者成为可能，不只是改变了传统的供应链模式、市场结构，同时也给企业带来了巨大的商业机遇和发展机会。

产融生态所产生的大数据促进供应链管理顺畅平稳进行，从而很大程度上增强了企业间的沟通，对企业间的合作、诚信度也有了很大的保障和提高。在"互联网+"的形势下，信息化的时效性使得空间距离缩短，整个供应链运营效益提高；流程时间缩短，商业关系链得到优化。借助互联网强大的连接性让信息流与物流同步，可以有效地提高管理效率和透明度；超前处理技术的出现可以使部分供应链金融业务环节标准化、自动化，解决项目生产资金问题，实现供应链融资；有效降低成本。

创捷产业金融解决方案案例

A公司是一家全球领先的无线通信技术产品和服务提供

商，专业从事手机设计、手机整机、无线通信、数据产品、无线宽带技术、无线互联网应用等产品研发和服务，公司位于上海，在中国的北京、深圳、西安、香港，以及新加坡、日本、印度、越南等国家和地区设有分支机构。A公司凭借着出色的研发队伍以及雄厚的研发和创新技术，为其下游客户（即A的客户）提供了最优秀的通信产品解决方案，服务网络覆盖亚洲、欧洲以及美洲市场，员工超过3000人，其中70%为研发工程师。

但是，尽管A公司拥有强大的研究和技术实力，但其从事生产经营的组织过程过长，交易成本较大。一方面通信产品的生产、组装、加工具有高度的复杂性，涉及不同的零部件和材料，不同零部件供应商的状态千差万别，有的供应商具有很强的谈判力，而有的谈判力相对较弱，因此，要有效地应对不同供应市场，合理、高效率地组织生产对于专注于技术研发的A公司而言是一种挑战；另一方面，生产运营需要大量的资金支持，零部件的采购、产品的组装加工、分销物流等产业供应链活动都需要充足的资金保障。在通信行业中，往往客户向A下达采购订单时都是采用货到付款（Cash on Delivery，COD）的方式，而生产、零部件加工却需要预付资金，这无疑对A公司有效开拓市场、保障对客户高质量的服务形成了阻碍。

针对A公司的上述问题，创捷提出了一揽子解决方案，具体流程如下。

1. A设计产品后，与下游客户（大多数为海外客户）进行协商，在确定所有的技术参数后，形成该产品的买卖协议。

2. A与创捷形成合作关系，创捷代A组织管理产品的生产。

3. A 的海外客户直接向创捷下达具体的采购订单，并支付部分款项。

4. A 根据产品设计的要求以及与海外客户协商的参数，指定关键零部件以及相应的供应商（如芯片等）。

5. 对于 A 指定的零部件和供应商，创捷对 A 融资，向供应商付款，开具发票，实施采购（境外供应商采购由其境外公司香港创联操作，内地供应商由其主管生产管理的五洲通科技操作）。对于非指定零部件，由创捷寻求供应商，并在认证资质合格的基础上，付款开票进行采购。

6. 由创捷组织物流将所有零部件运至资质合格的通信产品组装厂。

7. 支付加工费后，开具发票，组装厂按照工艺工程要求组装生产产品。

8. 组装厂出产成品之后，创捷会同 A 的客户联合进行质量检验，直至查验合格。

9. 组装工厂出货给创捷（事实上出货至五洲通科技，然后至创捷供应链）。

10. 创捷组织操作通关商检，以及与银行议付、结汇、退税等活动，并且将产品分销至海外下游客户处。

11. 在 A 与其客户完成交易后，将服务费付至创捷供应链，完成虚拟生产全过程。

通过以上流程可以看出，对于 A 客户而言，既将烦琐的生产组织管理外包给创捷，实现了交易成本的下降，专心于通信产品的技术开发和设计，并且参与质量控制管理，既保障了产品质量的稳定一致，又解决了资金不足而造成生产运营难以为继的状况，极大开拓了业务市场，提升了下游客户的满意度。而创捷供应链借助强大的供应链生产运营的流程组织能力，与中小创新型企业形成了长期紧密的业务关系，中小型创新企业借助创捷的融资行为，获得了良好的经济收益，摆脱了单纯操作供应链业务而遇到的利润率较低的困境。

具体实施效果：

1. 人力成本：在创捷供应链为其实施供应链管理方案以前，A公司须在该项目供应链平台配置50人以完成该业务的操作。创捷供应链的方案实施后，A只需6名操作人员，配合创捷供应链该项目组人员7名，共13人即可完成原来的任务，A的人力成本大幅下降。

2. 业务处理能力：在创捷供应链方案实施前，原50人的项目组完成3亿元的业务量；方案实施后13人可以完成5亿元的业务量，业务处理能力提高65%。

3. 运作成本及效率：由于信息支持到位、准确、及时，供应链流程整体效率提高，生产周期从原来35天削减至25天；价格定位更加准确，由原来报价需时一周压缩为2天即可根据成本准确报价，提高A的商务谈判实力；库存监控决策系统进行了大量有效的即时数据分析，原材料备货量由原来60天减少至30天，盘活大量资金。

4. 帮助A回归核心业务：创捷供应链方案实施前，A需要四地机构或部门配合，共同管理原料仓、成品仓以及加工厂，沟通成本及人力成本过高。方案实施后，A由独立为其开放的端口进入创捷供应链B2B电子商务平台，监控管理统一在平台上完成，便捷有效地实施管理，帮助客户减少其在供应链上的管理成本，有效提高供应链决策准确率，能够将更多人力、物力回归其核心业务。

根据 A 公布的年度财务报告，当年销售收入同比增长 8%，分析结果为得益于智能手机需求增长，该集团对产品进行了优化以及上下游关系得到改善；与此同时，当年营业成本同比下降 27%，这得益于该集团对其成本结构以及供应链管理环节进行了有效合理的优化。

目前，创捷供应链打造的手机产业生态圈已初具规模，已聚集大批相关产业上、中、下游企业，其中导入项目超 16000 个，总额近 100 亿美元；项目管理企业 200 家，其中 3 家已上市；各类芯片、软件、配套供应商近 3600 家；制造商、加工厂近百家；方案设计商多家；辐射南亚、南美、非洲、东南亚、俄罗斯等新兴国家市场的海外客户多家。

创捷供应链所采用的是基于结构性的风控准则。将信息数据化、管理垂直化、交易结构化和收入自偿化，充分利用信息通信技术将数据进行存储、挖掘、分析及建模。通过供应链平台式服务，构建供应链金融的结构，获取相应数据，如订单准时率、回款准时率、付款准时率、库存周转率、毛利率以及授权的在银行的数据，再结合法律等方面的信息，判断能不能给企业做资金融通。基于结构性的风控准则也使得创捷在供应链金融坏账率上，长期低于同类企业。

如今，移动互联浪潮席卷世界，全球一体化、产业分工愈加明晰，企业逐步选择回归核心业务并构建核心竞争力，在全球的产业链中逐步占据重要地位。作为供应链服务的综合方案商，创捷构建产业"互联网+"供应链金融的生态圈，帮助更多企业转型升级。

站在世界产业链全局的高度，协同各国家之间、企业之间的联动与衔接，以便更好服务客户。在这一过程中创捷供应链不仅助力中国中小企业发展，帮助中国产品走向世界，同时，创捷供应链积极引进更多海外优质产品，搭建国内外产品交流的桥梁，让更多海外优质产品惠及国内企业。

构建供应链金融生态圈，推进生态圈内的产融联盟，最终打造一个依托移动互联网技术实现万企互联的产业供应链智联网，并在全国优势产业聚集地区复制推广这种商业模式，将供应链生态圈商业模式从深圳复制到珠三角区、全中国乃至国际，覆盖更多行业，同时将供应链服务嵌入产业链中，基于产业互联网，构建不过分约束的商业关系生态圈，实现全球产业的协同，才能真正帮助企业走向成功。

目前供应链行业存在的主要问题及应对之道

2017年7月，宁波东力发布公告，宣布并购年富供应链100%股权；2018年7月，宁波东力发布公告，被旗下子公司年富供应链合同诈骗；2018年8月，宁波东力公告，年富供应链法人代表李文国、总裁杨战武被宁波市人民检察院批准逮捕。2018年12月28日，宁波东力股份有限公司（002164）发布深圳市年富供应链有限公司破产清算事宜的公告。尽管这只是一个行业个案，宁波东力诉深圳年富供应链事件，还是引发大家对深圳供应链的进一步深度思考。

供应链企业从最原始的"代理进口分销+出口垫税"一路走来，面临很多问题和挑战。特别是，小型供应链公司行业门槛较低，导致2014年以来大量资本涌入，加剧了行业的竞争，也让歪门邪道的盈利模式滋生出来。具体来看，深圳供应链行业的问题表现为四大方面。

一、服务形式单一

深圳的供应链服务行业是基于进出口外贸所产生的，这也是前文所提及的"中国特色"供应链服务企业。这类企业依靠政策及资质上的便利（AA类通关资质、客户协调员资质、地方财政及退税关系、银行融资结汇优势）所产生。随着政策放宽及各项优惠政策的取消，原先支撑供应链行业发展的支柱不再。

归根结底，中国供应链行业发展的前15年，深圳大大小小的供应链都是围绕通关、退税及融资优势而展开的。无限拓展广度，但对实体产业切入深度不足，即单纯提供便利通关、退税及融资业务而生存。

产业切入过浅是深圳供应链行业长久存在的问题，这也导致深圳供应链行业同质化严重，各供应链公司间恶性竞争，出现甚至不以营利为目的，只为击垮对手的恶劣行为。

产业切入过浅的供应链服务在实际操作上，基本只有资金链一环，各企业讲求的轻资产、高盈利，其实对实体产业毫无帮助。供应链企业应该找准自身市场定位，深入渗透具体实体行业，为实体行业减成本、增效益、保时效、促发展才是供应链服务的长久发展之道。

二、骗税猖獗

骗税骗补，可以说是深圳甚至全国都相当难解决的问题。

2001 年才浮出水面的粤东骗税大案，虚开增值税发票金额达 323 亿元，骗税 42 亿元。即使是如此大的数额，也仅仅是这个骗税"产业"中的冰山一角。

在 2016 年到 2018 年国税总局对深圳退税的稽查中，深圳××进出口贸易有限公司，取得浙江合纵虚开增值税专用发票 302 份，取得江西灵通虚开增值税专用发票 257 份等，共涉及退税款 102659710.27 元；深圳××供应链服务有限公司，取得浙江某公司虚开增值税专用发票 20933 份，涉及退税款 529160250.14 元；深圳××企业服务有限公司，取得深圳索赛虚开增值税专用发票 6073 份，涉及退税款 84959382.74 元。

深圳供应链行业因进出口退税而发展，骗税则成为这个行业的绊脚石。2017 年，深圳大大小小的供应链企业加起来超过 5000 家，除了第一梯队（已上市）、第二梯队（准上市）的供应链企业，剩下的供应链企业其实都难以为继。因为大家都是在做广度供应链（扁平化），产品化的服务少、拼价格、体量不够的供应链企业是没有生存空间的。按照深圳如今的一般贸易进出口总量，在深圳提供广度供应链服务的公司，不会超过 1000 家。深圳 2016 年一般贸易进出口总额为 1.2 万亿元人民币，数字看上去非常庞大，当除去大型企业自营出口，以单纯金融供应链的低毛利，实实在在可以养活自己的供应链企业少之又少。那为什么还会存在这么多的供应链企业，这个问题值得深思。

对于骗税这个问题，整体可以归纳为两大原因。

第一，主观上，企业纳税人诚信缺失、虚开发票、骗取国家财政。

参照过去深圳供应链企业形势，骗税行为可以归纳为两项：因供应链企业不诚信，自身实施的骗税行为；因供应链上游企业虚开发票，利用供应链便利通关及退税条件实施的骗税行为。前者是企业自身诚信原因产生的骗税行为，这是法律所禁止的；但后者是因为上游企业不诚信而牵连供应链企业，这是供应链企业风控的问题。

第二，客观上，增值税税制及退税政策的问题。

增值税设立的初衷是好的，利用对增值部分征税的方法避免对企业重复收税，从而降低企业税收成本。但是，社会分工化的大前提下，单一商品内包含的纳税主体会非常多。例如，手机这类智能设备，单个手机所涉及的增值税纳税主体至少也有二三十个，但如果其中有一个纳税主体纳税不实，则会影响到整个商品（纳税主体过多，导致难以核实）。

也是因为增值税的税制问题，在内销（从商家到消费者）这个最后环节中，增值税发票对消费者没有作用。而部分不诚信企业会将这部分增值税发票转开给其他企业，由其他企业进行配货退税，这类状况也时有发生（增值税票对于最终消费者并无意义）。

三、骗补猖獗

提升进出口方面，内陆城市因地理限制，无法与沿海城市相比。所以部分内陆地方财政以 1 美元补贴 3 分人民币的形式（最高的时候达到 1 美元补贴 5 分人民币），鼓励出口创汇。另一方面，为拉动当地 GDP，采用以生产一台机器或产品补贴多少人民币，产值产量与补贴直接挂钩的政策。而这一政策为"骗补"提供了可能。近年来，部分供应链企业也踏入骗补行列，它们利用其轻资产、高出口额的特点，将货物在内陆城市流转一次，产生在当地出口的假象，并以此骗取地方财政补贴。

产业往内陆转移是好事，也符合我国中西部发展的大战略。但是需要把地方出口财政补贴落到实处，为当地产业注入活力，确切地提高地方经济水平。如果将骗补作为一种盈利模式，则企业发展的持续性和竞争力就成了大问题。

四、"理财""套""汇""存"成为重要利润来源

近年来，深圳供应链企业相当一部分利润来自理财、套利、汇差及存款。这导致供应链行业受外围经济形势影响很大，甚至直接关系到公司存亡。某供应链公司在人民币走强时，利用金融工具套取汇差，在 2015 年公司整体盈利 7000 余万元，其中 6000 余万元是金融理财收入；而在 2016 年人民币回落时，公司无法利用汇差套利，整体盈利下降了 4000 余万元。对金融理财收入的过度依赖，使得供应链企业的抗风险能力变弱。

这些歪门邪道都是难以为继的。将供应链服务与供应链金融紧密结合，深入产业内部，解决产业痛点，寻求共同发展，服务实体经济，这才是供应链企业的正道。

2017 年 10 月 13 日，国务院办公厅首次就供应链创新发展出台指导性文件，印发了《国务院办公厅关于积极推进供应链创新与应用的指导意见》（国办发〔2017〕84 号，以下简称《意见》）。根据《意见》，供应链行业的改革和发展方向应重点把握四个方面。

第一，要推进供应链创新与应用，推动集成创新和协同发展。以供应链与互联网、物联网深度融合为路径，以信息化、标准化、信用体系建设和人才培养为支撑，创新发展供应链新理

念、新技术、新模式，高效整合各类资源和要素，打造大数据支撑、网络化共享、智能化协作的智慧供应链体系。这就要求，供应链服务必须往专业化发展，通过商流、物流、信息流以及资金流的有效整合，实现产业和企业的共同发展。同时，通过信息化和新兴技术手段，提升供应链运作效率，往纵深化发展。此外，供应链服务企业必须帮助企业解决信息不对称、交易成本过高、标准不一和信用不完善等问题，构建多层次服务体系，提升运作效率。

第二，要进行供给侧结构性改革，促进降本增效和供应匹配。目前全国已形成庞大的产业集群（千亿级以上集群 61 个，500 亿级到千亿级 161 个，百亿级到 500 亿级 1198 个，20 亿级到百亿级 2530 个），这些产业集群创造了 5500 万就业岗位，50 万亿元销售收入，但由于没有形成合力，没有建立行业性信用，滥用价格战，部分产业存在产能过剩、库存积压和资金流问题。首先，供应链的管理和组织方式，能有效利用生产要素，促进资源整合，实现资源优化配置和利用，避免浪费并优化产业结构。其次，产业经营模式逐渐由 B2C 转向 C2B2M① 的模式，势必要求生产方式精益化和敏捷化，供应链能提供强大的方案支撑。最后，供应链能优化融资结构，通过商流、物流和资金流的有机融合，以产业带动金融发展，让资本回归实体，形成良好的经济循环。

第三，要打造全球利益共同体和命运共同体，引领全球化和提升竞争力。《意见》明确了供应链的六项重要任务，强调供应链全过程的智能化、产业组织方式的生态化、产业运行的服务化，

---

① C2B2M 为 Customer-to-Business-Manufacture，即"从消费者到商家到生产企业"。C2B2M 要求通过线上平台，将生产者和消费者直接联系起来。

高效协同三大产业的发展。同时，鼓励积极发展供应链金融，使金融服务于产业，让产业促进金融发展，实现产融结合和可持续发展。此外，打造全球供应链也是产业发展的关键，包括融入全球供应链网络、提高全球供应链安全水平和参与全球供应链规则制定，通过带动产业发展，提升全球竞争力。

第四，《意见》提出，到 2020 年，形成一批适合我国国情的供应链发展新技术和新模式，基本形成覆盖我国重点产业的智慧供应链体系，培育 100 家左右的全球供应链领先企业，成为全球供应链创新与应用的重要中心，这对深圳的服务型供应链无疑起到了积极的引导和推动作用。通过创新和运用供应链管理手段，强化供应链服务体系，探讨和建设供应链金融创新模式，带动周边企业和产业的共同发展，这将有利于提升深圳和中国在全球的竞争力。

回首供应链行业风风雨雨的 20 年，不禁让人赞叹深圳的活力、毅力和创造力。美国著名科幻作家威廉·吉布森（William Gibson）曾说："The future is already here—it's just not very evenly distributed." 我们相信，世界的未来已经在深圳，而且深圳还会让这个未来更加精彩！

第八章 深圳手机产业嬗变：
中国制造业升级的一个成功模板

唐东波

　　积极推动产业升级被认为是当前实现中国经济转型和持续增长的关键，因此深入理解产业升级的内涵及其发生机制将有助于相应政策措施的科学制定。产业升级可以分为产业间升级和产业内升级，前者从宏观的视角探讨了在经济发展的不同阶段，资源应该如何在不同产业之间进行动态配置和优化，这也是传统意义上的产业结构调整问题；后者则从微观角度讨论了资源在同一个产业内的不同企业之间如何进行配置和优化，以及相应的企业在技术水平和生产效率等方面的提升。产业结构的变化抑或产业间升级对经济增长的贡献不容忽视，但其重要性已随着经济的不断发展而有所减弱。近年来，中国企业在技术水平上不断升级，出口产品结构开始接近美国和欧盟，即使是加工出口中所使用的本土原料和零件也不断增加，产业内升级现象便引起了各方的日益重视。

> 本章试图从一个特定的产业，即中国手机制造产业的视角出发，通过回顾手机制造产业在深圳的发展，剖析中国制造业产业内升级可能的机制和路径，进而讨论其对中国产业升级政策选择的意义。

中国手机行业自 20 世纪 90 年代以来经历了快速的发展和显著的产业内升级历程，一定程度上，手机制造产业可以被视为在中国的政策和市场环境下实现产业内升级的一个成功案例。对此一个直观的现象是国产手机产量的扩张，如图 8-1 所示，全国手机的年产量从 1998 年的 2215.20 万台增加到了 2016 年的 20.58 亿台①，而 2013 年中国手机产量的全球占比就已经超过了 80%。②

数量方面的扩张当然不足以完全证明中国的手机制造产业确实发生了产业升级，产品质量以及生产技术等方面的改进更能说明问题。从手机本身的功能与质量而言，国内一线自主手机品牌

---

① 目前官方对国内手机产量的统计有不同的口径。其中工业和信息化部主要依据其核发的手机入网许可证数量，所有在国内上市销售的手机都必须获得入网许可证。根据工业和信息化部的数据，2013 年共计有 2 亿余部手机获得了入网许可证。但由国内生产但出口到国外销售的手机不需要获得国内的入网许可，因此这部分产量是不会体现在工业和信息化部的统计数据中的。深圳市手机行业协会根据海关出口数据估计，2013 年的出口手机达到了 11.9 亿部。此处我们引用了国家统计局公布的手机年产量数据，国家统计局并未对该数据的统计口径进行说明，但从 2013 年数据上推测应该已经对国内销售和出口手机进行了加总。

② 根据深圳市科技创新委员会提供的数据，2013 年全球手机产量为 18.22 亿部。

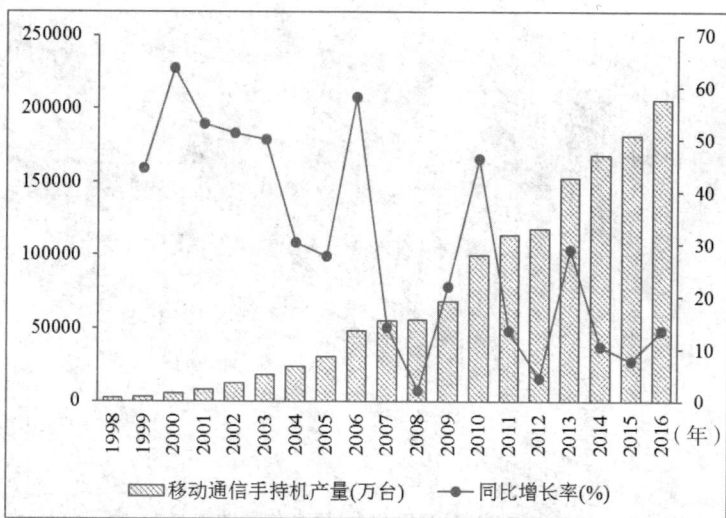

图 8-1　全国移动电话年产量及增长率（1998—2016 年）

数据来源：国家统计局"国家数据"在线数据库

不仅已经完全可以与三星等国际品牌同台竞争，在欧美、东南亚、南美等海外市场上份额领先的不少品牌，其手机产品也均为中国企业（尤其是深圳企业）代工生产。首先，在中国市场上，根据国际研究机构 GFK 公布的 2017 年中国手机销量排行，华为以 1.02 亿部的销量位列第一，并大幅领先位于二至五位的 OPPO、vivo、苹果和小米，而如图 8-2 所示，三星在中国市场仅以 1107 万部的销量排在第八位。在国际市场上，中国的手机出口量已从 2004 年的不足 1000 万台快速上升到 2015 年的 8.3 亿台（如图 8-3 所示）。根据美国调查公司 IDC 公布的全球范围内手机销量情况，2016 年全球智能手机总销量超过 14.7 亿部，其中总销量排名前五的手机厂商分别是三星、苹果、华为、OPPO 和 vivo，在位居首位的两个厂商均经历了销量和市场份额下降的情

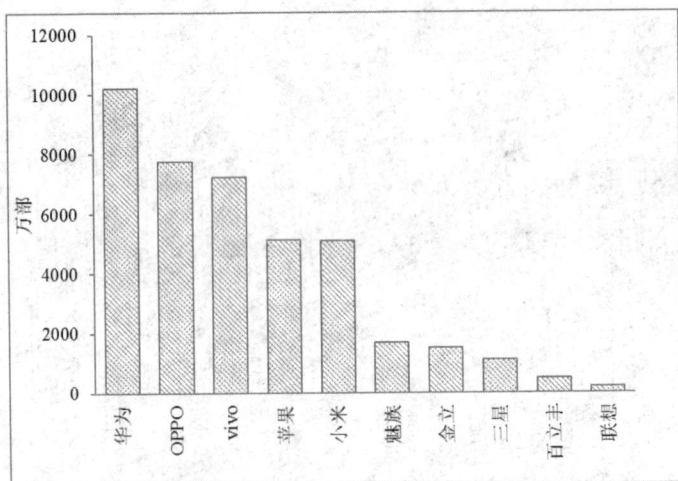

图 8-2 2017 年中国手机销量排名

数据来源：GFK

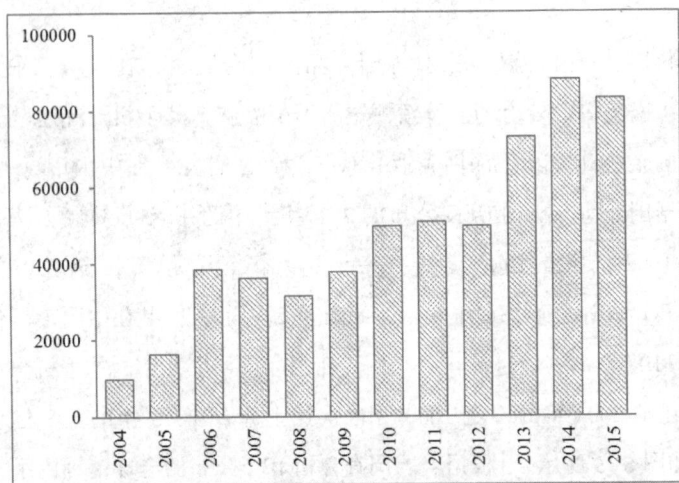

图 8-3 2004—2015 年全国移动电话年出口量（单位：万部）

数据来源：2005—2010 年《中国信息产业年鉴（电子卷）》，2011—
2015 年《中国信息产业年鉴》

况下，中国手机品牌的销量和市场份额却保持了较大幅度的增长
（如图 8-4 所示）。

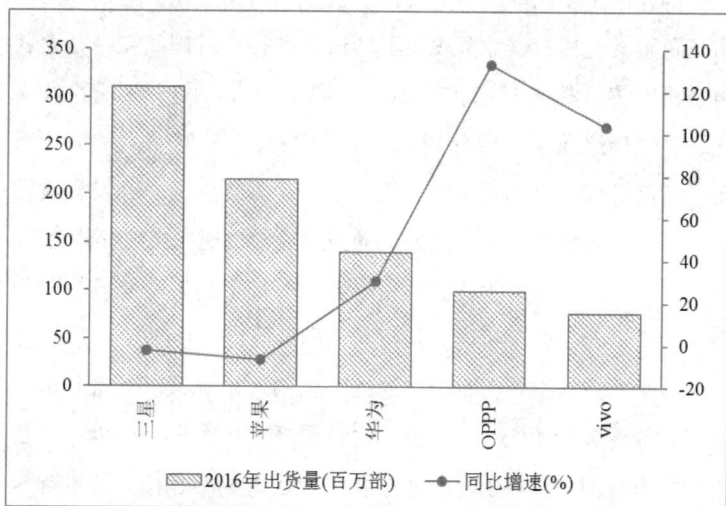

图 8-4　2016 年世界智能手机出货量

　　其次，在竞争激烈的中国手机产业中，更有如传音、一加等
品牌另辟蹊径，专注于海外市场。凭借对非洲消费者深入的了解
与品牌的不断创新，深圳传音控股在 2016 年的出货量接近 8000
万部并占据了非洲手机市场约 38% 的份额。传音最初是作为第一
款双卡手机在非洲市场走红的，之后公司又在本地化产品开发上
做了很多努力，如聊天工具 Palmchat 最初是针对功能机开发出来
的，为了使用户在智能机上也可以继续使用，传音开发出了 An-
droid 和 ios 版本，使该软件成为唯一一个跨所有手机平台的即时
聊天工具，目前注册用户已超过了 1.1 亿。此外，为了开发出适
合黑肤色用户的美肌模式，传音还特别成立工作小组，大量搜集
当地人的照片，进行脸部轮廓、曝光补偿、成像效果的分析，通

过对眼睛和牙齿进行定位进而加强曝光，使非洲消费者也可以拍出满意的照片。

同样起步于深圳的一加手机，创始人刘作虎凭借早期在海外市场负责蓝光播放器业务积攒下的经验和行业口碑，在一开始就将手机销售目标同时定位在国内和国外两大市场。依托粉丝文化、高性价比和专为国外用户设计的手机交互界面，一加在欧美、印度等市场也得到了很大的认可，其旗舰手机一经发售就被抢购一空或消费者争相排队购买的报道经常出现在当地媒体上。

可见，随着国产手机品牌在国内外市场上销售份额的不断提升，消费者对中国手机的质量与功能的认可也在逐渐提升。

从生产技术上看，目前国内的手机制造企业不仅具备整机组装和元器件装配的能力，在技术含量更高的生产环节上也已具备生产能力。例如，在手机制造产业链中居于核心地位、技术含量最高的芯片制造方面，尽管高通、苹果、三星、联发科等少数几家海外企业仍然处于寡头垄断地位，但目前位于深圳的海思半导体有限公司和上海的展讯通信有限公司两家企业都已经具备了手机芯片的设计和生产能力。华为从 2004 年开始组建手机芯片研发队伍，并于 2009 年推出第一款智能手机芯片——K3V1（未市场化），虽然 2012 年推出的 K3V2 在走入大众视野后颇受诟病，但由于华为一直没有放弃对手机芯片的研发投入，我们看到了从 2014 年起开始崭露头角的麒麟 910、920 系列以及在 2016 年大放异彩的麒麟 960，这充分体现了中国企业在移动处理器行业中实力的不断提升。

在指纹识别芯片领域反超瑞典 FPC 的深圳汇顶科技可谓中国手机产业链中的又一杰出代表。在国内，指纹识别安全需求自华为在 2014 年 9 月份推出 Mate7 手机后开始凸显，华为当时找遍了国内外多家指纹识别方案提供商，最终选择了瑞典 FPC 公司的方案和产品。尽管此芯片每颗增加了 100 元左右人民币成本，但由此获得支撑的用户体验和安全需求的满足，让当年的 Mate7 大卖，成为此后一段时间里各手机厂商竞相模仿的对象，而来自瑞典的 FPC 公司也因此迅速拿下国内多数市场份额，自身体量两年内实现了 20 倍增长。[①]

　　正是看到了这样的市场机会，汇顶科技于 2014 年 5 月正式进入指纹识别行业，此后公司研发投入一直保持在收入的 10% 左右。除了高额的研发投入，作为中国公司，汇顶也拥有国外厂商少有的艰苦奋斗和更为优质的本地化服务，比如入驻客户工厂，与客户紧密合作以提升产品体验等，在追求快速的手机行业中，这一品质很快使其获得了客户的信任。也正是这种为客户提供优质服务的态度，使得汇顶完成了为魅族 MX4 Pro 指纹识别芯片量产的任务，也为之后获得华为、vivo、中兴、小米、魅族、LG、Nokia、华硕等公司客户打下了坚实基础。而华为 P10 的前置指纹识别技术采纳了汇顶首创的指纹与触控一体化技术——"IFS 指纹识别方案"，也意味着中高端主流安卓品牌手机中 FPC 一家独大的局面被打破。

　　此外，在对新技术的引领上，国产手机也逐渐走出了自己的特色，如 OPPO 的 VOOC 闪充技术和 vivo 的柔光灯拍摄技术，就是根据对用户需求的细微体察而进行的创新。

　　在国产品牌手机的带动下，国内为智能手机提供零配件的企业也逐渐发展起来，并通过技术升级成为相应领域的排头兵。虽

---

① 腾讯科技，《指尖上的战争：汇顶科技如何反超瑞典 FPC》，http://tech.qq.com/a/20170618/010811.html。

然从 2014 年起才进入摄像头模组领域，但凭借最初在单摄像头模组领域积极开拓中低端客户群，2016 年年底欧菲光在摄像头模组领域逐步达到了出货量第一的位置。之后对双摄像头模组的积极布局，也使得欧菲光打败台湾摄像头模组大厂光宝科技成为华为双摄像头模组的第一供应商，并在 OPPO、金立等国内手机品牌厂商中抢占了重要份额。从 2016 年年末欧菲光收购索尼（中国）在广州的生产基地之举中，我们也能看出其在寻求产能扩张和技术升级上的努力。由于索尼是苹果主要的前置摄像头供应商，欧菲光也有望借此进入苹果前置摄像头供应链体系，进一步实现生产技术与工艺的升级。

可见，近几年国内手机产业链无论是从下游品牌端，还是上游的零部件供应端，都实现了很大的突破，并逐渐在各自领域占据了一席之地，手机产业升级现象明显。

当一个产业被完全"放养"

之所以选择深圳的手机制造产业进行考察，除了目前深圳在全球手机制造产业中的重要地位以外，还因为深圳的手机制造产业在发展过程中所面临的政策和市场环境是值得关注的。从实地调研和政策文本的分析来看，除国务院相关部委制定的手机制造产业准入限制以外，深圳手机制造产业的发展基本没有受到太多的政策限制，而政府对深圳手机制造产业也没有提供太多实质性的政策扶持，有限的政策便利仅仅局限于提供更为优质的公共服务。这与许多受到针对性的政策照顾，但在很长时期内并没有得到很好发展的产业形成了十分鲜明的对比。也不禁让人联想到，在一个几乎完全市场化的环境下，一个产业可以自发地形成有效的产业内升级而无须占用过多的政策资源，这或许可以为推动中国产业升级的政策设计提供有意义的参考。

一、基因内核：创新与奋斗铭刻在深圳精神的最深处

作为中国改革开放的窗口，建市不足40年的深圳2017年生产总值预计超过2.2万亿元，全社会研发投入超过900亿元，占GDP比重4.13%，真正成为仅次于北京和上海的中国第三大城市。近期深圳市委全会又提出，到21世纪中叶，成为竞争力、影响力卓著的创新引领型全球城市。是什么让深圳在短时间内就取得如此成就，为何当地政府强调创建创新城市？我们可以通过几个例子发现其中的奥秘。

1987年在深圳注册成立的华为当时还是一个名不见经传的小公司，而在成立30余年后，这个小公司已经成为产品和解决方案应用于150多个国家，服务全球1/3运营商的国际巨头。回望过去，华为的创业经历能最好地诠释深圳电子通信产业的政策环境和发展历史。

这里面有一段往事值得一说，就是华为的"床垫"文化。在早期，华为给每个员工都买过床垫。任正非说，"你们开发人员搞累了，可以随时躺在地上休息一会儿"。这种"床垫文化"也是华为对开发人员的关怀。据媒体报道，几乎每个华为人都备有一张床垫，卷放在各自的储物铁柜的底层或办公桌、电脑台的下面，外人从整齐的办公环境中很难发现这个细节。午休时间，席地而卧，方便而实用。晚上加班，夜深人静，灯火阑珊，很多人几个月不回宿舍，就在这张床垫上，累了睡，醒了再爬起来干，黑白相继，没日没夜。可以说，一张床垫半个家。工作紧张而繁

忙的华为人，干脆将"公司—宿舍"两点一线式的生活压缩叠合成一点。

这种拼搏精神成就了华为，当然，也无时无刻不在激励着后来的创业者。在 2017 年 4 月的深圳调研中，柔宇科技董事长刘自鸿博士向我们透露了 2012 年回国创业为何选址深圳的一些小故事。他在访谈中讲道，"在去过北京和上海之后，最后一站才来到深圳。有一天半夜，已过了凌晨，站在华为大厦楼下，整座大楼依旧灯火通明，那一刻起，我就决定，不走了，就在深圳！"

此外，政府为吸引高科技人才而推出的"孔雀计划"[①] 所给予的丰厚补贴、完善的配套产业链以及众多的风险投资者，也是柔宇落户深圳的原因。2014 年柔宇在全球第一个发布了国际业界最薄、厚度仅 0.01 毫米的柔性显示屏，引领了柔性显示和柔性电子产业的新潮流。公司创立四年估值突破 30 亿美元，成为全球成长最快的独角兽科技创业公司之一。[②]

可见，正是这些不断拼搏进取的企业，员工的辛苦工作以及他们不断进行创造所带来的技术进步，带动了深圳的不断发展，并吸引着大量优秀的人才加入这个创新、创业大潮中，从而共同推进了城市的经济发展，也促使政府为城市的创新、创业提供了大力的支持。

二、行业大势：引领全国的深圳电子产业

企业不断发展的背后离不开政府提供的政策扶持和便利。从

---

① 深圳政府于 2011 年起推出的致力于引进海外高技术人才的项目，对纳入该项目的个人或单位，政府可提供奖励补贴、居留落户等待遇，团队可获得的专项资助达 8000 万元。

② 柔宇科技官方网站，http://www.royole.com/introduction。

2005 年深圳市政府提出企业自主创新的号召以来，深圳在电子信息产业方面进行了产业结构的调整优化，并将国有资产退出电子工业行业，逐步发展了以电子信息产业为主导、适度重型化制造业为重点、现代服务业为支撑的产业体系。在 2007 年，深圳着力在集成电路、手机、新型显示器件、汽车电子等行业进行了重大项目和产业集聚基地的建设。此后，一批优秀的电子类企业逐渐崛起，华为、中兴、康佳、华强、创维、航盛 6 家企业成为国家级创新技术企业中心；好易通、海能达、国人通信等 32 个电子企业成为市级企业创新技术中心。而这批骨干企业凭借在产业链的核心主导地位，又带动了配套中小企业的发展，电子信息产业成为拉动深圳工业增长的主力军。①

2016 年深圳电子信息制造业产值达 1.6 万亿元，同比增长 7%，占据着全国近 1/6 的份额。根据中国电子信息行业联合会 2016 年公布的中国电子信息百强企业名单，共有 18 家深圳企业入围，除华为连续九届位居榜首外，中兴和比亚迪也进入了前十名。此外，华为和中兴也出现在每年的我国发明专利授权量前十强企业名单中。

在深圳市科技创新委员会主任梁永生在 2017 中国（深圳）IT 领袖峰会上对深圳电子信息产业进行的介绍中，我们可以看到深圳在各个领域都有一批优秀的带头企业。集成电路方面，作为全国集成电路的集散中心、设计中心、应用中心和创新中心，自 2012 年开始深圳集成电路设计产业规模和技术水平一直位于全国城市第一位。2016 年集成电路设计产业规模为 420 亿元，连续五

---

① 电子发烧友，《1992—2008 深圳电子业野蛮生长史山寨 or 创新？》，http://www.elecfans.com/article/90/156/2016/0613422855.html。

年位于全国首位。在 IT 设计方面有海思、中芯微电子、比亚迪微电子；在 IC 制造方面有深爱半导体、方正微电子和中芯国际；在封装测试方面有意法半导体、赛意法微电子等多家公司。① 可见，深圳无论在产业基础还是龙头示范效应方面都体现了其在电子信息产业中的独特优势。

此外，深圳在创新体系和能力方面也在不断优化，2016 年苹果、微软、高通等全球知名公司在深设立研发机构，深圳企业参与的 4G、TD-LTE 关键技术应用首获国家科技进步奖，华为短码方案成为 5G 标准之一，柔宇科技的柔性显示技术也处于全球领先地位。

正是凭借发达的电子信息行业所积累下来的丰富产业资源，深圳也逐渐吸引了更多新兴高科技产业的入驻，不断进行着产业转型升级。在世界民用无人机领域占据 70% 以上市场份额的大疆科技将企业创办地选在深圳，很大程度上就要归功于深圳完善的产业链配套及研发优势。无人机所需要的锂电池、陀螺仪、GPS 模块等传感器设备，与智能手机有着相近的运用，而航空铝的后加工处理，也是附着于大量手机类消费电子外壳的生产基础上，而深圳在这些关键零配件产业上都已形成了优势。于是我们看到，近年来深圳已经逐渐成为全球无人机的集散地，并因此多了一个新的标签——"无人机之都"，可以说在无人机的产业配套方面，深圳称得上全球最好，没有之一。②

---

① 《深圳 IT 产业发展报告》，发布全国电子信息企业十强深圳占三席，南方网，http://kb.southcn.com/content/2017-04/02/content_168212874.htm。

② 《深圳前副市长唐杰："无人机"为何在深圳爆发?》，21 经济网，http://www.21jingji.com/2016/12-14/3NMDEzNzlfMTQwMDI3Nw.html。

可见，正是深圳特有的创业精神、政府在相关产业和人才引进上给予的政策支持、长期以来相关产业的不断升级及其积累起来的完善的配套产业链奠定了深圳作为创客之城的美誉和基础，使得深圳在创新方面一直走在行业前列并不断吸引着新的前沿产业和人才的入驻。

三、政策导向：不刻意关注的"放养"

具体到手机行业，从宏观上来看，政府对国内手机制造产业的干预始于20世纪90年代末。为了限制当时摩托罗拉、诺基亚和爱立信等几家主要的国外手机厂商在国内市场上的垄断，培育国内手机厂商的研发和制造能力，当时的信息产业部和国家计委联合发布了《关于加快移动通信产业发展的若干意见》，明确规定"严格控制移动通信生产项目的立项、审批""将移动电话的生产纳入国家指导性计划"，要求手机的生产企业必须获得信息产业部的许可牌照，从而正式开始对国内手机制造产业实行准入审批。[①]

随着我国手机产业发展内外环境的变化，一方面，2004年《行政许可法》的实施使得通信行业这种直接关系公共利益并能完全通过市场竞争进行有效调节的行业不能再设定行政许可；另一方面，加入WTO后，中国已走过了三年的保护期，国内电信产业的开放和手机产业自身在技术和市场开拓方面取得的成果使得手机行业开放的条件已经成熟；此外，一部分已获得牌照的手

---

① 引入手机生产准入审批的主要目的是限制当时摩托罗拉、诺基亚和爱立信等几家主要的国外手机厂商在国内市场上的垄断势力。截至2005年手机生产牌照审批制终止，信息产业部共计发放了49张手机生产许可牌照，获得许可的企业中外资背景的仅有摩托罗拉和13家合资企业，其余均为内资企业。

机企业因无法适应市场竞争而靠"租牌照"、变相"倒卖"牌照来维持自身生计，而众多无牌照厂商却因行政审批的限制被排除在手机生产行列之外，产生了资源的错配和浪费。因此，在各种因素的结合下，必须对当时的审批制进行改变。2005 年，国家发改委发布了《移动通信系统及终端投资项目核准的若干规定》，明确了手机制造企业的进入标准，包括注册资本不低于 2 亿元人民币，专业经营 3 年以上，以及拥有完整的研发、生产、销售和售后体系等，由此国内手机制造产业的准入转为核准制。但相对较高的进入门槛仍然限制了手机制造企业数量的增长，当时国内市场上基本都是规模较大且拥有自主品牌的手机制造企业，整个手机制造产业的毛利率水平也相对较高。

但在 2004 年，靠 DVD 芯片研发等多媒体技术起家的台湾企业联发科，创造性地将 MP3、摄像、调频收音机、触摸屏等功能全部整合到手机中。这种将芯片、软件平台和第三方应用软件捆绑在一起整套售卖的方式，使得手机制造所需的外围元器件大大减少，生产手机所需的固定投资也一下降到了数百万元人民币的水平，手机生产商甚至只须添加一个外壳、一块电池就能造出自己的手机，节约了成本的同时，手机研发周期也被大大缩短。低廉的价格、强大的一体化解决方案以及手机行业的高利润立即吸引了众多企业进入手机制造产业，联发科也因此一度成为大陆最大的手机芯片供应商。但政府对于手机生产牌照的申请标准并没有立即修改，因此大量的手机制造企业生产的是没有经过政府认证的所谓"山寨机"。

直到 2007 年 10 月 12 日，在国务院公布的第四批取消和调整的行政审批项目中，才取消了对国家特殊规定的移动通信系统及终端等生产项目的核准，这也意味着手机制造产业的牌照制度彻底结束。[①] 手机制造企业的注册资本门槛由此前的 2 亿元人民币直降至 2000 万元人民币，使得数百家（甚至更多）企业迅速进入，更加开放的手机制造产业竞争开始白热化，更为自由和开放的市场使得厂商的毛利率水平也迅速下降。

　　但除了面临由中央主管部委设定的准入规则以外，深圳的手机制造企业并没有受到太多来自政府层面的有针对性的限制或扶持。在深圳手机产业发展的初期，走私贩卖等非法现象较为突出，此后随着手机生产技术门槛的降低，各种未经监管部门认证的山寨机被大量生产。深圳市政府对这些现象采取了相对较为容忍的态度，相应的限制性政策仅仅局限于次数有限的整顿。直至深圳成为全球最大的手机制造集聚地，深圳市政府也并未专门出台鼓励发展手机制造产业的扶持性政策。在近几年深圳市政府发改委公布的《深圳市产业结构调整优化和产业导向目录》中，移动通信设备生产既没有被列入鼓励发展产业行列，也没有被限制发展。[②]

---

　　① 张晔，《"新兴战略产业的进入管制与管制绩效——以我国手机"牌照制度"的实践为例》，《产业经济研究》，2009 年第 1 期，10-18 页。
　　② 当然，如果说深圳市政府对手机制造业完全没有针对性的政策也是不公允的。例如，2008 年 3 月，福田区政府与工信部电信研究院共同建立了南方手机检测中心，这是唯一一家设在地方区域的通信和手机产品检测入网平台。从 2008 年 8 月开始，珠三角企业可以自愿把样本送到北京实验室或者深圳南方分院实验室检测，这样能够大大缩短手机企业产品从研发到上市的时间。在检测项目方面，GSM 手机检测项目少了 10 项，CDMA 手机检测项目少了 11 项，削减检测费用 50% 左右；规定实验室手机进网检测平均时间缩短至 8 个工作日，这无疑在一定程度上减轻了手机制造企业的负担。但与同时期许多行业所享受到的包括税收、补贴、用地、投资等方面的优待力度相比，深圳手机制造业获得的政策扶持可以说微乎其微。

四、一个小意外：便利通关对深圳手机产业的积极作用

值得注意的是，深圳市政府在一些没有产业针对性的公共服务方面却为手机制造产业的发展创造了有利条件，特别是在与香港之间的海关手续上，深圳市的通关效率可能是全国最高的。

深圳湾口岸是我国首个实施"一地两检"的口岸，2007 年开通至今平稳运行。在"一地两检"模式下，进出境旅客正常情况下 10 分钟即可过关，客运、货运车辆来往深港两地也仅需 10—15 分钟，大大节省了旅客和车辆的通关时间，提高了通关效率。[①]

皇岗海关是目前我国规模最大的客货综合性公路口岸，从 1994 年 11 月 3 日起开辟了两条货检通道试行 24 小时通关，并设置了空车验放专用通道。[②] 2003 年 CEPA 协议[③]正式签署，内地旅客赴港澳自由行开始实施，同年 1 月，皇岗口岸便开始实行旅检通道 24 小时通关，成为全国首个客货运渠道均实行 24 小时通关的公路口岸海关。[④]

----

① 《"一地两检"实行十年　深圳湾口岸有哪些经验可借鉴》，新华网，http://www.xinhuanet.com/gangao/2017-03/31/c_129522880.htm。

② 深圳市人民政府口岸办公室网站，http://www.szka.gov.cn/bmfw/katgfw/index.htm。

③ CEPA（Closer Economic Partnership Arrangement），即《关于建立更紧密经贸关系的安排》的英文简称。包括中央政府与香港特区政府签署的《内地与香港关于建立更紧密经贸关系的安排》、与澳门特区政府签署的《内地与澳门关于建立更紧密经贸关系的安排》。总体目标是：逐步减少或取消双方之间实质上所有货物贸易的关税和非关税壁垒；逐步实现服务贸易的自由化，减少或取消双方之间实质上所有歧视性措施；促进贸易投资便利化。

④ 海关总署网站，http://www.customs.gov.cn/tabid/2433/infoid/855730/frtid/65602/default.aspx。

实行 24 小时通关的背后，是深圳对香港出口，特别是手机、电脑、电子设备等高档机电产品出口的飞速增长，这些电子产品需要更快的时机来先人一步抢占市场。与此同时，深圳电子制造业发展迅速，推动对港机电产品出口以年均近两成的速度快速增长，占比由香港回归当年的 35.8% 增至 2016 年的 84.9%，在对港出口主要商品中占据主导地位。

此外，为积极应对、服务地方经济结构新变化，香港回归以来，深圳海关全力提升口岸通关效率，满足"深圳速度"的外贸需求。2002 年起，海关在粤港公路口岸实施自动核放系统，实现车辆在公路口岸卡口的自动识别和自动验放，将正常车辆在口岸通关时间由原来的 2 分多钟缩短为 5 秒内。

2007 年启动跨境快速通关业务，实现粤港公路口岸与主管地的无缝衔接；2012 年起开展香港海关"多模式联运转运货物便利计划"与内地海关"跨境快速通关"衔接计划，实现了从香港启运地，经两地公路口岸，来往内地指运地的全程快速通关，与普通转关模式相比，进口通关效率内地段提升 26 分钟以上；2014 年以来，完成粤港公路口岸通关模式由地方版向全国版的转化。

在我们的实地调研中，相关企业也表示，在上海等地三到五天的通关流程，在深圳只需半天到一天。深圳市海关还对通关合格率纪录良好的企业实行低抽检率和快速通关的优惠，也属于全国首创。

以上政策的实施与变化都表示了深圳海关在促进通关便利方面一直都是积极的改革创新者，这些政策的主要目的是促进对港的经贸发展，并不是针对性的扶持政策，但其带来的便利同样为手机制造企业所享受。可以认为，这些一般化的政策优势或许为深圳手机制造产业的发展增加了动力。

有趣的是，早在 1993 年世界银行发布的题为《东亚奇迹——经济增长与公共政策》的研究报告中提出了所谓的功能性增长的政策分析框架。① 在这个框架中，有效的产业政策就仅仅局限于协调信息与合作，创造良好的竞争环境等非常一般化的方面，而非对某些产业的重点培育和扶持。如果从这个角度出发，一定程度上，深圳手机制造产业面临的恰恰就是一种中性的产业政策。深圳手机制造产业的成功或许正是这种中性产业政策成功的又一案例。

那么，在这种所谓的中性产业政策环境下，深圳手机制造业的产业升级和发展是如何发生和推进的呢？站在产业的视角来看，两个特征是引人注意的：其一是市场力量下形成的产业集群和专业化分工不断推动了深圳手机制造产业的升级和发展；其二则是深圳手机制造业始终与国际市场紧密联系。当然，无论是产业集群、专业分工还是参与国际竞争，其效果都与深圳临近香港这一难得的区位优势有着莫大关系。

2.0 版本的产业集群助飞深圳手机产业

一、手机制造产业在深圳的集群

几个简单的统计数据可以在一定程度上说明深圳手机制造产业的集群现象，根据工业和信息化部公布的数据，在 2010 年年末至 2014 年 8 月，由工信部核发进网许可证的移动电话设备共计 13255 款，相关生产企业共计 2022 家，在剔除了生产企业所在城市信息不明的样本后，上述数据分别变更为 11719 款和 1791 家，其中由位于深圳市的企业生产的移动电话设备有 8003 款，占总数

---

① World Bank, *The East Asian Miracle*: *Economic Growth and Public Policy*, New York, NY: Oxford University Press, 1993.

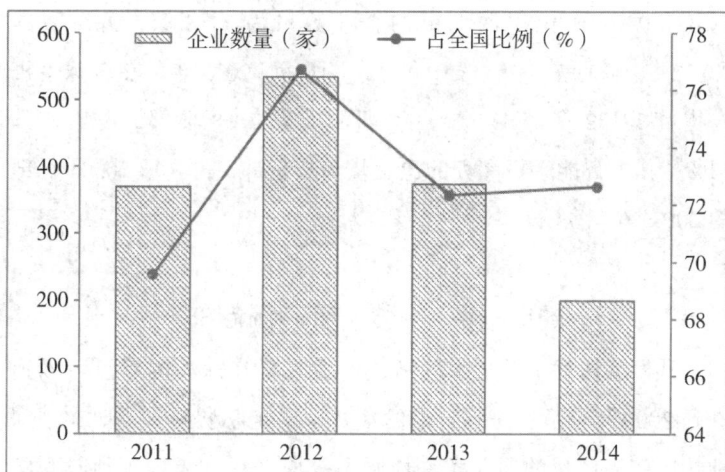

（a）位于深圳的手机制造企业数量

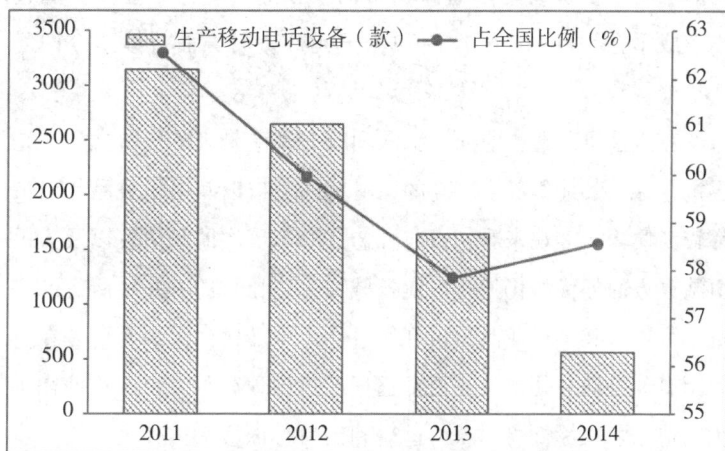

（b）深圳企业生产的移动电话设备

图 8-5　2010 年以来深圳企业生产的移动电话设备获工信部进网许可证情况
注：2014 年数据截至 8 月 21 日。原始数据中 2010 年数据不完整，故未绘制在图中。原始数据中共包括移动电话设备 13255 款和相关生产企业 2022 家，图中数据剔除了生产企业所在城市信息不明的样本，按照移动电话设备总计 11719 款和相关生产企业总计 1791 家计算。
数据来源：中华人民共和国工业和信息化部网站 http://gzly.miit.gov.cn:8080/datainfo/miit/jwxkml.jsp（2014 年 8 月 21 日检索）

的 68.30%，而位于深圳市的企业数量为 1478 家，占总数的
82.52%，详见图 8-5（a）和（b）所示。2013 年，在全球手机
出货量 18.22 亿部中，出自深圳的就有 7.58 亿部，占比达到
42%；其中智能手机深圳的出货量为 2 亿部，占全球 10.04 亿部
的 20%。①

二、逛一圈华强北能组装一部 iPhone 6S

从发展历程上看，手机制造产业集群在深圳的起点可以追
溯到 2000 年前后，来自香港的水货手机走私贸易。当时，被深
圳特区较为优越的通关条件所吸引，原先在广东禺等地较为集
中的水货手机贸易逐步向深圳市的华强北转移，华强北商圈逐
步形成了在手机、电子产品和电子元件贸易方面持续至今的巨
大集聚优势。

对于手机制造产业而言，深圳毗邻香港带来的优势之一，是
手机芯片和其他集成度较高的原材料的进口以及手机成品的出口
都较为便捷。客观来看，目前香港在海运班次的灵活性以及人民
币结算方面的优势仍然是内地各城市无法比拟的，几乎所有的手
机芯片进口和手机成品出口都通过香港中转，而深圳无论是在空
间距离还是通关便捷性方面都远远超过内地其他城市，这使得手
机制造企业在深圳可以获得进口和出口方面极大的便利，进一步
助推了产业集群的形成。

随着 2004 年手机牌照松绑，以内资企业为代表的厂商开始大
规模进入手机制造行业，并且这些企业主要集中在以深圳为核心
的珠三角地区，这些企业与曾经因手机牌照的管控而催生出的大

---

① 数据来源：深圳市科技创新委员会。

批手机制造代工、贴牌企业一起，共同构成了一个庞大的手机产业集群。

另外，由于联发科 MTK 手机芯片的推出，生产手机所需的技术和资金门槛也大大降低，凭借完整的产业基础，深圳的山寨手机产业链也在2005年逐渐形成。市场上涌现了很多价格低廉和功能奇特的山寨手机，同时也吸引了来自东南亚、中东、非洲等地的客商，国外批发商甚至还在华强北设立了专门采购的机构。到了2007年，全国80%以上的手机生产厂家汇聚深圳，华强北成了全国乃至亚洲的手机交易中心。同年山寨机出口达7000万台，其中有30%销往迪拜。只要华强北有的机型，数日内就会以相似的价格出现在迪拜市场上，并在这里实现中转，进一步销售到北非、印度、巴基斯坦等国。[①] 华强北不仅成为"亚洲第一电子市场"，而且成为世界中小型电子企业的采购批发中心。

按照潘峰华和王缉慈在2010年对全国手机制造产业的地理分布演变情况所作的描述，[②] 2005年以后，深圳作为全国最大的手机制造集聚地的地位已经基本确立了。2008年以后，深圳的手机制造产业集群已经相当成熟，产业集群本身的集聚效应也成为进一步强化集群的重要力量。

深圳在手机制造产业链的各个环节上都积累了大量的配套企业，这也是很多手机制造企业在谈及选址于深圳的原因中最为重要的一点。深圳手机协会会长孙文平在接受媒体采访时表示"珠三角的手机制造占据全国 70%—75%，中国的手机制造占全球

---

① 《华强北30年发展史：土丘荒地到南方最大商圈》，《南方都市报》，2013年3月7日。

② 潘峰华和王缉慈，《全球化背景下中国手机制造产业的空间格局及其影响因素》，《经济地理》，2010年第30卷第4期，608-613页。

80%。一个小时的车程里，能够找到所有手机零部件的厂商，这样强大的产业链生态是无可比拟的"。此外，政策自由、政府管制少，以及人力资源丰富也都是深圳手机制造业的特点。①

虽然自 2010 年后，智能手机的崛起对华强北的山寨手机市场造成了打击，但这里依然保留着完整的手机原材料和零配件产业链。据媒体报道，在 2016 年 9 月，一个乌克兰旅游节目组来到深圳，在华强北电子产品市场仅用 200 元就买到组装手机。而就在 2017 年 4 月，一位美国硅谷的程序员也来到深圳，他用在华强北淘到的各种零件，在几个月内组装了一部完整的 iPhone 6S，而实际所需成本竟只有 300 美元左右。②

此外，在对商业形态和产业结构不断的转型升级过程中，华强北也凭借其完备的电子信息产业链，成为"创客天堂"，无人机、LED、机器人、VR、AR、新型可穿戴设备等科技含量更高的产品正在成为华强北崭新的名片。

早在 2012 年，全球最大的硬件创业加速器 HAX（海客思）就已来到深圳，这里绝佳的产业集群和完整的硬件供应链优势，让这些创新团队可以快速打样、组装、生产并出货，从而避免了因出货延迟或成本失控造成的不必要损失。③ 据 HAX 的工作人员介绍，"给你举个例子，有一个产品，在美国需要 600 美元并花 3 个月的

———————————

① 《深圳双创收获季：库克带来了苹果研发中心》，《21 世纪经济报道》，2016 年 10 月 13 日。

② 《美国程序员逛了圈华强北——买齐配件拼出 iPhone6S：服气!》，观察者网，http://www.guancha.cn/america/2017_04_15_403774_s.shtml。

③ 李欣宜，《最硬底子的国际加速器 HAX：不够硬不要来》，https://www.bnext.com.tw/article/36466/BN-2015-06-06-174717-109。

时间来生产，但在深圳只需要 200 美元和 6 个星期的时间"[1]。
HAX 董事总经理邓肯·特纳也表示："我们选择华强北，是因为
这里有全球最好的硬件制造供应链，配合周边城市的生产基地及
供应链，我们的项目可以最快地找到需要的最便宜的元器件，作
出最好的原型，在众筹后最快、最好地做到小批量生产。"[2]

三、产业集群带来的深圳手机业升级

深圳手机制造业的产业集群现象及其与产业升级和发展之间
的联系是值得关注的。大量研究都表明，产业集群的形成对于产
业升级和经济发展具有积极的推动作用，这在发展中经济体尤为
明显。就具体的作用机制而言，产业集群首先有助于企业克服多
方面的进入壁垒，例如，产业集群带来的知识外溢有助于新进入
的企业通过模仿学习克服技术方面的壁垒，[3] 而产业集群带来市
场机会的扩张又有助于新进入企业克服市场壁垒。[4] 日本学者通
过对东亚经济体中产业集群案例的分析后所构建的理论模型表
明，即便产业集群在形成初期是数量扩张型的，由于进入门槛较
低，企业间的竞争程度将十分激烈，这将促使部分企业开始寻求

---

① 经济观察网，http://www.eeo.com.cn/2017/0624/307152.shtml。
② 《硬件创业加速器 HAX 的深圳速度——111 天从"0-1"走向
"1-N"》，《21 世纪经济报道》，http://www.cechoice.com/article/23702.html。
③ Huang, Zuhui, Xiaobo Zhang, and Yunwei Zhu, 2008, "The Role of Clustering in Rural Industrialization: A Case Study of the Footwear Industry in Wenzhou," *China Economic Review*, 2008, 19 (3): 409-420.
④ Sonobe, Tetsushi, D Hu, and Keijiro Otsuka, "Process of Cluster Formation in China: A Case Study of a Garment Town," *The Journal of Development Studies*, 39 (1): 118-139.

质量升级的途径，在质量升级先行企业的带动下，整个产业集群仍有可能实现产品质量的升级。① 由于集聚带来技术和人力资本外溢效应等机制的存在，促进产业集群形成和壮大的政策也被视为一种有效的产业升级政策。②

随着以华为为代表的国内终端巨头的崛起，产业链本土化配套也将是长期趋势，进而会带动国内供应链厂家的业务增长与技术进步，从而提升国内厂家在全球供应链中的地位。

华为在 2014 年推出的 Mate 7 手机为其打开了高端市场，而这款手机的金属外壳，是华为在苦寻生产工艺符合其要求的厂商失败后，联合比亚迪共同开发出的，它们尝试用汽车金属大型冲压设备进行加工，从而实现了技术上的突破。之后，比亚迪不仅成为华为 Mate 系列金属壳的供应商，也成了三星手机金属手机壳的主要供应商之一。此外，比亚迪不但为华为组装手机和笔记本电脑，也为其供应电池、充电器等零部件。③

位于深圳的电连技术是一家微型电连接器及互联系统相关产品的供应商，早在 2011 年便进入华为供应链，这不仅促进了公司业绩的增长，也使其产品质量和公司信誉获得了背书。此后两年，它又攻入了小米和 vivo 供应链，2014 年又进入了 OPPO 和三星的供应系统。至此，除了苹果，全球前五大手机品牌都被其收

---

① Sonobe, Tetsushi and Keijiro Otsuka, *Cluster-based Industrial Development: An East Asia Model*, New York: Palgrave MacMillan.

② Rodríguez-Clare, Anrés, "Clusters and Comparative Advantage: Implications for Industrial Policy," *Journal of Development Economics*, 2007, 82: 43-57.

③ 《中国智能手机品牌的崛起正在全面带动中国本土供应商崛起》，百度百家号，https://baijiahao.baidu.com/s?id=1562671145437148&wfr=spider&for=pc。

入囊中。公司的前五大客户占销售总额 50% 以上，近年来乘着国产手机崛起的东风，电连技术也进入了迅速增长期，其过去 3 年每年的营收增速均在三成以上，2016 年净利润同比增长 58.72%，共计 3.58 亿元。[①]

以华为手机为代表的国产手机的崛起不仅带动了深圳及珠三角地区上下游企业的发展，也使整个国内手机产业链上的厂商都获得了发展的新动力。2016 年华为中高端手机中的主打产品 P9 系列、Mate 9 系列和荣耀系列，均使用了双摄像头，而其双摄像头模组和镜头主要供应商是位于浙江的舜宇光学。在华为的影响下，2016 年下半年开始，各主要厂商也陆续推出了配置双摄像头的手机，舜宇光学的主要客户——vivo 更是直接推出了前置双摄像头。随着国内中高端智能手机的出货量不断提升以及双摄像头的普及，2017 年上半年舜宇光学手机镜头出货量增速超过 80%。

令经济学家都诧异的深圳手机产业链

一、专业化分工下的百花齐放

产业集群除了通过上述一般性的机制发生作用以外，其形成和发展也使得深圳手机制造企业之间形成了高度细化的专业化分工。大致来看，目前手机制造产业的主要分工流程可以划分为获得订单、方案设计、样品制作、生产组装、物流交货、收款结算及售后等六个步骤，如图 8-6 所示。

---

① 《华为出手，震动全球！狠狠碾压苹果，这些供应商要火了……》，《新财富》杂志，2016 年 8 月。

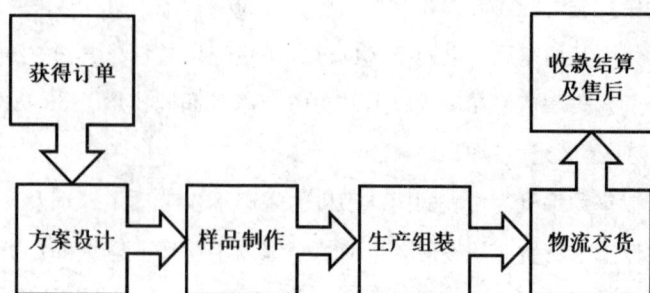

图 8-6 手机制造产业的主要分工流程

资料来源：作者根据实地调研整理

　　几乎在每一个环节上，在深圳都可以找到专业化程度很高的企业，并且这些高度专业化分工的企业之间形成了良好的合作机制。例如，在深圳有为数众多的所谓"方案商"，这类企业本身规模很小，并不具备制造或生产手机的能力，但在手机的方案设计以及测试等方面却具备较强的专业能力，因此可以通过向国内或国外（国外更常见）手机品牌商或运营商提供设计方案，进而获得手机订单，如以沃特沃德、与德为代表的 IDH（研发设计服务）模式代工企业。另一些企业则专注于手机的生产组装，拥有完善的元器件供应渠道和生产设备，但产品并不直接面向消费者，这方面最知名的莫过于富士康，它在深圳设立的工厂此前一直是苹果手机的主要生产组装地。比亚迪也是各主要品牌手机电池、充电器和手机壳的代工厂。

　　随着互联网品牌崛起，国内主要品牌手机不再走机海战术，而是通过精简机型以提升产品配置和追求用户体验为主，而各品牌也逐渐将产品的生产设计集中到大中型的 ODM 代工企业，这类企业整合了研发与生产，在研发实力、品质管控和供应链管理能力方面具有一定的优势，有助于品牌公司降低成本、快速推出新品并保证出货量。国内市场上出货量最大的千元智能机，如华为、小米、联想和魅族等手机品牌的中低端系列产品就是由闻泰、华勤、与德和龙旗等知名 ODM 公司设计生产的。其他较为出名的企业还包括深圳的海派通讯科技，它主要为中兴、努比亚、联想等国内手机品牌进行产品设计、加工与制造服务。另外一些中小企业则凭借自身的基础转型做智能硬件，或者与手机厂商合作共同设立工厂来获得持续发展。[①]

二、特色配套服务企业：手机业深圳模式的另一面

除了在生产制造环节的专业化，深圳的手机制造产业链中还衍生出了非常有特色的配套服务企业。例如，针对手机制造产业链中各个专业分工环节间的协调问题，以及小微手机制造企业在发展过程中面临的融资困境和与海关等政府部门协调沟通等问题，深圳出现了一批服务于手机制造企业的供应链服务企业。这些企业既包括专门承担报关、物流、退税等非核心流程外包服务商，也包括可以承担手机制造企业关键流程，甚至集成服务平台的综合解决方案提供商。这些供应链服务企业，尤其是后一种综合服务企业，由于可以提供融资、客户、生产外包等多方面服务，为小微手机制造企业的进入和发展壮大提供了较大的帮助。图 8-7 描绘了深圳某手机制造供应链服务企业的业务模式。

以普路通为例，其商业模式的独特性体现在业务模式方面，

———————

① 《"机海战术"被弃 中小代工厂深陷倒闭潮》，网易科技，http://tech.163.com/15/0826/08/B1U9M5C9000915BE.html。

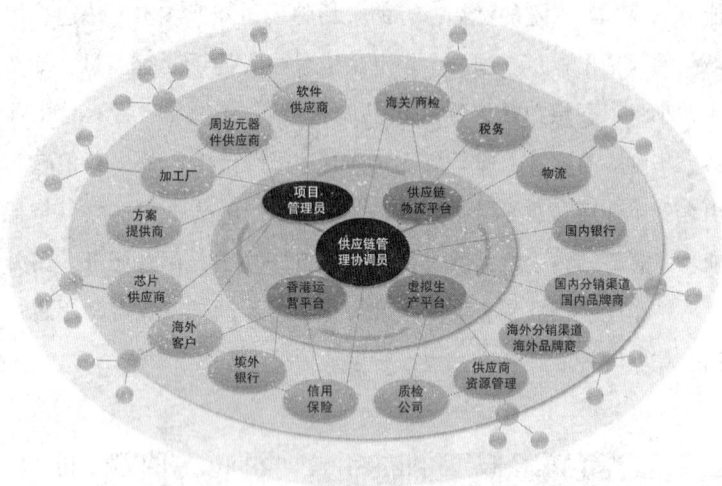

图 8-7 深圳某手机制造供应链服务企业的业务模式

与传统物流服务商相比，该公司在提供物流配送服务的同时还提供采购、垫资、信用支持、结算、报关等供应链整合服务，即一方面对接国内客户小米，另一方面与手机生产环节中的各个合作厂商对接，如境外零部件供应商、普路通仓库、海关、物流企业和代工厂等。该模式使客户与公司从传统的商业关系发展成利益共同体，即利用公司在快速通关资质、批量采购降低运输成本、专业采购人才以及银行授信和信用评级等方面的优势，通过整合企业供应链环节，提高企业效率和市场竞争力，增加企业业务量，进而提高公司的服务费收入，达到企业与公司的双赢。自2010 年起普路通成为小米供应链服务商后，受益于小米的崛起，该公司也成了国内供应链服务龙头企业。①

---

① 《供应链只有怡亚通？看服务小米的普路通》，百度百家号https://baijia.baidu.com/s?old_id=344216。

三、一个缺乏寡头的合作产业链市场

显然，产业集群带来的空间集聚效应使得企业可以更多地依赖邻近企业作为上下游合作对象，每个企业可以选择只生产非常专业化的一小部分产品。这一方面提高了企业在特定产品上的生产效率，另一方面也降低了企业在设备、厂房等固定资产上的投资门槛。可以说，产业集群的形成和发展使得集群中企业之间高度的专业化分工成为可能。从理论上讲，即使产业集群使得企业之间可以形成高度的专业化分工，但如果企业之间的交易成本高于企业内部交易成本的话，企业之间可以通过纵向一体化（Vertical Integration），即对产业链上下游企业的合并，来进一步促进生产、销售效率的提升。

但有趣的是，深圳大量处于手机制造产业链不同阶段的企业之间始终没有出现明显的纵向一体化趋势，绝大多数企业长期依赖市场采购来供应生产所需的中间品原料，同时也向多个下游企业供应产品，既没有通过兼并上游企业来实现中间品原料供应的内部化，也没有通过兼并下游企业来实现产品或品牌的终端化，即便对一些规模较大的手机制造企业也是如此。

对于这种现象，相关研究中给出了一些解释。例如，阮建青等人发现，在浙江濮院的羊毛衫产业集群中同样很少出现企业之间的合并现象，他们将其归因于这些企业面临较为严重的融资约束问题。[①] 产业集群内的生产流程被分解为许多相对独立的部分后，各个环节所需的投资金额大大降低，使得拥有有限资金的企

---

① 阮建青、张晓波、卫龙宝，《资本壁垒和产业集群——基于浙江濮院羊毛衫产业的案例研究》，《经济学》（季刊），2007，第 7 卷第 1 期，71-92 页。

业家也能选择一个特定的分工类型进入生产环节中，这也就促使了这些小规模的企业更加严重地依赖于产业集群而生存。

这一解释对于集群中企业规模普遍较小的情况或许是适用的，然而对于深圳手机制造产业而言，无论从产量还是资本存量来看，不少生产企业的规模已经较为庞大，银行授信情况也并不悲观，但这些企业仍然倾向于在供给端或销售端完全借助市场。因此，融资约束可能并不是对此最佳的解释，可能还存在着一些更为根本性的原因。

从既有的纵向一体化理论角度来看，由合约的不完备性所导致的专用资产投资不足，可以视为催生纵向一体化的基本原因。[①]

从本质上讲，手机产品及其制造过程的某些特征决定了手机制造企业之间可签订合约的性质，这种合约的性质进一步决定了，相关企业即使没有进行一体化也有足够的激励进行专用资产投资，同时这些企业进行纵向一体化的成本可能大于其收益。

简单来看，第一，生产手机所需的中间品原材料大多数是可以标准化的产品，电子元器件以及进一步集成的芯片、主板、摄像头等中间零部件产品都可以通过非常具体的型号和性能参数加以限定，这大大减少了企业之间在产品种类以及质量等方面签订详细合约的成本。

第二，手机产品更新换代的高频率决定了手机制造企业之间关于中间品原材料和产品的合约必然是短期的，这也使得合约双方面临的不确定性大大减少。

---

① Bresnahan, Timothy and Jonathan Levin, "Vertical Integration and Market Structure," Chapter 21 in Robert Gibbons and John Roberts (eds.), *The Handbook of Organizational Economics*, Princeton, NJ: Princeton University Press, 2013, 853-890。

第三，大量上下游企业的存在使得相关资产投资的专用性并不那么突出。这种高度专业化的分工使得产业集群下的动态生产链条被拉得很长。

但由此也会带来一个问题，在产业需要转移时，手机产业相对于其他电子产品而言，将面临更多的困难。在调研访谈中，深圳手机行业协会的负责人介绍，随着深圳的土地和人力成本的不断上升，包括手机在内的一批电子通信企业开始在深圳之外的内陆地区寻找新的生产基地，但相比于个人电脑，手机产业的转移效果却不尽如人意。在走访相关企业之后，我们也发现，手机企业难以脱离深圳的主要原因在于，相对于其他电子产品（譬如个人电脑），手机已从传统的耐用品转变为快速消费品，其市场需求的变化越来越快，这就要求整个生产链条中的每一个环节所对应的企业，都要根据市场的变化在最短的时间内迅速作出相应的调整，而深圳完备的生产链和极度细化的生产分工刚好能满足这一需要。因此，对于产业链中的各个企业来说，减少调整成本的最好选择就是留在深圳。

四、国际化竞争的深圳手机产业链

产业集群的存在以及专业化分工的细化固然是推动深圳手机制造业快速发展的重要力量，但这在中国不少制造产业中也同样存在并发挥作用，如江浙一带的服装纺织、小商品产业集群，广东的玩具、五金产业集群，而这样的产业集群主要集中于以轻工业为主的传统劳动密集型产业之中，这类集群的形成也主要由于中国低廉的劳动力成本、各地历史文化传统以及改革开放过程中特定的政策导向等，产业本身所需技术水平不高，整个产业链也基本集中在国内,只有最终的出口环节才涉及国外市场。而深圳手机制造产业区别于其他不少制造业的明显特征,则是其产业集群和专业化分工是在一个高度开放的市场中形成和运作的。

与其他制造业相比,手机制造产业的产业链本身的国际化程度相对较高。如图8-8所示,整个手机制造产业链大致可以划分为由生产芯片和周边元器件的硬件厂商、提供操作系统与应用软件的软件厂商构成的上游,由手机方案提供商和生产制造商构成的中游,以及由品牌商和渠道商构成的下游。在每个产业链阶段上,几乎都有国际化的企业参与。

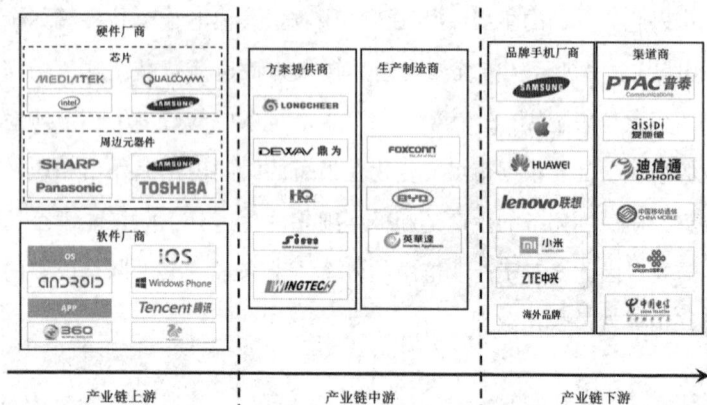

图8-8　手机制造产业链及主要厂商

资料来源:作者根据公开资料整理

五、走向世界的深圳手机厂商们

深圳手机制造产业中表现出与国际市场的紧密联系更为明显,这种联系甚至可以追溯到20世纪90年代初,从香港通过深圳流向内地市场的手机及其他电子产品走私。而目前深圳手机制造产业中所需的很多电子元器件,特别是芯片等核心部件,仍然需要通过香港大量进口。原材料的高集成度使得手机制造产业的技术升级几乎完全集中在国际化的上游厂商，而中下游制造商则通过购买这些上游厂商的产品作为原材料来实现手机成品的升级换代，这一被动的产品制造能力升级在目前的手机产业已经显现，例如高通每一次升级芯片，都会伴随各品牌厂商为自己的旗舰机进行升级。国产元器件企业虽也有表现突出技术取得巨大突破的企业，但它们主要集中在中低档手机中，主要客户以国产手机为主，而如苹果、三星等高端品牌所采用的核心技术与元件多来自欧美或者日韩等地的企业。

另一方面，为了避免与国内市场的激烈竞争，深圳手机制造企业积极开拓海外市场，以寻求差异化竞争。在以欧美地区为代表的成熟高端市场，以印度、东南亚、中东等国家和地区为代表的新兴中端市场，和以非洲国家为代表的初级市场上我们都能找到中国企业的身影。如图 8-9 所示，由深圳手机制造企业代工生产的海外品牌手机，以及由深圳企业自主拥有品牌的手机，在世界各地已经形成了较大的影响力。

在中游 ODM 代工企业中，随着行业集中度越来越高，传统的纯组装生产、纯研发设计公司抑或规模较小的代工企业生存压力变大，它们主要借助与国外手机品牌厂商或者运营商合作，通过开拓海外市场获得业务增长。其中深圳天珑的转型较为成功，该公司主要业务是为欧洲中高端本土品牌如 Micromax、Blu、Spice 等进行 OEM 或 ODM，近年来通过与法国公司合作推出了自营品牌 WIKO，成为法国市场上继苹果、三星后的第三大手机品牌，最近与奢侈品品牌合资运营的子品牌 Sugar 也开始在中国市场上销售。

在下游厂商中，曾被合称为"中华酷联"的国产手机四强——中兴、华为、酷派、联想，在面临运营商的终端补贴取消

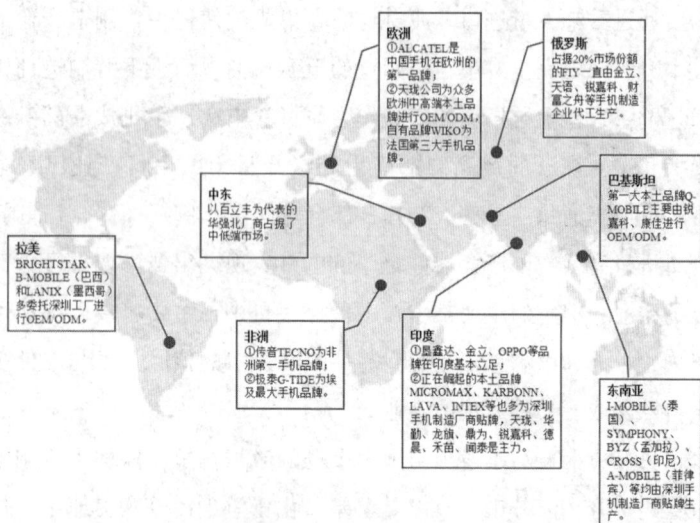

图 8-9　深圳部分手机制造企业的海外市场布局

资料来源：作者根据相关资料整理

和来自互联网品牌的冲击后，只有华为依旧位于国产手机四强之列，并通过自身强大的研发能力、清晰的品牌定位和对营销方式的积极调整，成为国产手机龙头，而中兴、联想、酷派却在国内新的竞争环境中纷纷败下阵来，市场份额均逐渐下滑。于是各企业都将目光转向了国外，通过拓展海外市场以寻求持续发展。

依托多年在美国进行本土化运作以及与运营商的长期合作关系，2017 年中兴在美国手机市场的份额已位列第四；通过并购摩托罗拉的移动手机业务，2017 年联想在拉美地区的智能手机市场占据了第二的位置，并挤入了北美市场的前五名。①

---

① 《专访杨元庆：联想智能手机业务在海外发展得很好》，新浪科技，http://tech.sina.com.cn/i/2017-12-04/doc-ifyphxwa7851546.shtml。

如果说专利技术壁垒是造成国产手机开拓海外市场不顺的外因，那么出击海外水土不服则是造成中国手机厂商出海遇阻的根本性原因。国产手机扬帆出海，面对的是有着不同经济发展水平、社会环境和需求特点的市场，只有更好地融入当地人文社会环境，才能获得消费者的认可，即国产品牌海外之路需要聚焦目标市场进行本土化经营。

虽然酷派在国内的转型之路颇为崎岖，但凭借着 20 多年累计超过 10000 件的专利基础，酷派得以进入对知识产权保护非常严苛的美国市场，并与 T-Mobile、AT&T、Cricket Wireless 等主流运营商达成了良好的合作关系①，推出的多款智能手机也有不错的销量，2017 年在美国市场酷派实现了 60% 的营业额增长，并成为第二大中国手机品牌。

此外，同其他国产手机品牌一样，酷派也积极布局了印度、东南亚等市场，并同样采取了本土化经营策略。具体来讲，为了紧密贴合印度市场，其在当地成立了本土团队，同时建立与本地工厂 Videocon 的合作，实现了从前端到终端一整套完整的本土化生态产业链。在产品研发方面，酷派同样结合当地消费者需求，量身定制了 Note 系列，并与电商巨头亚马逊（印度）建立了独家战略合作伙伴关系，先后推出了 Note3、Note5 等爆款产品，成为印度亚马逊 Top3 品牌。

根据酷派的对外公告，其海外业务已覆盖全球 33 个国家，2015 年到 2016 年，酷派海外业务出货量有 150% 的增长，达到

---

① 《国产手机集体出海　百花齐放的"中国玩法"酷派赢在哪？》，海峡经济网，http://www.hxjjw.com.cn/tg/2017/0627/23772.html。

500 多万台。[1]

六、国际竞争成功倒逼深圳手机业升级

海外市场的拓展不仅可以提供更大的销售市场，增加多样化的市场需求，同样也将使深圳手机企业面临更为激烈的竞争环境。但正是这样，企业才能通过不断提高市场份额来获得持续发展的资金，并在竞争中掌握最先进的技术和营销手段，积累与各地政府进行沟通的经验，以及适应当地法律和不同文化的交流，从而实现企业自身和整个手机产业的升级。

大量研究都表明，国际市场的参与程度与特定产业的升级发展之间存在着紧密的联系。一方面，一般认为只有生产效率较高的企业才能适应国际市场较为激烈的竞争[2]，故参与国际市场本身就可以视为一种筛选机制；另一方面，通过加大竞争力度[3]，增加资本要素的相对需求[4]等机制，国际贸易和 FDI 也会对产业升级产生推动作用。

事实上，出口产品中的技术含量和本地化程度也往往被视为

---

① 新浪科技，http://tech.sina.com.cn/roll/2017-06-26/doc-ifyh-mtrw4009648.shtml。

② Melitz, Marc J., "The Impact of Trade on Intra-industry Reallocations and Aggregate Industry Productivity," *Econometrica*, 2003, 71 (6): 1695–1725.

③ Aghion, Philippe, Mathias Dewatripont, Luosha Du, Ann Harrison, and Patrick Legros, 2012, "Industrial Policy and Competition," NBER Working Paper18048.

④ 殷德生，《市场开放促进了产业升级吗？——理论及来自中国制造业的证据》，《世界经济文汇》，2012 年第 1 期，第 17–32 页。

测度一国产业升级和发展的变量。[1] 中国近年来之所以能大规模出口电子类的高科技产品，很大程度上要归因于外资企业和本土代工企业大量进口了高附加值和技术密集型的中间品。据测算，占中国制造业出口总额超过 1/4 的 "通信设备、计算机及其他电子设备制造业"，其国外附加值率就高达 80%[2]。这种国际纵向分工模式为国内企业成功融入全球价值链体系创造了良好的条件。

可见，积极参与国际市场使得深圳手机制造企业在原有的集聚和专业化分工基础上形成了明显的发展优势。一方面，国际市场的容量使得深圳手机产业集群的体量得到了更大的扩张；另一方面，由于手机产品本身的特殊性，芯片等中间品原材料的直接进口使得深圳手机制造企业的产品及时获得了与国际前沿同步的技术升级速度。同时，深圳的手机制造企业在不断更新产品和生产线的同时，也获得了可观的资本和技术积累。这些因素无疑是深圳手机制造产业快速发展和进步的推动力量。

七、深圳手机业：一部纯市场化的成功演变史

从 20 世纪 90 年代初期依靠临近香港的地理优势而从贸易甚至走私起步，到完全进口现成组件进行简单的人工组装，再到引进成套的生产线设备进行部分组件的自主生产，甚至开始对芯片

---

[1] 姚洋、张晔，《中国出口品国内技术含量升级的动态研究——来自全国及江苏省、广东省的证据》，《中国社会科学》，2008 年第 2 期，第 67-82 页。唐东波，《贸易政策与产业发展：基于全球价值链视角的分析》，《管理世界》，2012 年第 12 期，第 13-22 页。唐东波，《贸易开放、垂直专业化分工与产业升级》，《世界经济》，2013 年第 4 期。

[2] 唐东波，《贸易开放、垂直专业化分工与产业升级》，《世界经济》，2013 年第 4 期。

等核心组件进行研发，无论是从资本积累、技术水平还是在全球产业链内的地位来看，深圳的手机制造产业在过去 20 多年间都经历了较为明显的产业内升级历程。但这种产业升级并不是在政府有针对性的政策扶持下发生的，而几乎是在一个完全市场化的环境下自发形成的。产业集群和专业化分工的形成以及国际市场的高度参与可能在这个过程中发挥了重要的作用。

目前对于推动中国产业转型升级的政策讨论，大都基于针对具体产业部门的扶持性政策是有效的这一理论假设。遗憾的是，这种有具体产业指向的扶持性产业政策是否真正有效，学者们的研究结果并不一致，而且这种分歧不仅令研究者们时常陷入激烈的争论中，更严重的是有可能对相关政策的制定造成误导。

事实上，改革开放以来，中国政府执行的产业政策中，真正有效的应该是相对中性的，或者说没有明显产业偏向的产业政策，特别是在大部分产业中都实行了鼓励参加国际贸易和吸引 FDI 的开放政策。从政策效果上看，这种中性产业政策非但不是全无成效，反而有可能是极具效率的。事实上，已经有实证研究表明，对于具有明确产业指向的扶持政策而言，可能只有那些真正加强了竞争等市场化机制的扶持政策，才是真正有效的产业政策。[①]

鉴于手机产品属性的快速变化，已从传统的耐用品转变为一种快速消费品，对于中国企业而言，深圳手机产业完备的生产链条将是一个巨大的优势。毕竟，快消品需要更快的生产出来才能满足市场的需要，而根据市场需求变化快速制造就变得至关重

---

① Aghion, Philippe, Mathias Dewatripont, Luosha Du, Ann Harrison, and Patrick Legros, 2012, "Industrial Policy and Competition", *NBER Working Paper18048.*

要，深圳完备的生产链和极度细化的生产分工刚好能够满足市场需要的快速变化。

　　由本章讨论所衍生的另一个问题是，类似深圳手机制造产业这样在沿海发达地区获得了较为成功发展的产业是否具备向其他地区转移的可能性？目前内地省份在吸引产业转移时主要采取土地和税收两方面的优惠政策，但如果当地缺乏相关的产业链配套企业，而土地和税收方面的成本下降，不足以抵消物流等方面成本上升的话，真正意义上的产业转移是无法发生的。

第九章
深圳智造的名扬世界

张慧慧

从腾讯与华为的故事看深圳发展

提到深圳，许多人就会想到华为、腾讯、中兴、比亚迪这些杰出的民营企业。深圳确实是民营企业的热土，而这些民营企业，不仅影响着中国发展，甚至对世界发展都有着不可小觑的作用。这些企业的成功既得益于深圳提供的条件，又为深圳未来的发展贡献了更多的机遇。

一、马化腾的深圳因缘

腾讯的创始人马化腾是在 1984 年随父母来到深圳的，当时13 岁的他还在上初中，随后他又在深圳读了高中、大学，大学毕业之后，在深圳的一家通信企业工作了 6 年，才和自己的同学开始了创业之旅。马化腾最终走上创业之路与他身处深圳有着密不可分的关系。他刚来深圳时，就住在全国闻名的国贸大厦附近，目睹国贸大厦在短短几个月内拔地而起，亲眼见证了深圳速度，这让他体会到了深圳对时间和效率的重视。

在马化腾看来，深圳有诸多特点，首先就是创新、敢闯，其次就是务实，再次就是开放。正是这些特点让深圳形成了一整条

IT、通信和智能硬件制造的生态链，所有想要做智能硬件的人，即使原型的研发可以在国外完成，生产也必须来深圳完成。① 马化腾在大三和大四的时候就已经感受到了深圳浓厚的创业氛围，想要在毕业之后自己创立公司，但是苦于自己只会写软件，而对创办公司一无所知。最终，他决定先到一个公司磨炼自己。就这样，他在润迅公司工作了 6 年之后，才与自己的同学开始创办腾讯。当时中国正处在互联网浪潮当中，搜狐、网易、腾讯、阿里巴巴及红袖添香等著名的互联网公司均在那一时期创立，可谓"百家争鸣，百花齐放"。

腾讯从创立之初到现在，共经历了三次大的危机。第一次是自己开发出来的产品最早其实是想要卖给别的运营商，但是由于投标失败，砸在了自己手里。当时产品已经有大量的用户，可是腾讯没有购买服务器的资金。第二次是和 MSN 的较量，很多人都认为在这场较量当中 QQ 死定了，但是腾讯针对中国特殊的网络做了大量的优化，提高了传输速度。第三次是 3Q 大战以及新浪微博崛起之后，腾讯开发升级了微信，再次挽回局面。在这三次关乎腾讯生死存亡的危机当中，深圳的创业环境和创业精神都为腾讯克服困难起到了重要作用。2016 年 10 月，马化腾出席清华管理全球论坛时也表示，自己在深圳求学、创业是非常幸运的，因为深圳的创新精神、创业环境是腾讯创办和发展的重要原因。

二、华为没有跑

华为在深圳发展的故事在当下看来并不是那么顺利。2016 年

---

① 《马化腾：一个从只会写软件书呆子到去创业与深圳环境分不开》，凤凰财经，https://finance.ifeng.com/a/20161218/15085293_0.shtml。

5月，一篇名为《不要让华为跑了》的文章在网络上引起了广泛关注。这篇文章直截了当地指出了在华为将部分业务搬到东莞以后，深圳龙岗区甚至是整个深圳所面临的困境。龙岗区甚至在一份官方的政府报告中直言：哥不能没有华为，还喊出了"服务华为，马上就办"的口号。而华为的局部搬迁之所以能让龙岗区政府做出这样的表示是因为，根据龙岗区的官方报告，2016年1—2月，华为产值占龙岗区规模以上工业总产值的47%，并且产值增速将近40%，比全龙岗区的水平高出将近25%。如果失去华为，龙岗区规模以上工业总产值将下降14.3%。[①]而华为是否真的要"弃深圳而去"也引起了各方面人士的探讨。华为针对这一外迁的传言于2016年5月作出了官方回应，明确表示，华为从未有计划将公司总部搬离深圳。

华为在深圳成立至今30多年，从一开始只有靠集资来的2.1万元人民币，到2016年的营业额高达785.11亿美元，这里面包含了一个民营企业白手起家、励精图治的故事。华为是一家纯粹的民营企业，在世界五百强企业当中，华为是唯一一家没有上市的公司，华为没有选择上市，而是选择进行股权激励，将公司的绝大多数股份都分给了公司的员工，创始人任正非的股份则只占到1%左右。这种员工持股的激励机制形成了华为在管理上巨大的向心力，在华为可以切实体会到"你拼命的程度，直接反映在薪资收入上""能者多劳，多劳者多得"。任正非至今选择不上市是因为在他看来，"搞金融的人光靠数字游戏就能赚进大笔财富，真正卷起袖子苦干的人却只能赚取微薄的工资，这是全世界最不

---

① 参见悦涛文章《不要让华为跑了》，微信公众号深圳经济观察（ID：shenzhenjingji）。

合理的事"。他甚至表示"我们都听过传统经济学中的大量理论，这些理论都宣称股东具备长远视野，他们不会追求短期利益，并且会在未来作出十分合理、有据可循的投资。但事实上，股东是贪婪的，他们希望尽早榨干公司的每一滴利润"。所以任正非选择将公司的利润分享给员工。①

在过去的 30 多年中，华为一直专注于通信领域的发展。在创立之初，由于资金规模小，无法与同行对手在大中城市竞争，任正非另辟蹊径，选择了"农村包围城市"的策略。任正非清晰地意识到县城和农村这些市场还没有被国外的厂商占据，而华为在这些地方的发展则具有很大优势。这种发展策略为华为打开了局面，经过快速发展以及后来与 IBM 等国际企业的战略合作，华为成为一个"让世界都怕"的企业。更有评论说："如果没有华为，西伯利亚的居民就收不到信号，非洲乞力马扎罗火山的登山客无法找人求救，就连你到巴黎、伦敦、悉尼等地，一下飞机接通的信号，背后都是华为的基站在提供服务。8 千米以上的喜马拉雅山的珠峰，零下 40℃ 的北极、南极以及穷苦的非洲大地，都见得到华为的足迹。"虽然关于华为是否将在房价的高压下逃离深圳的讨论依然没有结束，但不可否认的是华为过去 30 多年的成长离不开深圳提供的良好的创业环境。

以上腾讯和华为的案例仅仅是深圳高科技企业发展的一个缩影，而大力推进高科技产业的发展是中国未来产业转型和可持续发展的重要部分。从高科技产业发展分布来看，北京、上海和深圳几乎已经形成了三足鼎立之势。北京有中关村，上海有张江高

---

① 《华为的秘密：为何全世界都怕它?》，网易财经，http://money.163.com/13/1220/19/9GIFC8I500253G87_all.html#p=8M9PCHDG251H0025。

科技园区，深圳有南山高科技产业区，这三者都有各自的优势，也有各自的不足。

三、三足鼎立的高新园区们

北京中关村是中国创新创业最重要的领军区域，凭借着北京海淀区无人可比的高校密集度，中关村聚集了大量的创新创业人才资源；凭借着北京特殊的政治地位，中关村占据了大量的政策优势。在过去30多年的发展过程当中，中关村聚集了以柳传志、段永基、俞敏洪等第一批创业者为代表的领军人物。而近年来，随着互联网的兴起和发展，雷军带领着小米、刘强东带领着京东进入中关村，中关村的创业历程也进入一个新的阶段。而随着"大众创业，万众创新"浪潮的到来，中关村又开始步入创业孵化的时代。其中最典型的就是"中关村电子一条街"向"中关村创业一条街"的转变。2015年10月，为响应国家"大众创业，万众创新"的号召，中关村大街发展规划对外公布，规划中表示，中关村大街将在3—5年内完成转型，原有的15万平方米的传统电子卖场将逐渐腾退，进而转化为创新创业孵化区，并且提供完善的配套设施和专业服务。到目前为止，中关村创业大街累计入驻的创业孵化团队已经达到了近2000个，总融资额超过90亿元。

上海张江高科技园区成立于1992年7月，位于上海浦东新区中西部，包括张江高科技园区、康桥工业区、国际医学园区，规划面积79.7平方公里，其中37.2平方公里于2015年4月纳入中国（上海）自由贸易试验区。张江高科技园区汇集了1万多家企业，其中有685家为高新技术企业，国家、市、区级研发机构

403 家，跨国公司地区总部 50 余家，近 20 家高校和科研院所，现有从业人员达 32 万人，高端人才集聚，国家"千人计划"96人。[①] 张江高科技园区当中的主导产业为生物医药产业，从 1994年起，张江高科技园区开始致力于与跨国企业合作，在短短几年内，已经引入了罗氏制药、通用电气药业、勃林格殷格翰、美敦力、麒麟鲲鹏生物药业、葛兰素史克生物和东昕生物等多家跨国公司落户张江高科技园区。通过引入跨国公司的方式，张江高科技园区引进了先进的技术和国外的资金，在生物制药方面取得了重大的成果。截至 2015 年 6 月，张江高科技园区企业和科研院校承担国家新药创制项目超过 200 项，占全国比重 20% 以上。在创新成果方面，张江高科技园区也是硕果累累。微创医疗与意大利索林集团合资成立的创领心律管理医疗器械（上海）有限公司于2015 年 6 月建成了中国第一条与国际先进水准接轨的国产心脏起搏器生产线；同时，微创医疗集团自主研发的第三代心血管支架——"火鹰"药物靶向洗脱支架获得欧盟 CE 认证；之江生物自主开发的"埃博拉病毒核酸测定试剂盒"入选世界卫生组织正式采购名单；除此之外，张江高科技园区还有许多在生物制药方面属于世界顶尖的成果在近几年诞生。

深圳南山科技产业区我们在后文当中将会做详细介绍，此处为了与北京中关村和上海张江科技园区做一简单的对比，我们首先介绍一些深圳南山科技产业区的简要情况。作为深圳高新技术产业开发区核心园区的南山科技园，成立于 1996 年 9 月，占地面积为 11.5 平方公里，是国家科技部"建设世界一流科技园区"发展战略的 6 家试点园区之一，是国家级高新技术产品出口基地、

---

① 截至 2017 年年末的数据。

亚太经合组织开放园区、国家知识产权试点园区、中国青年科技创新行动示范基地、国家火炬计划软件产业基地、国家海外高层次人才创新创业基地、科技与金融相结合全国试点园区以及国家文化和科技融合示范基地等诸多称号集于一身的代表性科技园区。《深圳高新区发展研究分析（2013）》显示，深圳高新区 2013 年的工业总产值已经达到了 5363.23 亿元，比 2012 年增长了 12.49%；增加值则达到了 1365.06 亿元，比 2012 年增加了 13.45%。此外，深圳高新区 2013 年的土地利用率显著提升，经济效益更加明显，以高新区规划面积 11.5 平方公里和工业用地 3.28 平方公里计算，2013 年工业总产值的规划用地和工业用地的单位产出分别为 466.37 亿元和 1635.13 亿元，而规划用地和工业用地的单位面积利润为 32.86 亿元和 115.2 亿元，这里的高新区指的则是位于南山区和福田区交界处的科技园区，也被称作南山科技园。

从以上的讲述当中，我们不难看出，深圳南山高科技产业区、北京中关村和上海张江高科技园区可谓是各有千秋，它们如三足鼎立般占据着中国三个经济发展速度最快、质量最高的城市。若拿深圳南山高科技产业区来与另外二者相对比，那么其最为突出的特点就是，在深圳民营企业扎堆的情况更为显著，这里会集了一大批有理想有抱负并且有实干精神的民营企业家。

四、如何当好企业的"保姆"

上海前市委书记俞正声曾说，阿里巴巴给过他一个刺激。他说马云曾告诉他，阿里巴巴一开始是在上海，但是后来回到了杭州。俞正声为上海错失了这样一个企业而扼腕叹息。他曾提出："为什么像马云这样的人没有在上海成长？"错失阿里巴巴直接导致上海相比于北京和深圳在互联网企业上面没有可以抗衡的力量，毕竟北京有百度，而深圳有腾讯。马云曾经解释过为什么阿里巴巴最终没有留在上海，他在上海体验过之后发现在上海根本待不下来；一方面是因为淮海路办公室的租金太过昂贵，初创企业无力支付；另一方面是因为在上海，年轻人在就业时更倾向于去五百强企业，而对民营企业没有太大的兴趣，即使是去民营企业也很在意老板是否是"海归"，而马云本人的学历太一般，在上海这样一个地方难以组建自己的团队。在杭州 G20 峰会上，马云坦言，他把阿里巴巴的总部设在杭州"是因为这座城市不仅是我的家乡，它还拥有创业精神，包容民营企业的发展，更加聚集了大量的优秀人才。而彼时的北京，人们更愿意追逐国有企业，在上海，跨国公司更受青睐。而我们所在的这个城市喜欢创业精神，尊重白手起家的人。我们有优秀的人才，良好的环境，更有为未来拼搏的伟大文化"。而上海出于种种原因，国有企业和跨国公司占据了大量的资源，给民营企业留下的发展空间极小，所以错失阿里巴巴并不是偶然，而成了必然。

相比于上海，深圳则对民营企业给予了大量的支持和帮助。卫邦科技董事长刘葆春曾表示，他认为深圳管理部门的创新敏感度非常高。2002 年他在深圳成立卫邦科技，专注于对智能静脉用药配置机器人行业的研究时，卫邦科技只是一家民营研发型企业，几乎不可能从政府手中拿到资助，但是在当时的深圳，科创委的一位干部听说了卫邦科技所从事的研究之后，直觉上感到这是未来高科技发展的趋势之一，便主动到卫邦科技进行考察，又帮助卫邦科技与深圳市科创委主任牵线，帮助他们获得深圳市政府对于科创项目的资金支持。

华大基因是目前全世界最大的基因组学研究机构，在 1999 年成立之初，华大基因的总部在北京中科院，到了 2007 年，华大基因从中科院的体系当中脱离出来，成为一家民营企业。之所以从中科院脱离，创始人汪建表示一方面是由于华大基因的人手不够，但中科院的编制不允许，华大基因无法扩招；另一方面是中科院不批准华大购买新的机器设备。在华大基因四处寻找落户地时，时任深圳市副秘书长的高国辉了解到了华大基因的情况，认为华大基因具有远大的发展前景，仅仅用了一周的时间就决定要引进华大基因，并给华大基因提供了大力支持，由此华大基因正式落户深圳。

在我们团队的调研过程当中，我们了解到，深圳的政商关系十分和谐健康，是真正的政不扰企、企不媚政。在企业的发展过程当中，政府只在企业需要帮助的时候为企业提供立体式的支撑，而不会对企业的产出和成果做任何苛求。深圳市前市长许勤曾表示："深圳政府从来不干预企业做的事，我们做好'保姆'。"

相比较于北京和上海，深圳在创新应用转化能力方面也具有一定的优势。"如果你是一个工程师，想用 5 天或两周时间来实现一个创作理念，在哪个地方可以完成？"美国硬件创业团队SPARK 创始人扎卡利·克洛基博士的答案是——深圳。他曾说："在深圳，你能在不超过 1 公里的范围内找到实现这个想法任何想要的原材料，只需要不到一周的时间，你就能完成产品原型—产品—小批量生产的整个过程。"深圳的硬件产业链能够如此完备，在一定程度上也归功于 2008 年以前深圳到处充斥的山寨厂商。在深圳市政府决心进行转型，对山寨厂商实施打击和清理之后，这些最基本的硬件生产条件却保留了下来，为深圳向高科技产业转型奠定了重要的基础。这种强大的创新应用转化能力，让无数创客的构思与设计在短时间内成为一个个实实在在的产品，而有了产品之后，他们的创业与融资之路才能走得更为顺畅。

五、土地与高校：直面深圳的软肋

深圳虽然聚集了多方面的优势，但是在未来发展的历程当中，劣势也十分明显，那就是土地与高校。近年来，深圳高科技产业发展迅猛，在机器人、柔性显示以及无人机等多个方面的发展都是全国的领军城市。但是深圳未来的发展也存在着两个清晰的短板：一个就是土地供给不足；另一个就是高等教育资源的匮乏导致深圳为了引进高等教育人才需要花费极高的成本。在2017年4月赴深圳调研时，我们与深圳市政研室的代表和发改委的代表讨论的过程中，他们都明确地指出深圳未来的发展很可能会受到土地供给不足的制约，而目前由于深圳的高等教育资源匮乏，深圳每引进一位高等教育人才相比于高等教育资源丰富的北京、上海要多花费数万元的成本。

深圳的土地面积只有近1997平方公里，可能大家对于这个数字没有太大的概念，北京的面积是1.641万平方公里，相当于8个深圳；上海的面积是6340平方公里，相当于3个深圳；广州的面积是7434平方公里，相当于近4个深圳；而其他两个直辖市，天津的面积为1.1946万平方公里，相当于6个深圳；重庆的面积为8.24万平方公里，竟相当于41个深圳。

从以上的比较当中，我们可以看到，深圳相比于所有的一线城市和直辖市，其面积简直可以用"捉襟见肘"来形容。从表9-1中可以发现，深圳的经济增长在全国一线城市以及直辖市当中可谓是最集约的，每平方公里的GDP高达9.766亿元，而北京每平方公里只有1.517亿元，上海每平方公里只有4.332亿元。尽管深圳经济如此集约，但是改革开放以来，中国每个城市的发展都曾经历过一段粗放型野蛮生长的时期。当年以制造业为主的低附加值产业给深圳带来繁荣的同时，也消耗了大量的土地。公开数据显示，从 1986 年到 2000 年，深圳 GDP 每增长 1 亿元，土地资源消耗就相应增长 24 万平方米；而在同期，香港 GDP 每增长 1 亿港元，建设用地相应增长仅为 2000 平方米。虽然深圳现在正努力转型，向土地集约的高科技产业发展，但是深圳的土地已经被过去的发展消耗掉大部分，未来可供开发的土地已经是少之又少，目前深圳 1997 平方公里的土地当中，开发面积已经逼近 900 平方公里，去除掉不可开发的 974 平方公里的生态控制线，还可以用来开发的面积仅有 100 多平方公里。①

表 9-1　中国一线城市及直辖市 2016 年地区生产总值及增速

城市	GDP（亿元）	GDP 增速（%）	每平方公里 GDP（亿元/平方公里）
北京	24899.3	6.7	1.517
上海	27466.2	6.8	4.332
深圳	19492.6	9.0	9.766
广州	19610.9	8.2	2.638
天津	17885.4	9.0	1.497
重庆	17558.8	10.5	0.213

此外，按照国际惯例，国土开发强度的生态宜居线是 20%，警戒线是 30%，如果一个地区的土地开发强度超过警戒线，就会威胁到人类的生存环境。而深圳的土地开发强度已经超过了 50%。面临如此高的开发强度和所剩无几的建筑用地，深圳的地租和房价也在一路飙升。在产业转型升级的过程当中，为了增强深圳对于高新技术企业的吸引能力，深圳市政府针对高新技术企

---

① 《深圳土地开发强度近 50% 日后或无地可用》，http://www.chinairn.com/news/20150205/083903404.shtml。

业出台了一系列倾斜性政策。深圳市政府对于高新技术企业有一整套认定政策，一旦企业申请成功，被认定为高新技术企业，就可以享受深圳市政府在贷款、税收、人才以及地租等方面的一系列优惠政策。深圳市每个区除了给高新技术企业 10 万—30 万元的优惠补贴以外，企业还可以推荐一名员工申报 40 万—80 万元人才安居购房补贴，并推荐一名员工申报 10 万—20 万元人才租房补贴，此外，还可以优先获得办公及工业用地，部分科技园、软件园还有场地房租补贴，买土地还可以享受市面价格六到七成的优惠。这在一定程度上减轻了高新技术企业在地租方面的压力。

而在高等教育方面，其资源难以与深圳的经济发展水平相匹配。数据显示，广东全省在校大学生约 180 万人，深圳市在校大学生（含高职、大专）仅有 9 万余人，约占全省的 1/20。在常住人口中，深圳当前大专以上学历人口所占比例为 24%，而北京这一比例超过 35%，广州、上海这一比例均超过 30%。为了弥补深圳教育资源的短缺，深圳在特区创办的第三年就举全市之力创办了深圳大学，之后从 2000 年开始，深圳又提出要创建大学城，与清华大学、北京大学、哈尔滨工业大学联合创办以培养全日制研究生为主的研究生院群。2011 年，深圳获准建设南方科技大学，在创校校长朱清时的带领下，这所高校曾因推行诸如"自主招生、自授文凭"等一系列改革而备受关注。[①]

但是，创办高等教育需要时间与资源的沉淀，深圳目前与国内外高校的合作还在不断推进与发展的过程当中。为了吸引高层

---

① 《深圳高等教育能否再创"特区速度"》，http://zqb.cyol.com/html/2016-09/07/nw.D110000zgqnb_20160907_5-01.htm。

次专业人才来深圳创新创业，深圳市推出了大量的优惠政策来吸引专业人才落户深圳。被认定为深圳市高层次专业人才可以享受深圳市政府人才安居购房补贴（40 万—75 万元）、免租房（80—200 平方米）、租房补贴（2560 元/月—4800 元/月），子女优先入学以及配偶就业促进等一系列优惠政策。此外，深圳市政府还对高层次专业的国家级领军人才、地方级领军人才以及后备级人才分别给予 300 万元、200 万元以及 160 万元的奖励补贴。被认定为深圳市海外高层次专业人才同样可以获得不同程度的奖励，其中 A 类人才给予 300 万元，B 类人才给予 200 万元，C 类人才给予 160 万元的奖励。此外，对于留学归国人员来深圳创业并且符合深圳市所重点扶持和发展的产业，也可以通过申请认定获得不同程度的奖励。通过这些倾斜性政策的辅助，深圳市吸引了大量的高科技人才来深圳就业、创业，在一定程度上改善了深圳市高等教育资源缺乏的状况。北京中关村所在的海淀区聚集了包括清华大学和北京大学在内的 41 所高校，上海也有复旦大学和上海交通大学这些全国顶尖高等学府，这些高校为科技研发和创新提供源源不断的生力军。反观深圳，高校资源的缺乏注定深圳要为引进人才花费更大的成本，而房价的上涨也很有可能伤害创业者的热情，所以要想在高新技术产业领域作出更加突出的成绩，深圳依然任重道远。

"中国硅谷"的前世今生

提到高科技企业集聚就不得不说到深圳市南山区科技园，这里聚集了如腾讯、华为、中兴等一系列高科技公司，形成了浓厚的科技创业、创新氛围。谈及深圳市南山区，很多人都认为这里是"中国硅谷"。2015 年，南山区有国家级高新技术企业 1641 家，占全市总量的 29.7%；实现高技术产业产值 4152 亿元，增长 11%，占全市的 24.2%。全年专利申请量达 31308 件，比 2014 年增长 36.9%，其中发明专利 16999 件，占 54.3%，实用新型专利 9265 件，占 29.6%，外观专利 5044 件，占 16.1%；专利授权量 19339 件，比 2014 年增长 34.2%。①

一、从多园竞争到单园合力

深圳在最开始建立高新产业园区时并不是现在的高新区，1985 年 7 月，经国务院认定，深圳市政府和中科院创办了中国第一个国家级科技园，也就是"深圳科技工业园"。该工业园位于深圳西部，南濒深圳湾，北抵北环公路，占地 3.2 平方公里，该位置其实就是在南山区，只不过占地面积远小于今天的高新技术产业区。深圳科技工业园创立之初，其宗旨就是利用外资，引进国内外先进技术和人才，积极开拓新兴产业，开发和生产高技术产品。主要产业包括光电子、微电子、机械电子及新型材料、生物工程，以及海洋和能源工程。② 而今天我们可以看到，这些产业都是深圳高新技术产业的重中之重，为深圳高新技术产业的发展作出了巨大的贡献。据《深圳市南山区志》记载："1985 年 9 月，深圳科技工业园总公司在八卦岭工业区租用厂房，与新加坡维用公司、航天部骊山公司合资兴建华星科技公司投产，主要生产计算机软盘驱动器，成为科技园首家外资企业。11 月，深圳科

① 百度百科，深圳市南山区，https://baike.baidu.com/item/%E5% 8D%97%E5%B1%B1%E5%8C%BA/21023?fr=aladdin。

② 《深圳市南山区志》，方志出版社，2012 年版。

技工业园总公司与机械部郑州三磨研究所组成深圳郑园超硬材料开发公司，生产人造金刚石和磨具等产品。1986 年 12 月，长园应用化学有限公司在临时厂房开工。1987 年 1 月，深圳金科特种材料有限公司开工。在不到两年的时间内，深圳科技工业园有 10 家企业开工生产，一批有中科院背景的企业进驻科技工业园，带来技术、资金与人才。而从 1988 年开始，深圳科技工业园主要引入高新技术企业，其中海曼光电有限公司主要生产照相机闪光灯管、热敏元器件等产品，90% 以上销往国际市场，市场占有率达 60% 以上；台湾电脑专家朱邦复以技术入股，科技园总公司提供资金、场地、技术人员，成立两仪科技发展有限公司，开发出‘全汉字编码输入与字形输出’和‘聚珍整合系统’，具有国际领先水平”。“至 1991 年，科技工业园总公司控股参资合办的各类企业 43 家，60% 的项目列入国家、省、市重点项目，中科院所属科研机构的辐射交联热缩材料、聚丙乙烯改性塑料、PTC 热敏器件、织物整理剂等一批科研成果，在科技工业园区实现产业化。1993 年 6 月，康泰公司基因工程乙肝疫苗车间投产，翌年 7 月获卫生部药品生产许可证，年产 2000 万支基因乙肝疫苗。1994 年，科技工业园总公司与中科院北京希望电脑公司、香港天生公司合资组建希望田园公司，成为国内第一家应用自己技术，批量生产高频在线式不间断电源的厂家，月产 2000 台，并向产品多品种、系列化方向发展；科技工业园还引进中美合资企业美誉华工业安全控制工程公司，承担国内大型石化工厂安全控制系统的制造、安装、调试；还引进中施公司生产第 5 代世界名牌干洗机，为全国干洗机生产企业中量产最大、机型最先进、唯一规模生产与成批出口的企业，当时年出口创汇 3000 万美元。1995 年，长城计算机公司和美国 IBM 公司合办长科国际信息产品（深圳）有限公司和深圳海量存储设备有限公司，使其计算机产品大幅增长，年产微机30万台，显示器50万台，主机板250万片，成为国内最大计算机生产基地，长城电脑成为国内著名品牌。"

与此同时，深圳科技园的附近陆续建立了多个科技园区或者工业村，如深圳市高新技术工业村、京山民间工业村、中国科技开发院，以及国家电子科技应用工业性试验中心等。虽然这些工业园顶着不同的名称，但是它们在功能上几乎相同，而在管理上又隶属于不同的部门，导致整合管理工作十分困难，经常出现工业园区之间相互争夺资源、重复建设，甚至出现恶性竞争。这种现象对于深圳高新技术产业的持续发展十分不利。

为了扭转多个工业园区盲目竞争导致的管理困境，1996年，深圳市政府开始考虑对上述工业园区进行整合。同年5月，深圳市政府决定对深圳市高新技术工业村、京山民间工业村、中国科技开发园、国家电子技术应用工业性试验中心、深圳大学以及第五工业区实施一区多园的管理体制，组建"深圳市高新技术产业园区"，成立由时任市长李子彬为组长的园区领导小组，深圳市科技局、计划局、经发局、规划国土局等19个部门负责人为小组成员，对高新技术产业园区实行统一领导、统一规划、统一政策、统一管理。① 原来的深圳科技工业园经过整合和规划，形成了一个更加高效、合理的高科技产业园区。同年9月，国家科委批准其成为国家级高新技术产业园区，这就是我们今天在南山区看到的深圳市高新技术产业园区。据《深圳市南山区志》记载，深圳市高新技术产业园区建成后"大力引进境外先进企业，美国朗讯、日本爱普生等企业进入。1997年6月，深圳市政府规定进

---

① 《深圳市南山区志》，方志出版社，2012年版。

入高新区的生产型企业必须是大规模、技术含量高、有足够资金、效益高的高新技术企业，其年产值应达到 20 亿元人民币以上。高新区重点扶持长城计算机深圳公司、长城国际公司、长科公司、海量存储公司、华为公司、中兴公司、深圳市通讯工业公司、泰丰电子公司、科兴公司，泰康公司、海通公司、新鹏公司、海王公司、长园公司、金科公司、天鼎公司、永合公司、飞亚达公司、奥沃公司等骨干企业，建立以自主开发为主导，自主开发与引进相结合的技术开发体系，推动高新技术产业发展。1988 年，赛博韦尔软件园在高新区南区奠基。1999 年 3 月，康柏公司在高新区举行开工仪式。1996 年 9 月高新区建成至 2000 年，累计入园投资总额 104.35 亿元"。

驱车穿行于深圳市南山区，我们可以从车窗内看到一个个高科技企业的身影。这里聚集着腾讯、大疆、中兴、柔宇、光启、光峰光电等行业中的佼佼者。而进入南山智园创客服务中心，则更像是进入了一个只存在于科幻电影当中的世界：跳舞的"春晚机器人"、磁悬浮音响、纳米抑菌喂食器……所有的这些产品都让人眼花缭乱，不停地赞叹这样一个充溢着创新的世界是多么奇妙。游历南山智园我们可以发现，这里曾经是劳动密集型工厂集聚的地方，而经历过"深圳被谁抛弃"的讨论之后，在深圳市政府积极发展战略性新兴产业政策的引导下，这里如今已经成为高科技企业趋之若鹜之地，而它正是南山区由工业区破茧成蝶变为高新区的缩影。

二、移民带来的企业家精神

谈到深圳改革，就不得不提及"蛇口之父"袁庚。作为当时中国百年名企招商局的掌门人，袁庚为了解决招商局自身发展的问题，想向中央要一块相对便宜的工业用地，他选中了与香港仅有一水之隔又具有水电和交通等便利条件的蛇口。于是在 1979 年 1 月 31 日，袁庚向李先念副主席汇报了招商局在蛇口建立工业区的设想，2 月 2 日，国务院批准由招商局在蛇口 2.14 平方公里土地上建立了中国内地第一个出口加工工业区。而从今天的深圳地图来看，蛇口就位于南山区靠近深圳湾的位置。在袁庚的推动下，蛇口成了深商最早的"黄埔军校"，而在这里也埋下了勇于创新、创业的企业家精神和敢为天下先的深圳精神。到今天，我们不得不承认，深圳改革起于蛇口，也造就了今天的深圳南山。

约瑟夫·熊彼特在他的《经济发展理论》当中指出，经济发展最本质的现象就是创新，而创新最主要依赖的就是企业家精神。深圳南山之所以能够走在中国高新技术创新的前沿，是因为它从改革初期开始就吸引了一大批企业和企业家。深圳的发展从来都不是依靠原本积累的资源，而是在改革开放过程当中不断从全国各地吸收的优秀人才和资源，所以深圳是一个典型的年轻移民城市。众多的年轻企业家和创业者移民来到这座城市，也为这座城市带来了活力和拼搏不息的创新精神。据考，深圳所在的地方从秦朝开始一共经历过六次大的移民潮。第一次是在公元前 214 年，秦平定岭南，设置岭南三郡，从中原迁 50 万"贱民"，而其中数量最多的是"贾人"。而汉朝的近 400 年间，中原人向岭南迁徙的过程从未间断，这次移民潮为广府文化和广府语言定型。东晋的"五胡内乱"则导致大量的中原士族经江西、福建进入广东，这次的移民大潮直接导致了东晋咸和六年（公元 331 年）设置了宝安县。随后在南宋末年还有一次大的移民潮。到清朝康熙和雍正年间，实行了优惠的招垦政策，吸引了大量的农民进入新安县（宝安县）垦荒，这也形成了深圳古代历史上最大的一次移民潮。而最近的一次移民潮就是改革开放以来，深圳设立经济特区之后，全国各地怀揣梦想的人们来到这片土地，为实现他们的梦想而奋斗。正是因为聚集了大量的移民人口，使得深圳这个城市具有开放包容的特点，对于未来经济发展有着敏锐的触觉和判断。于是，在改革开放的近40年当中，任正非来了，他在深圳创立了华为；马化腾来了，他在深圳创立了腾讯；王卫来了，他在深圳创立了顺丰……也正是这种创新创业的氛围，吸引了一批又一批的高科技人才来到深圳，在深圳开始实现他们的抱负，于是深圳有了大疆、有了比亚迪、有了柔宇、有了优必选……

那些造就了深圳发展的观念

2011年年底，南山区提出了"创新、务实、高效、和谐"作为南山时代精神，而这八个字则提炼于深圳的十大观念。在纪念深圳特区建立30周年时，深圳报业集团发起了一项活动，评选"深圳最有影响力十大观念"，最终于11月7日揭晓了评选出的"十大观念"。"十大观念"当中排首位的便是"时间就是金钱，效率就是生命"，这项口号的提出者就是被誉为"蛇口之父"的袁庚。在蛇口建设的初期，由于百废待兴，有太多的事情都需要投入人力、物力去解决，为了鼓励大家多干、快干，1980年，招商局决定给施工队采取奖励措施，每多拉一车土奖励4分钱。这样简单的奖励措施，在现在看来再普通不过，但在当时却引起了一场不小的风波。有人认为这是滥发奖金，随后被相关部门勒令停止。袁庚无奈只能请人写内参将这一情况汇报给了时任中共中央总书记胡耀邦，在中央的支持下，蛇口终于又恢复了"4分钱"的奖励制度。

经此一事，虽然打开了蛇口建设的局面，但是袁庚仍然认为当时的发展速度太慢了。为了鼓励大家，袁庚觉得应当拟定一个具有号召力和凝聚力的口号。第一版的口号有六句："时间就是金钱，效率就是生命，顾客就是皇帝，安全就是法律，事事有人管，人人有事管。"这个口号提出以后广为流传，但也有不少人批评这是资本主义的口号，而这之后深圳更是经历了两次严重的"寒流"，关于深圳是不是实际上已沦为租界，以及是不是应该在深圳搞特区的讨论将深圳推向了风口浪尖，也让袁庚感受到了巨大的压力，但是他依然坚持在深圳推行蛇口工业区的建设。而"时间就是金钱，效率就是生命"这两句口号最终得到肯定还是在 1984 年邓小平同志到蛇口视察之后的事。1984 年 1 月，袁庚得知邓小平同志要来深圳视察的消息之后，找人连夜做了"时间就是金钱，效率就是生命"的标语牌挂在了港务办公楼的拐弯处。在向邓小平同志汇报建设成果时，袁庚特意提到了这两句口号，邓小平同志点了点头。随后，邓小平同志在中央召集的会议上也提到了这两句口号，对这两句口号表示了肯定，由此这两句口号在大江南北传播开来。直到今天，这两句口号还粉刷在许多工厂里，激励着人们勤劳工作。

排在深圳"十大观念"第二位的是"空谈误国，实干兴邦"。提出这句口号的正是改革开放的总设计师邓小平同志，而这句口号提出的背景则是 20 世纪末那场关于"姓资姓社"的大讨论。这场讨论由"蛇口风波"引起，随后在邓小平同志于 1991 年年初到上海考察讲话之后，一个化名为"皇甫平"的写作班子开始在《解放日报》连载关于改革开放的文章，这些文章当中直接提出社会主义也可以搞市场经济。随后，《人民日报》便作出了回应，刊登了《发展商品经济不可否定计划经济》以及《坚持人民民主专政，反对和防止和平演变》等"左"倾思想的文章。随后全国范围内展开了一场关于"姓资姓社"的讨论。这场思想交锋让私营企业惶惶不可终日，个体户和从业人员急剧下降，改革开放到了命运攸关的时点。

在这种情况下，邓小平同志出山了，于1992年1月18日至2月21日开展南方视察，并发表一系列重要谈话。"空谈误国，实干兴邦"这句话就出自此次南方谈话。这次南方谈话迅速扭转了国内的舆论态势，形成了加快改革开放的新思潮。在邓小平同志南方谈话后不久，袁庚就授意做了"空谈误国，实干兴邦"的标语牌，立在了蛇口工业大道上。这两句口号深深鼓舞了深圳人民全心全意搞特区建设的决心。

排在"十大观念"第三位的"敢为天下先"，也出自那场关于"姓资姓社"的讨论当中，"皇甫平"在《解放日报》发表的第一篇文章《做改革开放的"带头羊"》中提出要"敢冒风险，敢为天下先，走前人没有走过的路"，而深圳却是真真切切把这一句话落到了实处。1983年，深圳发行了新中国的第一张股票"新宝安"，诞生了第一家股份制企业。1985年，成立了中国第一家外汇调剂中心。1987年，成立了全国第一家由企业集团创办的银行——招商银行。还有后来的中国内地第一家期货交易所，中国内地第一家产权交易所都在深圳建立起来。在这个过程当中，最重要一件事就是1987年，深圳敲响了"中国土地拍卖第一槌"。虽然当时批评的声音很多，但是土地拍卖还是顺利进行了，并且在4个月后，全国人大正式修宪，在"任何组织或个人不得侵占、买卖、出租或者以其他形式非法转让土地"后面加上了"土地使用权可以依照法律的规定转让"。而在今天，土地拍卖已经成为再寻常不过的事情。

除了以上三条以外，深圳"十大观念"还包括"改革创新是深圳的根、深圳的魂""让城市因热爱读书而受人尊重""鼓励创新，宽容失败""实现市民文化权利""送人玫瑰，手有余香""深圳，与世界没有距离""来了，就是深圳人"。这每一条观念当中都包含着深圳改革的故事，也反映了深圳不断向前的创新精神。而"创新、务实、高效、和谐"则是这"十大观念"的核心概括。

深圳南山区的科技创新之所以能在中国占得领先地位，不光是因为有创新的精神，同时也是因为合理的发展规划以及深圳市对于南山区创新的保护。虽然企业才是创新的主体，但是政府在这一过程当中也发挥着十分重要的作用。为了提高深圳的人才质量，积蓄深圳自主创新的能力和后劲，深圳市很早就意识到了建设优秀高校的重要性，而深圳市大力建设的大学城就位于南山区。南方科技大学、深圳大学这两所深圳本地的优秀高校都坐落于南山区。此外，深圳与外地高校合办的研究生院当中，清华大学深圳研究生院、北京大学深圳研究生院以及哈尔滨工业大学深圳研究生院也都位于南山区。通过深圳市政府和南山区政府的联合努力，南山区无论是在科技创新水平还是人才培养上都表现出了良好的发展势头。在我们与深圳市政研室和发改委的座谈中，相关部门代表都特意提到了4个90%，即90%以上的研发机构设立在企业，90%以上的研发人员集中在企业，90%以上的研发资金来源于企业，90%以上的职务发明专利出自企业。而这4个90%在南山区表现得非常充分。

那些名闻深圳的企业名片

一、柔宇科技：掰弯世界的柔性显示屏

《波士堂》是一档由第一财经、东方卫视、唯众传播联合打造的以脱口秀形式呈现的高端访谈互动节目，2017 年 6 月 3 日的这一期迎来了一位声称"要掰弯世界"的男人，他就是柔宇科技创始人兼 CEO——刘自鸿，他带着他的创业历程和特色产品来到《波士堂》，面对数位极客团 Boss 的各种问题不急不躁，侃侃而谈。

在此之前，2017 年 4 月中旬的时候，张军老师带领我们一行人曾赴深圳参观过柔宇科技，当天刘自鸿接待了我们，并且为我们讲述了他和他的团队创办柔宇的心路历程。大部分初见刘自鸿的人都会觉得他英气逼人、谈吐不凡，但大多数人不知道他从小就是一个标准的"别人家的孩子"。《波士堂》的主持人袁鸣介绍，刘自鸿曾获全国数理化奥赛物理一等奖、化学一等奖，21 岁获清华大学电子工程学士学位，23 岁获硕士学位，26 岁获美国斯坦福大学电子工程博士学位，而在硕士毕业的时候他同时申请到了去剑桥大学和斯坦福大学攻读博士学位的机会，当他在这两个学校之间犹豫不决时，他在水木清华论坛上发帖求助，一封站内匿名信给他提供了重要的参考意见。这封匿名信当中说"如果你将来想做研究，那么就去剑桥；如果你将来想创业，那么就去斯坦福"，虽然刘自鸿至今都不知道是谁给他写了这封站内信，但是他仍然十分感激这个人，因为正是听取了这封信的建议，他才义无反顾地选择了斯坦福。

谈到在创业时为什么会选择做柔性显示屏，他说这个想法其实产生于他在斯坦福读书时躺在草坪上天马行空的畅想，他认为

当前的显示屏都存在一个共同的问题，那就是大屏和便携之间的矛盾，如果屏幕变得可以弯曲折叠，那么就可以完美解决这一矛盾。因此，他选择了柔性显示这一领域作为他博士期间的研究方向，并且在 2012 年从美国 IBM 辞职之后，在美国硅谷、中国深圳及香港同时创立了柔宇科技有限公司，并担任董事长兼 CEO。2014 年便成功研发了厚度仅为 0.01 毫米的 AMOLED 柔性显示屏，号称全球最薄。在随后的这几年当中，柔宇发布了一系列应用柔性显示屏的产品，如 3D 头戴影院 RoyoleMoon、柔性手机原型 FlexPhone 以及柔性电子智能背包等，而这些产品当中很多项都曾被评为当年 CEX 的最佳产品。

谈及柔宇科技为什么会落户深圳，刘自鸿坦言他也曾去北京、上海等地进行过考察，最后之所以会选择深圳，一方面是深圳高科技企业聚集所带来的创业氛围，另一方面更重要的是当他向深圳市政府相关人员说过自己的创业构思之后，他很快就见到了深圳市政府相关的领导和负责人，对于他及他的团队落户深圳的想法表现出极大的支持。这促使刘自鸿最终决定在深圳开始自己的创业之路。

在深圳青年总裁俱乐部首次会员会议上，刘自鸿也坦言自己在正式来到深圳之前，对深圳知之甚少，但他在深圳考察遇到的三件小事，让他对深圳产生了浓厚的兴趣。第一件是他去华为的外围转了一圈，虽然没有参观到内部，但是让他感受到了深圳本土知名企业的规模之大；第二件事是他去了深圳科技园，虽然是周末但停车场"车满为患"，许多年轻人聚集在一起讨论事情，晚上九点，腾讯大厦仍然灯火通明；第三件事就是他去深圳周边一个毫不起眼的小工厂考察，虽然外面的道路坑坑洼洼，但是里面生产的元器件却是供应给苹果、三星这样的一流电子产品公司的。这三件事从三个角度说明了所谓的"深圳优势"：不同时代诞生了不同领域的知名企业，拥有良好的创业氛围，配套产业链完善①，这让刘自鸿感到深圳确实是创业的沃土。此后他在深圳接触到的天使投资人，以及深圳市"孔雀计划"给予他们团队的资金支持，更是坚定地推动了柔性显示项目在深圳的诞生和发展。我们一行人在参观柔宇科技的当天，一位黄姓深圳市政府的退休领导也出席了当天的活动，刘自鸿认为黄先生对于柔宇科技的发展起到了重要的作用，可谓是柔宇科技当时落户深圳的"伯乐"。

二、优必选：机器人领域的独角兽

优必选是我们深圳调研之行的最后一站，之所以选择优必选，一方面是有校友的联系和推荐，另一方面是大家都对机器人行业十分感兴趣，而优必选则是机器人行业的"独角兽"企业。该企业凭借在舵机技术领域的深耕，打造出了国内第一款能够用于商业化的人形机器人。其公司团队从 2008 年开始投入对人形机器人行业的研发，在机器人运动控制领域的研发长达 7 年，而在此过程中投入的资金更是达到上亿元。许多人对于优必选的了解可能仅仅是由于其产品 Alpha1S 在猴年春晚上与孙楠同台表演《心中的英雄》，负责舞蹈表演的 Alpha1S 因其呆萌的外表、炫酷的灯光和可爱的舞蹈动作深受观众的欢迎。Alpha1S 拥有 16 个关节自由度，所以它可以活灵活现地模仿人类的骨骼肢体动作，除

---

① 《柔宇科技创始人自述为何选择深圳 尚需考虑高校"造血"能力》，《21 世纪经济报道》，http://www.myzaker.com/article/594f7e7c1bc8e01651000000。

了表演舞蹈，它还可以打拳击和太极拳，其拟人化的动作表现令人惊叹。此外，Alpha1S还可以在其搭载的软件和应用方面结合用户自身的要求进行扩展，其操作系统同时兼容IOS和Android手机系统，通过公司自己开发的软件，可以进行3D可视化编程操作，在此过程中并不需要专业的编程知识就可以轻松实现自己预想的操作。

深圳调研之行中，优必选的参观被安排在了一个周六的早上，虽然是周六，但是我们进到公司里面后发现许多员工依然在自己的岗位上兢兢业业地工作。在一个人形机器人的引导下，我们一行人首先参观了优必选的工作环境以及舵机开发和测试工作间，然后我们与优必选的多件机器人产品进行了接触和交互，这个过程给每个人都留下了深刻的印象。该公司目前研发的机器人以家庭服务以及陪伴娱乐为主，通过简单的语音指令即可让机器人实现各种操作。在参观的过程当中，JIMU机器人系列给我留下的印象最为深刻，该系列的机器人由伺服舵机、连接件、结构件、控制器等一系列部件构成，用户可以像搭积木一样自由搭建满足自己需求和喜好的机器人，在搭建完成以后还可以通过手机软件进行可视化编程实现自己为机器人所设定的动作。该系列的机器人主要面向青少年，以智力开发和益智娱乐为主。通过优必选员工为我们展示其强大的功能，我们看到了该系列机器人的多种变换的可能性和灵活度，令人惊叹。在随后与优必选主创者的座谈会上，我们了解了优必选目前在行业当中的地位以及其产品的发展和使用前景，他们认为机器人是未来社会发展的一个重要方向，不光是用于完成机械劳动生产的机器人，还有各种陪伴型的机器人，将来会成为每个家庭必不可少的成员。此外，我们还着重谈到了优必选当时落户深圳的原因，主创者表示深圳良好的创业环境，特别是深圳市政府对于高科技企业的扶持，是他们选择深圳的一个重要原因。虽然目前深圳房价高、租金贵，但是深圳市政府给高科技企业提供了一系列倾斜性的资金支持，让这一方面的成本降低了许多，对高科技企业产生了极大的吸引力。

三、大疆创新：世界无人机霸主

现在提到无人机，大家都会想到一个如雷贯耳的名字，那就是大疆。深圳市大疆创新科技有限公司（简称DJI）成立于2006年，创始人是毕业于香港科技大学的汪滔和他的两位同学，但是大疆走到今天，元老级的人物只剩下了汪滔，经历了团队破裂、资金匮乏，汪滔终于带领大疆占领了无人机领域的大片江山，尤其是在消费级无人机领域占据着绝对优势。2013年大疆推出了第一款航拍一体机大疆精灵（Phantom）大获成功，营业收入达到了1.3亿美元；2015年营业收入突破10亿美元，占全球消费级无人机约68.5%的市场份额，大疆创新净利润也由2012年的800万美元增长至2015年的2.5亿美元；2015年，大疆的产品主要销售到欧美市场，其中中国市场的消费额占比约为20%，美国的销售占比为30%—40%，欧洲的销售占比为20%—30%。在2016年9月深圳的科技创新大会上，大疆的创始人汪滔透露，2016年大疆的销售额将突破100亿美元，比2015年增长大约60%。大疆只是深圳无人机产业快速发展的一个缩影，《深圳特区报》2015年11月的一则报道曾表示，深圳作为全球无人机最主要的生产基地，其无人机企业已经超过300家，仅消费类无人机就占有全球70%的市场份额，专业无人机则占据国内60%的市场份额，每年的交易规模超过160亿元人民币。此外深圳市无人机协会会长杨金才在 2016 年 6 月也曾对媒体表示，深圳已经成为全球无人机的集散地，占据了全球民用小型无人机约 70% 的市场份额，300多家无人机企业年销售总额超 200 亿元人民币。①

　　20 出头的杨道林是深圳中科大智航空技术有限公司的无人机飞行培训师，他私下里也是一个无人机发烧友，为了拥有一架能够完成自己特定需求的无人机，杨道林自己动手 DIY 了一架无人机。无人机机身要承载上百个零件的重量，为了提高强度，首先需要把一整块 90cm×90cm 的碳纤维板材切割成为 20 多片的模板，再用特殊胶水拼贴起来。然后，依次搭载上电池、螺旋桨、电机、电条等配件。电条、螺旋桨、高密度电池、遥控器以及供电模块这些基本的元配件，还有用于切割和加固所需的电烙铁、热缩管、胶枪和胶水等都可以在深圳华强北买到，而制作机身的板材，虽然需要花更多的时间去精挑细选，但是依然在华强北就能用很实惠的价格买到一整块 90cm×90cm 的碳纤维材料。像杨道林所在的公司，有时会接到一些有特殊要求的订单，以至像他们这种主营无人机相关服务的公司也不得不自己动手制造无人机，有些甚至在华强北都无法找到令人满意的生产材料，但是不出深圳市，一定可以找到理想的原材料。在这种情况下，他们通常会直接找到材料生产厂家寻求帮助，而在宝安和福永两家生产碳纤维、玻璃纤维的工厂一直都跟他们保持着密切的合作关系，只须简单沟通就可以明白他们所要求的原材料。

　　从上面这个小小的例子我们就可以明白，为什么深圳会成为无人机产业的聚集地，因为它具有生产无人机所需要的完备的产

① 《中国无人机行业深圳大疆创新科技有限公司成长为消费龙头引领市场迅速发展壮大》，《深圳特区报》，2015 年 11 月 19 日。

业链。在 2016 年深圳举行的马洪基金会秋季理事论坛上，深圳市前副市长、哈尔滨工业大学（深圳）筹建办临时党委书记唐杰就曾表示，无人机的产业配套，深圳称得上是全球最好，没有之一。无人机在深圳的发展是产业升级的一个典型例证。无人机所需要的碳纤维材料、特种塑料、锂电池、磁性材料等关键配件以及材料，深圳都已在此前形成了优势。唐杰向媒体介绍，无人机核心材料中，碳纤维占据了大约 70% 的比例，这种材料最早运用于羽毛球拍、渔竿等物品，而深圳正是以此为基础，转型升级到了同样以碳纤维作为主要原材料的航模产业。此外，深圳发达的手机电子行业也是无人机在深圳迅速发展的重要原因，无人机和智能手机在锂电池、陀螺仪以及 GPS 模块等传感器设备方面有着十分相近的应用，所以无人机产业并不是一个独有的产业，而是依附于大量手机类消费电子产业的发展。在具备强大硬件条件以及深圳中小企业浓厚的创新创业氛围下，深圳能够成为"无人机之都"也就成了顺理成章的事情。①

篇幅有限，我们在这里只讲述了深圳新兴高科技企业中的三个代表，还有光峰光电、ivvi 科技以及碳云智能等多家高科技企业在深圳这片沃土上茁壮成长。这些企业能在深圳集聚，究其原因，一方面是深圳完备的产业链，另一方面则是原于深圳对于高科技产业的大力支持。这两方面的综合使得深圳成为高科技企业创新与创业的热土，也使深圳在高科技产业领域成为领军城市。

---

① 《深圳为何能成为"无人机之都"?》，搜狐网，http://www.sohu.com/a/84730962_335698。

深圳孵化，邻城转化：深圳智造的转型新路

近年来房价上涨迅速，导致许多制造业企业不得不将自己的生产部门搬离深圳，但是这些企业往往都选择将总部留在深圳，所以企业不能搬迁到离深圳太远的内陆地区。在这种情况下，与深圳相邻的东莞和惠州就成为首选。据不完全统计，2014—2016年，东莞全市共引进深圳企业项目604项。

在以往深圳与东莞的发展历程中，已经有过两次产业转移合作的浪潮。第一次产业转移以劳动密集型加工贸易企业为代表，第二次产业转移则以内资中小企业生产制造环节为代表。当下迎来的第三次产业转移浪潮的主体则由过去中小企业转变为大型企业，所处的产业链位置也从低端转向高端，产业分布从传统产业变为新兴产业。2014年，华为终端基地在东莞松山湖落户；2015年，大疆科技也在松山湖购地启动建设；2017年3月，蓝思科技和康佳集团也开始在东莞筹建自己的建设基地。而这些企业所选择的地方距离深圳车程均不超过一小时。深圳大学产业研究中心主任魏达志将这种情形概括为"一小时产业圈"，并且认为这是一个双赢的局面。①

除了东莞以外，惠州也是承接深圳产业转移的一个重要城市。为了更好地承接深圳产业转移，惠州于2017年年初实施了"海绵行动"，该行动包括61项重点任务、73个重大项目，项目总投资高达2695亿元。而该行动的主要目的就是加强深圳与惠州的信息平台对接，推进高速公路以及轨道交通的建设。此前，惠

---

① 《高潮三起：深莞走向产业同城》，http://dg. southcn. com/content/2017-04/10/content_168576371.htm。

州就已经与深圳逐渐形成了"深圳孵化,惠州转化"的发展模式。2008 年,海归博士钟燮和他的研发团队就从深圳搬到了惠州的仲恺高新区,在惠州,他们用不到两年的时间研制成功了工艺稳定的液晶显示产品,并逐渐将自己的产品销往全球。此外,还有伯恩光学从深圳龙岗迁到惠州,并且保持年产值 40% 的增速;以及从事智能厨房产品研发的初创企业弗莱思特带着 18 项专利从深圳搬迁到惠州。

在这种转移的过程当中,我们看到的是许多企业由于无法承受高地价、高房价等问题选择离开深圳,看似是深圳处在一种被动且受损的状态,但实际上并非如此。深圳经过改革开放近 40 年的发展,不应该也不会只成为一个以工业区为主要功能的城市。作为中国四个一线城市之一,深圳的发展目标应当是一个国际化的大都市。参照国际经验来看,纽约、巴黎这些大都市都没有工厂聚集,但是美国和法国的制造业都围绕在纽约和巴黎的周围。所以我们看到在过去这十多年当中,随着深圳产业的转型升级,不断地有各类型的产业转移到周边的东莞和惠州去。在这个过程当中,很多人为深圳捏把汗,认为华为、中兴、大疆的出走意味着深圳已经不再适合这些企业的发展,深圳的高房价过度压榨了工业企业的利润。纵然工业用地短缺,房价高企是深圳目前无法回避的问题,但是这也并不意味着这些企业的生产制造部门的出走将会给深圳造成毁灭性的伤害,因为在这些企业出走的同时,我们看到了更多的高科技企业在市场和政府的引导下进入深圳,也推动深圳走上了一条更加集约化发展的道路。此外,随着基础设施、道路交通建设的推进,深圳和东莞、惠州的联系更加紧密,三地的协同发展在深圳"腾笼换鸟"的过程中起到了重要的推动作用,未来的发展也更值得期待。

大湾区与深圳未来高峰论坛
暨《深圳奇迹》新书首发式演讲实录

（根据现场速记文稿整理）

深圳是个现象吗？

张五常

国际知名经济学家

中国的经济出现了困难有几年了。有些地方出现了负增长。内地的朋友当然知道，但真实的数据不容易掌握。有三个原因：其一是农业不抽税，少了一项重要的数字。其二是流动人口多，他们的收入为几不容易知道。其三是数十年来中国爱用一个指标制，不达标没有奖金。

论财富要从费雪教的看

客观地衡量，论财富比论收入可靠，这二者的衡量不一样。因为费雪解释得清楚：财富是预期收入的折现，而我们见到的国民收入可不是预期的。我认为从费雪的天才之见衡量，中国的财富总量是高于美国的。如下几点可信。第一，中国的高楼大厦到处林立，其价高出美国不少。以房地产论财富，中国明显超出美国相当多。第二，中国的人口是美国的四倍，聪明的脑子无数。上苍有知，这些脑子的总市值——财富——也是超过美国的。第三，中国的文化底蕴冠于人类，怎样算市值恐怕上苍也不清楚，只是听说几年前在英国某拍卖行的一个乾隆朝花瓶，拍出逾五亿元人民币，是真价。

可惜有了上述，我还不能肯定中国的财富总量高于美国。这是因为中国的科技知识不及美国，差很远。中国的大学教育办得不够好，是以为难。

给旧朋友下断言

两年前，我的博士论文《佃农理论》竣工五十周年，美国一些旧同事与旧学生到深圳来开一个关于《佃农理论》的会议，给老人家打个招呼。他们认为该陈年旧作是经济发展学说的分水岭，也是新制度经济学的中流砥柱。虽然经过那么长时日只被引用两千多次，该书或书中的文章还频频在西方大学的读物表中出现。看来《佃农理论》这件作品将会历久传世，这也应该算是中华儿女的财富吧。

在那次会议中，我有机会带几位来自西方的朋友到深圳南山的海边一行，直截了当地对他们说："记着我说的吧。你们这一刹那站着的土地，就是这一点，分寸不差，有朝一日会成为整个地球的经济中心。"夸张吗？那当然。准不准确呢？这类推断老人家很少出错。三十年前我推断上海的经济将会超越香港；今天我推断深圳一带将会超越上海。困难重重，沙石多，但假以时日，我应该对。

这个推断其实不难。国际经济发展的中心历来要靠一个湾区，举世皆然也。大家今天朗朗上口的粤港澳当然也是一个湾区，只是很奇怪，"深"字不在其内。毋庸置疑，名字打不进"粤港澳"的深圳将会是这湾区的龙头。可不是吗？今天还在发展中的深圳的经济不仅超越了香港，也超越了整个台湾地区。两年前我推断十年后深圳一带会超越美国的硅谷。虽然目前中国的经济增速放缓，但还有八年，我认为在时间上这推断不需要改。

与深圳的交往

从一些陈年旧事说起吧。我第一次到深圳是 1948 年的夏天。那时广州疏散，我的大哥带我回港，途中遇上十号风球，火车到深圳要停下来。大哥带着我在深圳找留宿一夜的地方。在狂风暴雨中步行，见到一间卖米的小店，大哥说："这间房子要倒下来了。"果然，整间房子塌下，还竖着的是一个曲尺形的用作称米的磅秤。

我第二次到深圳是 1982 年回港任教后不久，那时一别三十四年了。记得罗湖当时有一家电影院，满街都是单车，一辆汽车也没有。据说当时深圳有二十万人。三十七年后的今天上升了一百倍。1988 年 10 月我带弗里德曼到深圳一行，他见到罗湖开始兴建高楼大厦，不以为然——弗老历来认为政府倡导的皆不成气候。我没有告诉他我为什么不同意，因为 1986 年 6 月 25 日我在《信报》上发表了《出售土地一举三得》，建议深圳通过出售土地的方法来解决发展经济需要的资金问题。文中我说一个不是美国人的人，只要钱够多，就可以将整个美国的土地买下来！1987 年年初，因为读到该文，深圳市政府邀请我到深圳研讨。我对他们说要先搞好有关的土地法律，要搞基建，要招标竞投，最好是卖给外地的开发商。我毫不客气地直言，你们连怎么建都不知道！当时我可没有想到，不到二十年中国的基建水平冠于全球。

深圳的朋友迫不及待，只几个月后他们就搞土地拍卖了。他们选择 1987 年 12 月 1 日，我生日那一天，在深圳举行土地拍卖，是中国的第一次。事前他们到香港大学找我，问哪里可以借得一个拍卖时用的木槌。我告诉他们到哪里去找。该槌今天竟然在深圳的主要博物馆展出，作为镇馆之宝，可见深圳的博物馆的文化水平有点问题。

地价、科技、东莞的存在

说起深圳，2006 年年初我见到那里的楼价开始稳步地上升，其走势反映出有商业价值的科技知识正在深圳急速地增长。这个话题 20 世纪 70 年代我跟阿尔钦等人研讨过，得到启发：资金的回报是利息，劳动力的回报是工资，而科技知识的回报减除研发者的收入，是转移到地价那边去了。炒买炒卖的楼价（源于地价）上升，其市价的方差会比较大。从那时起，我就开始注意几家今天在全球得享大名的深圳科技企业了。毋庸置疑，自 21 世纪初到今天，整个国家的优秀青年喜欢跑到深圳找工作。

地理的形势非常好当然是深圳发展有看头的一个重要因素。另一个可能更为重要的因素，是东莞就在隔壁。东莞不是一个普通的工业区，不像温州那样专于小商品，不像苏州工业园那样名牌遍布，不像阳江那样专于一两种行业。东莞（在某种程度上也要算进同在深圳隔壁的惠州）是无数种产品皆可制造，而且造得好、造得快、造得便宜。我认识不少在东莞设厂的朋友，非常相熟的一个造玩具，一个造模具，一个造餐具，一个造展出架。他们做得辛苦，但从他们那里知道，在东莞，厂与厂之间，厂与山寨之间互相合作是我平生仅见。我对昆山的工业区也很熟悉，因为先父遗留下来的抛光蜡厂就在昆山。昆山多是台湾客，厂家一般专于自己的名牌，但论行业的多元化与互相合作的方便，东莞冠于全球应该没有疑问。

我肯定地推断深圳将会超越硅谷，主要是硅谷没有一个像东莞这样水平的工业区。不仅今天没有，永远也不会有。今天，东莞一家工厂专业员工的最低包食宿的工资，约是美国西岸不包食宿的 1/3，而东莞的最低工资是远高于江西与河南等地的——高 1

倍多。这是地理的位置之别使然。

国际的工资比较

拿东莞的一个工人的最低工资（包括食宿）与国际上比较，东莞约为美国的1/3，约为欧洲先进国家的1/4。另一方面，跟其他发展中国家相比，则又倒转过来：印度工厂员工的最低工资，约为东莞的1/3，越南约为东莞的1/4，非洲约为东莞的1/5。换言之，从国际工业产出的最底层的工资看，东莞是一个非常重要的分水岭。我喜欢用这个分水岭来衡量国际上的工业产出竞争，胜负一目了然。

让我解释清楚一点吧。目前东莞工业的最低工资是发展中国家最高的，却只有发达国家的1/3，有2/3的差距。把这个分水岭强行收窄，中国的工业就会向越南、印度等地转移。我们希望这差距收窄，但要由差距更大的国家——如越南、印度——在下面推上去。

今天的深圳，因为有东莞与惠州的存在，在国际上竞争无疑是有着一个重要的优势。这优势会因为工人的知识层面的提升而逐步减少。换言之，工人的知识水平愈高，深圳与西方先进之邦的工资差距愈小。等到深圳的受教育程度达到发达国家水平，深圳的工资就又高于西方的先进之邦了。

零关税要加零手续才是零

在上述的局限下，遇到这些日子美国推出的贸易战，我几番建议中央要立刻推出零关税。我构思的战略，是先从英国入手。该国历来近于零关税，中、英互相零关税，英国当然会开心得笑出声来，何况他们目前遇到了脱欧困境，中、英实行零关税会解决这个困境中的所有问题。这是雪中送炭了。不只如此，要是中央对欧洲的先进之邦说大家一起零关税，同时也要求他们对英国零关税，他们一定会接受。这里我要强调，中国进口零关税，要加零手续费才是零。进出口的手续要像香港那么简单。

中国零关税会震撼世界。想想吧，虽然中国还算不上是一个富有的国家，但市场大得离奇。如果我们不算那些价格奇高的高科技产品，只看日常用品——那些支撑人民生活的主要部分——中国的市场约占全球的一半！有这样的优势当然有话权了。所以我认为目前中美的贸易战有点无聊。是的，我绝对不认为中国免税买进欧洲先进之邦的名牌珍品有任何害处。劳力士手表的真货今天的市价是内地高于香港。如果内地免税进口劳力士，香港人会到深圳来购买。购物天堂转到内地，香港会怎样？在经济调整的弹性方面，香港历来冠于地球，香港人会找到他们的门路，何况他们做劳力士的中国代理会赚得更多！不仅如此，我主导了香港的经济学高考三十年，那里的商、政界人士不少是我的学生，他们不会那样没出息。不是开玩笑，当年我在香港主导的高考今天在维基百科中有介绍。

是的，我认为如果中国与西方的先进之邦提出互相零关税，特朗普的天才会变为泡影。这是因为美国没有多少像法国香水或劳力士手表那样的名牌消费品。他们有飞机，有农产品，有先进的医疗药物，也有比中国高明不少的大学教育。让美国出售知识来赚取中国人的钱，不是皆大欢喜吗？

20世纪的两大商业发明

说起来，整个20世纪有两项价值连城的科技发明，皆出自

50 年代。其一是半导体的发明，使今天数码科技产品发展迅速。其二是双螺旋的基因结构的发现，使今天西药得到发展。这两项商业价值很大。

在数码商业这方面，中国做得好，冠于全球没有疑问。朋友们一致说用数码付账的普及中国自成一家，而深圳的项目如速递、网上游戏、智能工具、无人机等皆可观——也有令我看得目瞪口呆的医疗仪器。从数码协助商业的用途看，因为多服务一个消费者的边际成本是零，所以中国今天占了先机是理所当然的。

困难是第二项 20 世纪的重要商业——基因研究带来的医药发展。这方面中国远为困难。这是因为数码商业的发展只要够聪明，不需要读很多书，二十岁出头就可以是能手。医药呢？要成为世界级的人才，三十年寒窗苦读是起码的要求。这方面，中国的大学办得不够好。不少中国的学子在美国学有所成，听说不下三千个，但出于种种原因他们不愿意回国。在生物与医药这些方面我知道得比较多，因为我带到美国求学的外甥与自己的儿子皆以此为生计，听说他俩现在属于世界级的人物。

从我自己的专业看，我确实认为中国的大学办得不够好。内地的朋友知道大学教育与研究的重要性，愿意花很多钱，中国的学子够聪明也没有疑问，只是大学的制度存在问题。几年前我出版了一本题为《科学与文化》的书，做了解释，也提了建议，可惜内地的朋友不重视。

没有市地人有利也有害

一个近于天方夜谭的故事，但确实发生了。深圳的有利之处是天时地利之外，深圳本土没有深圳人。美国有种族歧视，政府出尽九牛二虎之力也驱之不去。上海说不上有多少地域歧视，但或多或少他们歧视非上海人。今天的深圳没有深圳人，歧视的问题不存在是一个难得的优胜处。这优势带来的不幸，是深圳不仅没有自己的文化，连中国的传统文化也搞得不好。人类历史上我们很少见到一个经济发达而文化很差的地方。不仅深圳的多所博物馆一律没有看头，音乐厅、剧场等与上海或北京也相去甚远！目前看深圳的经济发展，没有歧视带来的好处多于文化欠缺的害处，最近两三年我们见到全世界的企业家都跑到深圳来看看，因为没有歧视，对他们来讲是非常好的，文化的欠缺他们不是很介意。

解除汇管是前海的前途

最后要说的，是关于深圳的前海。这个话题非常重要，因为据我的理解，前海的设立是要搞一个国际金融中心，把人民币推向国际。当然，没有这样的金融中心人民币也可以推出去。

要把人民币推向国际不是那么容易，因为任何货币在国际上要替代美元美国一定会反对。这反对是合情合理的。用我知道的经济学衡量，美国今天搞的贸易战属无聊之举，对美国人民的生活不会有帮助。然而，人民币推向国际，在某种程度上一定会取代国际上的美元。你在市场卖花生，我也在同一市场卖花生，大家的利益怎会不出现冲突呢？

印制钞票的成本近于零，外人可以接受多少你就赚多少，回过头你还赚了利息。何况中国是那么大的一个国家，国际上不普遍地接受人民币不可能。但真的要把人民币推向国际，解除所有外汇管制是必需的。我们也要注意，美国没有什么外汇储备，原因是国际接受美元，他们也不需要有外汇储备。不久前看资料，在国际上的美元储备约为 62%，人民币只约 2%。那么大的差距对中国的外贸发展不利。

中国要解除所有外汇管制，让人民币走向国际这个观点，1988 年弗里德曼就建议过。当时弗老可没有想到上文我提出的卖花生的问题：人民币一推出就被杀下马来。几年前，前海试行解除外汇管制，把人民币推向国际，但央行的外汇储备流失得很快，于是就鸣金收兵了。

经济逻辑是这样的。第一，人民币要走国际化之路，全面解除外汇管制是需要的。第二，解除外汇管制的初期，央行的外汇储备会流失。第三，国外接受人民币，央行的外汇储备会回升。第四，调整人民币的进出口与央行外汇储备的一个法门，是调校人民币对外币的汇率。综上所述，人民币还远没有美元的一般接受性，推向国际要先下一个锚。

说货币想到弗里德曼

已故的 20 世纪的货币大师弗里德曼是我的深交，他健在时屡次建议人民币要解除所有外汇管制，也同意人民币要下一个稳定的锚。但弗老又说像中国那么大的一个国家，要找到一个交易费用够低的锚近于不可能。在人民币下锚这个重要话题上我想了多年，终于想出以一篮子物品的物价指数为锚，这是一个交易费用近于零而又是万无一失的方法，是朱镕基总理在 20 世纪 90 年代给我的启发。这个方法我不厌其烦地解释过多次，网上有，这里不再说（无锚货币称作 fiat money，人民币今天是，美元也是，但后者 1972 年之前不是。港币 1971 年之前有锚，1983 年 11 月之后也有锚，1971 年至 1983 年没有。小经济体易下锚，大经济体难找锚下。这个不简单的问题当年我跟香港的前后三位财政司司长、撒切尔夫人的经济顾问、英国央行的首席顾问、弗里德曼等人都有深入的争论与研讨）。

我不同意弗老的只有一点。我认为货币的主要用途是协助贸易或投资，不应该一石二鸟地也用作调控经济。按我提出的下锚方法把人民币推向国际，要让人民币的汇率自由浮动，也要让中国的利率自由浮动。我也认为依我说的方法，下了锚，把人民币推向国际，其成果会比大家想象的来得快，来得大。这是因为遍布全球的有点钱的中华儿女无数，人民币的币值够稳定，给祖宗一个面子何乐而不为？

深圳是个现象吗？应该是。如果前海能成功地把人民币推向国际，不管用哪个法门，一定是。

中国的发展与发展经济学

樊 纲

中国经济体制改革研究会副会长　中国（深圳）综合开发研究院院长

《深圳奇迹》一书分析了深圳为什么用了四十年成长为今天的样子，我们也一直在分析深圳。作为搞理论的，我们总在想用什么样的理论框架和什么样的理论逻辑说明这件事。什么叫理论？就是你要给它一个说法，要放到一个框架逻辑当中解释它的出现，解释它内在的逻辑，这就是理论。因此，这些年我一直思考这方面的问题，今天我在这儿讲一点理论的问题，就是用什么样的理论框架可以分析深圳，在和其他地方的比较当中说明深圳的发展。

我的题目是《中国的发展与发展经济学》。发展经济学过去解释经济的增长就用两个要素：一个是劳动力，一个是资本，这样有了生产、增长、发展，后来加进了技术进步，直到最近这些年才加进了制度，制度的改善就是体制改革，因此现在要理解经济发展就不仅仅是劳动和资本，这两个可以说是硬件，是经济增长和发展的硬件，现在愈发深入的研究证明整个知识和制度在经济增长和经济发展的过程当中起着更大的作用，是解释增长、发展的更重要的因素。生产一个东西，比如制造一个麦克风，实际上是利用一些物质通过技术、通过知识、通过组织转化成一个有用的东西，它原来可能是铁矿的存在、一个荒野的存在，通过技术进步、通过企业的组织结构，这是制度，我们转化成一个有用的物品，因此经济学说生产都不说产生。这样一个转化过程当然有物质基础，也有物质本身的存在，真正使这件事发生的是技术、是知识、是制度、是组织、是管理。因此，现在发展经济学比过去丰富的地方在于人们终于认识到了这些软件、技术、知识、制度改革等在经济增长、经济发展中的作用。

我们先讲讲制度，然后再讲知识。

中国在这个问题上，制度改革带来经济的增长、发展，最好的例子，第一个是农村的联产承包责任制，实施了三年，解决了中国的温饱问题，解决了中国当时的粮食短缺问题。怎么解决的呢？人还是那些人，地还是那些地，技术也没有变，袁隆平当时还没有去研究，就是改了一个制度，生产大增长，运用这些资源的效率大大提高。第二个最好的例子就是深圳，包括《深圳奇迹》这本书里写的过去的发展进程，一个具体的例子就是华为，任正非当时拿着一张纸，就是深圳市人民政府的一个红头文件，鼓励科技人员兴办民间科技企业。我们就有了华为，一大批企业就到深圳发展，发展民营企业、高科技企业等。技术在外地发明了，但外地的制度不能突破，但跑到深圳来，制度就能够突破，人们就有了激励、有了动力，企业就发展起来了。当时有人批判过深圳，说深圳把别人的资金拿到深圳来发展、来投资，所以经济增长了，其他地方之所以不增长是因为资金、技术、资源、人才都跑到深圳了。为什么到深圳来？说当时深圳有税收优惠政策，但是当时很多地方都有，而且我们还有各个特区，不止深圳一个特区。但深圳有一系列有利于企业发展投资增长的制度。因此，深圳在一定意义上是一个制度的洼地，使得当时一些稀缺的资源流向了这里，这是当时深圳的一个重要特点，使深圳能够迅速地发展起来，这就是体制改革的作用，先行先试的作用，经济特区的作用。

技术进步、技术创新，张军这本书里讲了很多。我想讲一个角度，发达国家为什么发展，落后国家为什么落后，有什么区别？有人说收入高低，收入是怎么产生的？是通过各种产业产生的。因此，有人进一步定义说发达国家之所以发达是因为它的产业结构好，高科技产业多、服务业多，收入就高；落后国家产业结构不好，第一产业多，第二产业多，第三产业少等。但是为什么落后的国家是这种结构呢？再往深一层看，就是生产要素的结构不一样，你有劳动力但是没有人力资本，因为缺乏教育；你穷因此没有资本，收入低因此没有财富，你的知识不多、技术不多，没有技术创新的能力，人家有这个能力，人家收入就高。你的制度有缺陷，你不会搞管理，你没有过去的历史沉淀、没有好的企业等。因为你的要素结构落后，因此你的经济更落后、你的收入更低、经济结构更落后，不能光往上看，你的收入在增长，随便提高收入增长最后会引起通货膨胀。过去我们很多的政策就是改善经济结构，结构上去了我们就发展了，十年超英、十五年赶美。我们这些年就是这种思路，天天讲经济结构差，差在哪儿？我们没有高端服务业，所以天天讲高端服务业，天天瞧不起制造业。"我们为什么穷？为什么差？因为我们只能靠制造业，人家都是服务业。"这次特朗普都要把制造业拉回美国去，我们终于不提"要放弃制造业搞高端服务业"这句话了。为什么美国是那个结构呢？是因为它有增长要素的结构，它有比较好的教育、有资本，国际上金融服务业就是玩资本的，为全世界提供金融服务，也就是资本的服务，因此服务业相对发达，高端服务业多。而我们资本少、资本市场不健全，就使我们的服务业本身处于劣势。然后我们缺少技术、知识欠缺，缺少各种其他的要素，所以相对落后，没有所谓的更高端的经济结构，因此你没有更高的收入，都是因为我们深层次地缺少这些好的生产要素、增长要素，经济学上我们叫要素禀赋。深圳这些年的发展让我们看到这些要素都在增长，技术、人才，包括技术进步、技术创新。随着这些要素的逐步增长，深圳就逐步成长，持续地成长。

这个大家也都好理解，我们之所以落后是因为我们的要素落后，人家之所以先进、之所以发达是因为要素先进、要素发达。

下一个问题，落后国家在最初的时候什么都没有，想想我们四十年前，深圳是一个小渔村，我们要教育没教育，要资本没资本，要知识没知识，要技术没技术，要制度没制度。怎么办呢？这时候就要思考一个落后国家怎么才能发展、怎么才能持续地使要素的积累增长起来，这就是发展经济学最终要回答的问题，你怎么办？你处处落后的时候怎么办？落后国家要比发达国家增长得快才能追上去、才能趋同，只有追赶上去才叫发展。怎么才能发展？怎么才能迈出第一步？怎么才能持续地增长起来？怎么办呢？那就是发展经济学的一个核心问题。第一，我们发展的逻辑就是利用比较优势。比较优势特指劳动力便宜，这样就可以用发展劳动密集型产业的办法来发展，其他的都不行，资本成本很高，技术成本也很高，没有技术就买技术，体制的成本还很高，只有较低的劳动力成本才能降低商品的成本，这样商品在市场上就有竞争力了，卖出东西去就有了第一桶金，慢慢起步发展。所有落后国家都是从这儿起步的，对不对呢？对。发展经济学以前着重讲这个要素，也是对的。但是这个要素解释不了后面的事情，怎么才能持续发展？中国是一个大国，人口大国，劳动力用了二十年还没用光，十年前才逐步出现劳动力短缺的问题，其他一些小国没几年劳动力的优势就逐步消失了，然后怎么发展？因此光有廉价劳动力比较优势这件事解决不了持续的发展，解释不了持续逐步追赶这个过程，提不出政策建议，就是你怎么能够解释长期的发展、怎么能够用一种政策建议使得发展能够持续下去。这时候就涉及了另一个相对优势，第二个相对优势就是落后国家可以有的相对优势，可以用这个相对优势降低另外一种成本，获得发展竞争力、能够持续增长的叫作后发优势，也可以叫落后的优势，指的是什么？通常说是利用廉价的、便宜的技术。比如盖一个楼，一百年前这个楼别人也盖了，用的技术不是这个技术，一百年后盖，用同样的钱花了同样的成本，用的技术可以先进很多，我们就不用再改造。也对，也是一种，但这是一种比较狭隘的定义。后发优势真正指的是什么呢？指的是落后国家，可以通过学习和模仿利用比较低的成本获得更多的支持，学习到更多的知识，可以走捷径缩短发展的进程、加快发展的进程。从技术进步的角度说是这么一个含义。更深一层的含义是从知识的角度思考，2018 年诺贝尔经济学奖的得主经济学家保罗·罗默，是上一届世界银行的经济学家，他提出内生增长理论，就是讲知识创造知识。发达国家按照以前的理论来讲就停滞了，他解释了发达国家为什么还能增长。这就是知识创造知识，有技术进步。一个经济体有知识的存量，这个知识存量的相互碰撞可以外溢，你没有上过我的专业的课程，但是通过我们吃饭聊天知识就传递到你那儿去了，知识外溢还可以创造新的知识，因此他解释了美国这么发达为什么还能增长——每年有技术进步、创新。这个理论用到中国来、用到发展中国家来，就是说借助知识外溢可以比较迅速地缩短与发达国家之间的差距，获得知识的增量。美国那个理论提出之后，当时有几个人，另一个诺贝尔经济学奖得主，他的理论是其他国家永远追不上美国，为什么？美国每年的知识增量比其他国家的知识存量还要大，其他国家怎么能追上？这就是刚才说的知识技术是增长的要素，这是一个重要的要素。如果应用到发展中国家和发达国家的关系当中，就有了一种可能，什么可能呢？发展中国家开放经济、开放社会、开放教育，我们原来没有知识、没有技术，通过开放、交流、学习，我们就可以让发达国家的知识外溢到我们这儿来。我们很早就邀请外国直接投资，搞合资企业，到中国来投资建厂。外资不仅仅是外资，外资带来大量的知识，包括技术、市场知识、管理知识，我们通过学习、就业就获得了大量的知识，迅速使他们的知识外溢到这儿来。最近说280个科学家的签证下不来，不批了，以后中国到美国能学哪个专业都不一定。美国发现了这个渠道可以导致迅速的知识外溢，开始卡我们了。但是对于我们来说，这是解释我们增长的一个重要的源泉。深圳为什么有四十年的高增长？深圳前边二十年可以说是劳动密集型产业，后边二十年用劳动密集型解释不了深圳发展，得用知识外溢、得用学习模仿才能解释深圳后面二十年的发展，解释华强北的作用，解释我们的手机产业，等等。大家想想是不是这样？为什么深圳独特呢，其他几个特区为什么不行呢？挨着香港，跟香港的语言相同，香港又跟世界接轨，我们通过香港的渠道，不仅仅是外资设厂，更是知识外溢、转移的过程。在这个意义上，中国的发展、深圳的发展对发展经济学在这个问题上的解答具有典型的重要意义。

有的人天天讲比较优势，我说光讲比较优势解释不了持续的增长，有了比较优势，后面跟着第二个阶段，就是深圳后边二十年的发展，还有其他的因素，但是重要的是学习和模仿。学习和模仿到了一定阶段会逐步产生新的因素。第三阶段不能仅仅学习模仿了，也要自主创新了。我们说四十年，中美贸易战，美国正式跟我们闹知识产权的问题，知识外溢不等于偷技术、不等于我们违反知识产权，大量的知识是没有专利保护的，我们付费买了很多技术，但有很多其他的知识包括经济学知识、管理的知识、社会学的知识，还有大量的过了专利期的知识是不需要付费的，不存在"偷"的问题，就是模仿，模仿不丢人，落后国家在第一阶段不去模仿去做什么？不去学习去做什么？距离差那么远。深圳就是一个非常好的案例，解释了知识外溢、后发优势在经济增长中起的作用。到今天，接近前沿了，发达国家越来越限制我们很多学习知识的渠道，我们也到了自主创新的阶段，就是我们进入下一阶段的发展。我们有三个阶段，到现在我们进入了第三个阶段。第一阶段是比较优势的阶段；第二阶段是比较优势加上后发优势的阶段，也就是学习模仿的阶段；第三阶段进入了学习模仿加自主创新的阶段，也是深圳正在做的事情，我们继续在学习模仿。网上流传的华为给员工的一封信，不知道真假，但有一句话我很赞成，"我们要继续努力学习美国，不要被反美情绪所干扰"，你知道自己在什么位置，继续学习、继续模仿，与此同时自主创新。我们要继续进行国际交流，以后我们也要创造知识，人家也会学习我们。现在发展中国家面临的问题是美国、欧洲要阻挠发展中国家用更快的办法学习知识，取消从知识产权到合资企业一系列的政策。这就是相当一部分发达国家从中国的经验中得出的反教训。这本来是好的经验，其他发展中国家也可以借鉴的好的经验，结果变成反面的东西要禁止，那发展中国家就永远没有发展的机会了，最多就是搞劳动密集型比较优势了。所以我说深圳的发展不仅仅是在现实当中给我们很大的启示，对发展经济学理论的发展也是非常生动、非常好的案例，中国的经济学，我们直接接触的东西确实也应该借助这样一个案例更好地发展。

张军这本书在这方面做了新的努力，我们其他的学者也要继续从各个方面做很多努力，把我们生动经验中的理论逻辑提炼出来，使它有更大、更普遍的意义，发挥更大的作用。

深圳还应该创造什么奇迹

海 闻

北京大学汇丰商学院院长　北京大学校务委员会副主任

深圳还应该创造什么奇迹？在经济和科技方面，深圳奇迹是大家公认的。深圳经历了两个阶段，最早是特区，劳动制造业阶段，出口方面引领全国的经济发展。最近的十来年，将近二十年，又在科技创新方面引领着中国的经济发展。尤其在全国经济GDP增长只有百分之六点几的情况下，深圳仍然保持了8%左右的增长速度。毫无疑问，深圳代表着中国经济好的部分，也代表着中国经济的未来。

深圳奇迹的发生，当然有它客观的原因，客观原因就是我们一无所有。一无所有有的时候是一件好事，就像毛主席当年讲的"一张白纸，没有负担，好写最新最美的文字，好画最新最美的图画"，这是深圳奇迹产生的客观条件。如果一个城市包袱太重，传统太强，不一定是好事。深圳没有地方语言，来到深圳都是普通话，虽然地处广东。

深圳毗邻香港，这是非常重要的客观因素。深圳也有很多主观的因素，应该给予肯定。最早的先行先试，敢闯敢干。深圳市政府的营商环境是最灵活的，原来我不太了解营商环境。我有一点社会责任感：要培养东北和西北的企业家，我们在哈尔滨和西安都有教学点，让他们到深圳来学习。大家相互交流，希望帮助这两个地方发展起来，结果没有想到，东北和西北的企业家跟深圳企业家接触后，不但未能帮助两地的发展，两地的人才和资本都被吸引到深圳来了。这些企业家说，深圳这么吸引人，他们共同的反应就是深圳市政府不管。特别是在东北，政府三天两头要管，什么地方不行了就要罚款。深圳之所以出现奇迹，主观上跟深圳市政府的不干预，尊重市场和尊重民营企业家有一定的关系。总结过去，就要考虑未来发展的问题。

现在来讲深圳还要创造什么奇迹？这取决于什么地方需要创造奇迹。深圳缺什么？全国缺什么？这要考虑深圳乃至全国创新和发展的内容，不仅仅是经济，也不仅仅是技术。我认为有两个方面是深圳欠缺的，也是整个国家欠缺的，这就是教育和医疗健康。我讲教育，不仅仅因为我在从事教育工作，我是从经济学的角度考虑的，我的专业是发展经济学。教育看上去是民生的问题，实际上是国家的问题。一个国家是否长期可持续地发展，教育看似是瓶颈，其实是动力，最后又可能变成瓶颈。深圳的高等教育和经济发展是不匹配的，尽管这几年引进了很多的大学，也在建设自己的大学。但是深圳每万人中可以接受高等教育的比重是相当低的。另外就是医疗健康，深圳的发展以什么吸引人？是否可以让更多的人才留在深圳？因此就要打造宜居的城市。好的城市教育和医疗是发达的，我们讲到湾区经济，就涉及旧金山湾区，我在那里住过，医疗体系和教育都很发达。旧金山湾区有 90 多所大学，我们的差距是很大的。

从产业结构来讲，中国的医疗是非常落后的，医疗占 GDP 的比重不到 6%，世界平均的占比是 10%，美国的占比是 18%，除了经济和技术之外，如何在这两个行业中产生奇迹？不仅仅是数量的发展，不是说有多少所大学和医院就代表我们进步了，发展不仅仅是数量的问题，实际上我们面临的是新的问题。例如医疗，深圳市政府跟其他地区的政府没有区别，建很多的医院，医院要有个性化的服务，这也是中国目前缺少的。我在李克强总理的座谈会上谈到了这一点，大家谈中国梦，重要的一点内容就是健康，当大家生病的时候是否有家庭医生，这是重要的体制上的改革，老百姓在吃穿满足后，最希望健康改善。大家都希望有医疗界的朋友，可以补充医疗的欠缺。深圳缺少医疗，并不是坏事，也是一件好事。因为我们缺，创造的时候，就可以进行改革和创新。当旧的体制存在很久的时候，你要进行任何的改革和发展是很难的；当一张白纸布局的时候，其实是相对容易的。

张五常教授提到教育落后，不仅仅是教育少，而且体制落后。目前的教育就是数量的模式，大的学校以专业化为主。最早期大学的工作，包括学生招收和分配，都是计划经济的一部分，现在虽然进行了改革，但进程还是比较慢的。国外的学校是最开明和最有思想的地方，中国的学校却是最保守的地方，因为没有市场的冲击，任何改革和创新都非常地困难。现在我们的教育在培养创业型人才、领袖型人才和综合型的人才方面确实是比较欠缺的。

中国的创新不仅仅是技术上的问题，不知道大家是否去过汇丰商学院大楼，它前面是清华大学的高科技大楼，我经常拿这个来说中国教育的缺陷，有技术但是没有艺术，大楼是高科技的体现，但是没有艺术感，这是中国的特点。很多产业都是与此相关的，例如文化产业，我们很难产生大片，最近的《流浪地球》很火，我还没有看过。美国的大片有高科技感，还有深刻的文化。我们的很多科幻片都无法看，剩下的文化片大多都是帝王将相，没有科技含量和前瞻意识，这与教育形式是有关的。每个人都只学一个专业，不懂其他的专业知识，我们的文理分科是极大的错误。教育不仅仅要发展，还要进行改革。未来的教育不能是"苏联模式"，将我们培养成为大机器中的螺丝钉。我们要培养经济社会发展的引领型人才，深圳可以在教育和医疗健康方面既发展速度、数量，同时又要兼顾改革。为什么这两方面很难做到？很多的企业在一两个月内，一两年内迅速地扩大。三年内有的企业从几个人变成了三千人，有遍布世界的实验室，但是学校的发展没有这么容易。学校和医院的发展有客观上的瓶颈，例如人才的聚集，不是有一个创新的想法就可以了。要创建一个企业，我们可以有许多文化，我有一个想法就可以了，但是医疗领域不仅仅要有文化，还要有职称，不能只是靠能力，因此是有门槛的。我们讲百年树人，这是一个特点。教育培养的是人，产品是人，人在市场上被认可需要很多年。我们在深圳汇丰商学院干了十年，没有企业可以迅速地产生影响，因为人是很难培养的。

人们都愿意投资有回报的实业，例如做新产品，可以马上有回报。但是教育和医疗很难有回报，甚至没有回报。教育和医疗这两个行业在发展上是有困难的。政府意识上也是有困难的，政府要发展经济，关注的是 GDP 和财政税收，多数是不重视教育和医疗的。我刚来深圳的时候，当时为了创建北京大学深圳商学院，我跟深圳市领导谈，创办世界一流商学院的重要性，讲了很多的道理，我就写了三页，前面讲重要性，后面有一个预算。领导翻了翻说你们还要钱？我没有要多少钱，只是要了两个亿，上海市给了五个亿。上海市政府比深圳市政府要重视教育，我说不要看钱，要看做了什么事。最后我们找了汇丰，他们出了钱，因此原来是深圳商学院，现在变成了汇丰商学院，这就看政府的眼光，是否愿意在教育方面投入。现在深圳也出了两个亿，但是晚了一步。过去深圳市政府重理轻文，希望有高科技的元素进来，可以马上形成产业。张五常教授提到了深圳的文化和社科，这就是深圳是否可以成为世界性大城市的重要因素，不能说招商引资就欢迎，一提到人文就不重视了。

北京有一百多所大学，深圳的 GDP 跟北京是差不多，人口也相差不多，目前深圳有几所大学呢？因此，教育是无奈的。深圳想创造奇迹也是不容易的。这几年深圳的教育发展得很快，未来能不能在制度创新方面、医疗和教育改革方面创造出奇迹，这也是我的希望，也是我的期待。

我希望十年后，我也能写一本书，叫作《深圳奇迹 2》。

深圳很成功地走到了今天，未来将走向哪里？

唐 杰

深圳市政府前副市长、哈工大（深圳）经管学院教授

我比较赞成海闻（北京大学汇丰商学院院长）说的那句话——"社会科学也是科学"。深圳缺乏社会科学，深圳的社会科学相对于理工科是落后的，我想这是深圳奇迹及未来应该要讨论的东西。在此要祝贺张军教授新作出版。长期在深圳可能就看不清楚，第三只眼睛才能看清楚。

图1　深圳今昔对比①

图片是最经典的（图1），世界上没有一座城市能够像深圳这样拥有四十年的沧桑巨变。当然，有一个城市比深圳富得快，那就是迪拜。它比深圳晚开发十年，现在比深圳富。但它没有经历过一个完整的城市化、工业化的过程。我们也应该佩服阿拉伯

①　本文图表均来自唐杰演讲时所用PPT。

人，在一个沙漠中，建起了一座繁华的城市，但迪拜和深圳具有巨大的差别。

李岚清写出过一段史实：小平当年有段话，"就叫特区，陕甘宁边区就是特区，中央只给政策不给钱，你们杀出一条血路来"。当时都不清楚这个话从哪儿来，因为没头没尾。后来知道那是小平同志和习仲勋（时任广东省委书记）两个老人家聊天时说的，次年习仲勋主导成立了中国首个经济特区。深圳真正走到今天就是改革开放闯出来的。我们现在很多地方讲四平八稳，确保万无一失。没有这个事，改革就是有风险的。

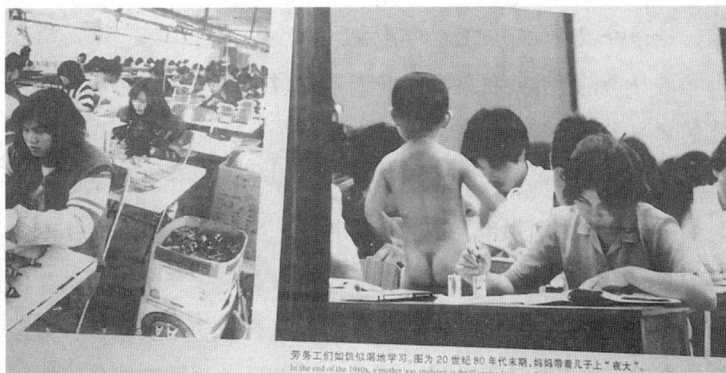

图 2 改革开放中普通劳动者的永恒瞬间

我最喜欢的就是这组摆在深圳博物馆的照片（图 2），白天工作，晚上学习，照片上是同一位女工。我觉得这是深圳 40 年能够走到今天的真实写照，一个城市学习的过程。

我想说的是，不同的人、不同的学科对深圳现象可以有不同的解读。很多人将其归功于深圳是移民城市。为什么移民城市能成功？社会学解释比经济学解释更好——社会是分层的，一个移民城市打破了原有的分层。我们很难想象复旦经济学院的院长和一个普通工人坐在一起讨论创新，但是在深圳就可以，因为大家都是移民，这两个人可能是老乡，可能是战友，虽然你现在当院长，但咱们还可以以同学、同乡或者战友的名义聚在一起。传统城市很难创新的原因就是社会分层严重，不同路径、不同思想的人很难在一起碰撞。**深圳有句著名的口号"来了就是深圳人"，深圳就给大家创造了一个交流的平台，在这个交流平台当中可能就有三种人，一种是当过兵可以管人的，一种是科学家有技术的，一种是有钱的，还可能再加一种是在政府当过处长的，四种人聚一起，这个企业可能就做出来了。深圳的野蛮生长、草根生长，是一种城市化中的社会学现象。**

再一个科学角度的解释，我们不知道谁能得诺贝尔奖，但是我们知道诺贝尔奖的科学发展是有规律的，我们知道曾经组织大科学计划最成功的就是美国。美国开发原子弹引导世界走向了核时代，登月计划引导世界走向宇航时代，组织10个国家的100名科学家用10年时间花了37亿美元做了人类第一张基因图谱，使人类走向生命科学、基因的时代。所以**从科技学角度来讲，对深圳最大的启发是配齐产业链。深圳市政府最爱做的事就是研究产业链，不只是产业链中承担份额的问题，但是这个问题很重要。**

从经济学的角度来看，经济学能够解释深圳的什么呢？

首先经济学解释激励，创新创业就会有激励，为什么很多城市不能创新创业？因为没激励，创不成，等你创成了一个东西，轻易就被别人抄袭走了，你打官司打不赢，没处打。有一个激励机制之后，就会变成一个创新效应、示范效应，变成在深圳由一个任正非带动无数人想当任正非。

但是经济学不能解释什么呢？经济学不知道谁能成为企业

家，海校长（海闻）说北大汇丰是商界领袖的摇篮，但他没说是企业家的摇篮，他很难预测谁能当企业家，反正我知道我当不了，我没有承担风险的能力。有人要来读经济学博士，我就跟他说，你要想好啊，向前一步走风险是什么，向后一步是什么，向左向右又是什么，站着不动也有风险，我把风险算完告诉你。至于怎么解决风险，那不是我的事，那是企业家的事。所以一个社会如何能够造就如此多的企业家，这是深圳内在的东西。

深圳内在的东西还有一条，刚才海校长也说了，那就是深圳政府和企业的关系边界划得很清楚，政府的手不会伸到企业去教怎么办企业，我觉得这是很重要的。

深圳是从加工装备开始，然后走自主品牌的模仿，深圳没没模仿过的品牌，深圳人从来不造假，但生产大量的 A 货。深圳很早就有品牌意识，当年很多人觉得这是山寨版，是 copy 猫、copy 狗。2018 年时欧美、日本媒体来深圳调研最密集的时候，他们也想知道十年前的 copy 怎么变成了现在这样。樊纲刚才讲得很对，全球没经过模仿时代的，只有一个英国。工业革命刚开始，法国人、德国人都在模仿，英国人就说质次价低的德国货是不配和英国货放在一起卖的，必须注明 Made in Germany，日本后来也被要求注明 Made in Japan。深圳当年叫"山寨"，深圳自己解嘲说什么叫山寨，就是 Made in Shenzhen，现在 Made in Shenzhen 走向世界顶级，走向世界顶级的过程就是转换成长方式的过程。

针对这个过程，我做了一个图（图 3），下边的线是全国，上边这条曲线是深圳，然后我做了一条平滑曲线，通过平滑曲线就可以看到深圳是一路降速的。**在深圳的这条曲线中，每十年大概有一个周期**。中国人特别怕谈周期，讲周期危机就是资本主义，其实我觉得周期是个创新的过程。高潮时大家投资，看到一个风

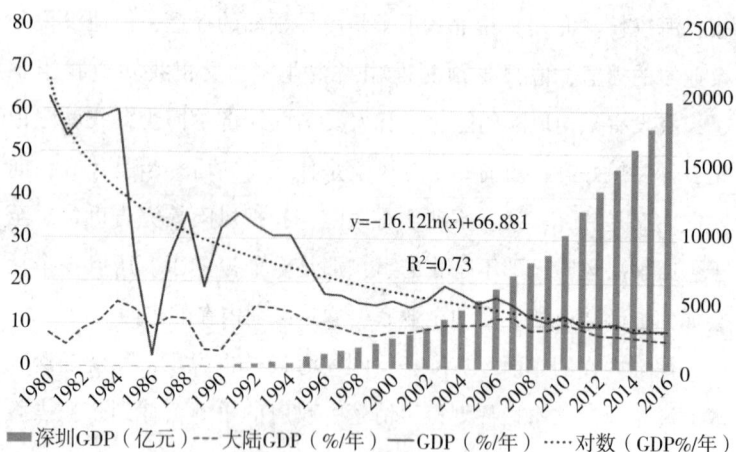

$$y=-16.12\ln(x)+66.881$$
$$R^2=0.73$$

图3　1980—2016 年深圳 GDP 及年增长率

口猪都能飞起来，大家都去投，投了之后就会看到大量飞起来的猪死了，真正的鹰飞起来了。

十年的周期，在深圳表现出产业大量外迁的过程。其中大家可以看到1984 年、1985 年，深圳特区工作会议批评深圳不搞产业，深圳经济有过一回衰退。

1994 年到 1996 年深圳经济衰退，外界变化是 1995 年特区政策取消。很多人说深圳特区是政策养大的，其实 1995 年特区办就没有了。那一回深圳大衰退还有一个原因是广深高速公路修通，大量的产业沿着这条高速向北去东莞了，东莞在五年内取代深圳成为全国最大的台商和港商聚集地，深圳就再也没有"三来一补"（编者注：来料加工、来料装配、来样加工和补偿贸易）了，深圳走向模仿，东莞走向"三来一补"。结果东莞在 2008 年开始大规模衰退，"三来一补"在东莞也不能生存了，而深圳已经走到创新阶段。

深圳经济再一次衰退是**2000 年到 2003 年**，那时广州成功向重工业转型，成为中国第三大汽车制造基地，深圳的方向还不明确，那一轮都在讨论**"深圳被谁抛弃"**。

深圳最近一轮转型可能大家没有关注到，是**2010 年到 2013年，深圳 2012 年上半年的增速只有 4.8%。但深圳当年做了什么？鼓励中低端企业外迁，每年外迁的企业超过 8500 家，外迁造成经济下滑超过 4 个点，深圳经济当时保持 12% 的增长的时候，它的实际增长率超过 16%，将近 17%**。就是因为这样一个空间产业转移的过程，深圳腾笼换鸟。腾笼换鸟本来是汪洋同志在广东主政时期主推的，很多城市没有去做，说笼子也腾了，鸟也死了，新的鸟没来。

我有几次感觉都很恍惚，我从宝安中心区走宝安大道回市区，进到南山，我不知道哪个是特区、哪个是原来的关内、哪个是原来的关外。**8500 家企业走了，宝安就成了一个新的市区，宝安现在成了前海强大的支撑。**所以这是一个聚集、扩散、再聚集的过程。从一个空间角度看，它的比较优势走向转换的时候是一个不断地聚集扩散、聚集扩散、聚集扩散的过程。这一过程中深圳的经济特征发生了什么样的变化，下面这个表（表 1）说得很清楚。

表 1　深圳市劳动力发展统计

年份	全部劳动力（万人）	企业在岗员工（万人）	国有企业员工（万人）	企业占比	国企占比	企业数（家）	劳动力企业数（家）
1980	14.9	4.9	4.05	0.33	0.83	830	180
1985	32.6	22.7	16.80	0.70	0.74	6858	48

（续表）

年份	全部劳动力（万人）	企业在岗员工（万人）	国有企业员工（万人）	企业占比	国企占比	企业数（家）	劳动力企业数（家）
1990	109	55.4	50.50	0.51	0.01	19827	55
1995	299	88.8	40.20	0.30	0.45	70785	42
2000	475	93.4	31.00	0.20	0.33	107457	44
2005	576	165.4	35.00	0.20	0.21	209443	28
2010	758	251	47.00	0.33	0.19	360912	21
2016	926	442.6	42.00	0.48	0.09	1504255	6

　　根据深圳统计年鉴的数据，1980 年到 2016 年，深圳的劳动力从 15 万人增长到了大概 1000 万人。1980 年，深圳的劳动力 1/3 在企业，1/3 在非企业，包括当年的自然村、小镇，那时候国企员工占比 83%。深圳国企员工占比最高的时候是 20 世纪 90 年代，深圳不是没搞过大型国企，深圳当年要搞八大企业集团，后来都破产了。深圳大国企都破产的时候，国企员工比例达 91%，从那时开始，国企员工比例稳步下降，到 2005 年之后，下降到 20% 左右，再到 9%。企业员工和非企业员工（也就是个体工商户），占劳动力的各一半。国企员工现在占整个企业员工的 9%，占全社会劳动力的 4.5%。深圳的国企现在就转换成了这样一个模式，叫公益性、基础性和先导性，做好公共服务，做好重大产业的支撑。

　　在这个过程中有一个特别有意思的现象，深圳企业数的变化，从 1980 年 830 家经过十年到了约 2 万家，再十年之后到了 10 万余家，再十年之后到了 36 万多家，到 2016 年是 150 万家左

右。最近新普查的数据表明，深圳活跃纳税企业有将近90万家。假如一家企业生产一个产品，深圳就可以生产90万个产品。我们知道汽车制造是民用产品中最为复杂的，由十万个零部件组成，是一个分工极细腻、产业链发达、每个分工企业都可以获得垄断竞争收益的产业。中国没有一个城市可以达到这样的程度，这就是我对深圳的解释。分工极细，构成极为复杂的产业链关联的积聚过程，这就是深圳的特征。

这张图（图4）做了一个美国和印度的比较，印度最好的企业创新对企业的贡献是0.2，美国最好的企业创新对企业的贡献也不到0.3，但是美印之间的差别是大量印度企业不创新也可以活着，美国企业不创新就不能活。中国大概在印度和美国之间，深圳一定处在中国和美国之间。**我们最近研究了7000家深圳企业**

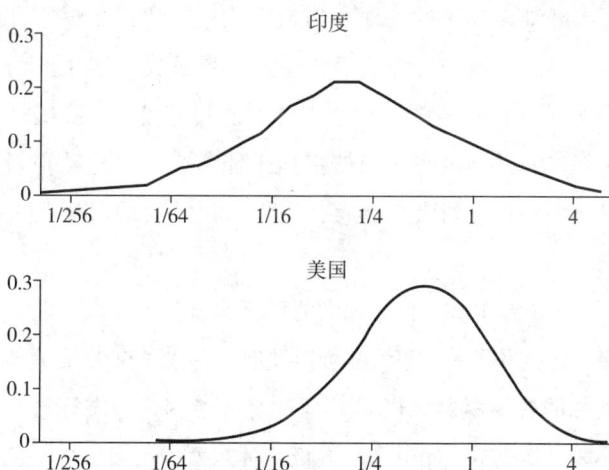

图4　美国和印度全要素生产率差异的分布

注：美国均值=1。

资料来源：Hsieh and Klenow（2009）

五年的数据，最后发现**深圳样本企业创新生存水平超过美国的平均水平**。我们现在是两个制度，一个是分工制度，一个是竞争制度，竞争促进了不断创新。

给大家说一个很典型的故事。有一次，我在飞机上看天津的报纸，说天津十年磨一剑，成就了 1000 亿的大飞机产业，空客飞机还是装出来了。我想，深圳五年无人机产业也是 1000 亿，这个产业怎么五年就能冒出来？

深圳有全球最发达的碳纤维应用行业。当年深圳搞无人机的时候我问碳纤维是从哪儿来的，他们笑话我说我还是管过经济的副市长，说我不懂，我说肯定不懂。事实上，深圳当年最早给人加工钓鱼竿、网球拍、羽毛球拍，再到高尔夫球杆都是碳纤维。深圳做碳纤维做到最高端，一辆自行车卖 24 万元人民币，比汽车还贵。深圳最高峰时有 10 亿部手机产能，手机外壳就是用碳纤维连起来的，现在华为手机边框比三星还窄，那个边框不是华为生产的，华为只创不造，那是比亚迪生产的。王传福说把这个手机扔到十米之外它要是散了找他，我试过真不散。这就代表了材料制造和精密加工能力。还有特种塑料，当年小家电的特种塑料大量遗存，当无人机需要的时候马上就可以找到。

再就是电池电控，这是深圳的看家本领。

深圳曾经做了一件事，深圳市政府先后投了 5000 万元研发伺服电机中的磁性材料。机器人是没有神经的，它靠算法，靠速度。深圳当年根本不知道有无人机这种东西，无人机现在已经变成一种智能机器人了，但是深圳还是支持研发成功了伺服电机的磁性材料，最终成就了这个行业。

后来我很好奇为什么广州没有做成无人机。他们说广州没给人做过钓鱼竿，广州也没做过这么多贴牌手机，分工链在市场化过程中没有形成过。虽然广州市政府也支持机器人，也支持伺服电机，但和深圳是不一样的，广州做机器人是用在汽车产业上，抓钢板，要求力量很大；深圳的机器人都用在精密仪器上，它力度很小但很精准。所以大疆就具备了在现成产业链上做创新的条件。这些将要被淘汰的行业，突然可以给无人机做产业链。很多部件，大疆连图纸都不用画，汪滔说只要有想法就有人给我画，一个螺丝钉都不用生产，只要想生产就有人给生产，价格又低质量又好。

深圳的做法，总结下来是这样的，市场是主导，企业是主体，法治是基础（市场经济就是合约经济），政府是保障。政府提供公共服务保障，保障合约的履行，政府推动建设发达的法治环境。我在人大工作过，法治不在于立不立法，而是立法技术。为什么深圳有这么大的自由裁量权？如果某个事没看清楚，那先拿法律当教育文本，出了问题视情节严重罚款多少，立法过程是不成熟的，深圳这些年和全国不一样的是这个地方。

深圳有两个口号，一个叫"支持非共识创新"。

这个口号是 2007 年提出的，当时引起一片哗然，支持非共识创新不就是政府说了算吗？但现在看这个口号非常哲学，要共识了还叫创新吗？怎么支持非共识创新？你向政府要钱，一个团队可以要到 1 亿元，先要说清楚五件事，你这个**创新的科学原理是什么？技术从哪个大学出来的？哪个企业做的原样开发？你和他哪里不同？你怎么确保你成功？**没人知道谁能成功，但是成功的条件离不开这五个。

深圳还有一个"湿地效应"，支持战略性新兴产业。

湿地需要 3‰的盐分，低了高了湿地都会消亡，政府就保证这块地 3‰ 的盐分，至于进去之后是鸟吃鱼还是鱼吃虾、虾吃虫，政府不管，那是市场竞争。对于战略性新兴产业的选择，深圳就是按照科学的办法来做的，未来重大的科学方向是哪儿，深圳条件具不具备，要不要发展，这是政府要做的。但深圳市政府绝对不会指定，这个领域让他做，那个领域让你做。我就经历过，汪建（华大基因董事长）曾经来找过我，说你们引进了这么多科学团队，但是每年发《自然》《科学》论文我们占 60%，那经费你就直接给我切一块，别让我竞争了。我一开始觉得有道理，但是时任深圳市市长的许勤说你去问问，他不也是从六七个人搞起来的，为什么要欺负别人。所以后来还是乖乖竞争，不竞争就活不了。

联合国刚刚发布的报告（表 2），横向从 2005 年到 2015 年，纵向把每一年的产业分成低端、中低端、高端。我们可以看中国的变化，在过去十年我们的中高端产业上升了 2.6 个点，到目前为止，我们明显高于发展中国家的平均水平，接近高收入国家的边界。当然，和日韩比、和发达国家比还是有差距的，这是我们要转型的方向。深圳的未来要转型、要提升，你很出色很成功地走到了今天，但是停在今天不会有出路。

刘鹤同志讲了一个"巴斯德象限"（图 4），在全国引起热议。比如技能训练的是工匠精神，把东西做好，工匠精神是一定要的，但工匠能决定中国未来吗？在深圳就经历过，曾经有五家做手机屏幕手写笔的企业，每家做到销售收入 3 个亿以上，曾经控制了全球手写笔行业的 90%，突然有一天苹果说我不要手写笔我要直接手写，轰的一声这五家企业就没了。面对科学，工匠是打不过科学的，所以这个城市要走向科学。

表2　2005年、2010年和2015年按工业化水平、发展群体、地区和收入划分的制造业增加值技术强度构成（%）

分　　组	2005			2010			2015		
	低技术含量	中低技术含量	中高技术及高科技	低技术含量	中低技术含量	中高技术及高科技	低技术含量	中低技术含量	中高技术及高科技
世界	30.8	27.0	42.2	29.8	26.3	43.9	29.0	26.3	44.7
按工业化水平划分									
工业经济体	28.6	25.6	45.8	27.4	24.3	489.3	26.1	24.1	49.9
北美	32.8	24.2	43.0	30.9	22.9	46.2	28.7	23.0	48.3
欧洲	28.4	27.1	44.4	27.9	25.7	46.4	26.4	25.1	48.5
东亚	22.1	23.8	54.1	21.2	22.4	56.5	20.8	22.1	57.1
发展中和新兴的工业经济体	36.4	30.8	32.8	34.0	29.9	36.1	33.2	29.5	37.3
新兴工业经济体	35.0	30.8	34.2	32.6	29.7	37.7	31.4	29.9	38.8
其他发展中经济体	45.3	31.4	23.4	43.7	32.6	23.8	46.2	26.9	26.9
欠发达国家	61.4	25.9	12.7	70.2	20.8	90.	73.3	19.4	7.3
按地区划分（发展中国家和新兴工业经济体）									
非洲	49.4	29.8	20.8	49.6	31.2	19.2	58.2	22.6	19.2
南非	42.4	29.9	27.8	43.9	28.6	27.5	44.5	26.8	28.7
亚太	32.0	30.8	37.3	29.9	30.1	40.0	29.1	30.1	40.8
中国	29.9	30.5	39.6	28.5	30.0	41.5	27.5	30.3	42.2
印度	26.5	40.0	33.5	22.8	38.8	38.4	23.9	40.7	35.4
欧洲	42.5	27.9	29.6	40.9	27.9	31.2	38.9	27.9	33.2

388 |

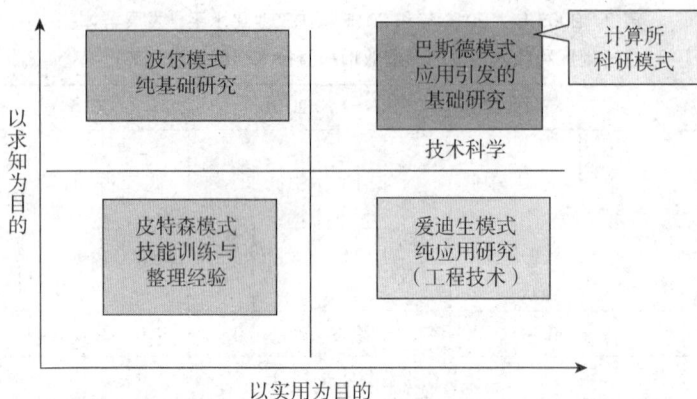

图 5　巴斯德象限

　　爱迪生模式是另外一种模式，爱迪生没受过很好的教育，利用现有的科学知识不断地探索。巴斯德是发明疫苗的人，他受过大学教育，知道发酵，他偶然发现发酵可以产生免疫作用，因为具有成熟的知识得以大规模研发和生产疫苗，这就是大学和科学、大学和产业。这是深圳下一步要做的。当然还有纯基础研究，比如陈景润，我们现在谁也不知道哥德巴赫猜想破解值多少GDP，但是他训练了一代又一代科学家。我们中国到目前为止很多都是形而下的，不关注形而上的东西，但是我们如果没有形而上，就不会有科学的突破。

　　如果循着巴斯德象限再来看深圳，巴斯德是个纵轴，深圳的产业创新是个横轴。东京—横滨是世界当之无愧的科学与产业创新中心，它的科学论文居世界前列，全球国际专利申请数最多，所以我们要看到差距。世界大多数名城都位于这个曲线的上方（图5），是以科学为导向的，我们最著名的是北京。深圳是怎么走到产业创新的今天的，我们去查数据就可以发现，深圳 100 个

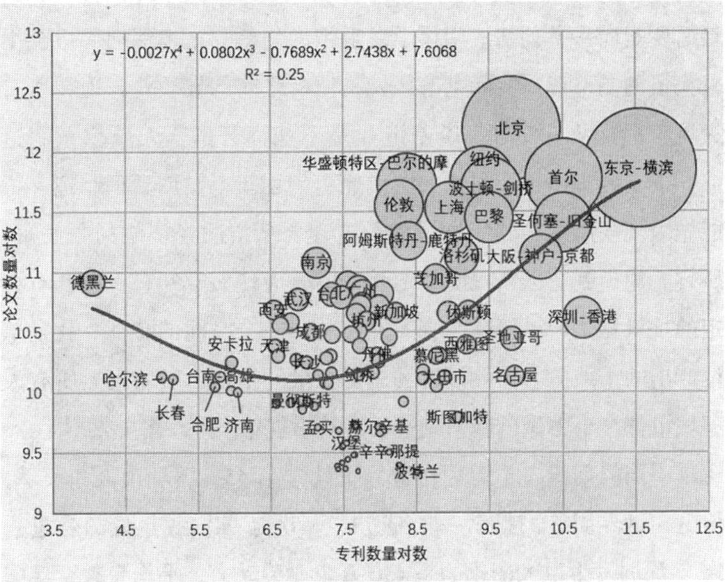

图 5　前 100 城市集群专利和论文数量

专利中有 12 个是和北京合作。北京的科学发现，深圳的产业化。北京每 100 个专利中有 12 个是硅谷来的，深圳每 100 个专利中有 8 个是从硅谷来的，结果就形成了世界罕见现象，跨越 8000 公里的创新三角。有很多人习惯说，深圳"拿来主义"就挺好，为什么要办大学啊？如果不办大学，所有的科学思想永远是白纸。

　　麦肯锡最近做的创新，特别是 AI 技术对产业渗透的研究，渗透到旅游业，55% 将来是 AI 化，汽车业今后近 50% 会 AI 化，汽车将是可以行走的超级计算机，这些改变了我们对传统工业化的看法，传统工业化从科学发现走到产品要经历漫长的小试、中试、批量到生产的过程，需要大量的工艺创新和模具制造，现在的生命科学、数字科学会改变这个模式。

深圳从"三来一补"走向模仿，走向制造，走向创新制造，最后要走向科学创新。用科学发现带动创新，未来深圳周边会集聚大量的制造业，实际上湾区就是城市之间的异质化，现在所有大城市都要做一件事，说制造业是不能离开的，大城市做制造业，中小城市做什么呢？大城市要引领创新，做创新型制造，不能做大规模制造，其实这里面的道理要从空间经济学的角度讲，所有大规模制造创新程度一定是低的，为什么呢？它一定要有稳定的批量化生产。但是所有大规模制造一个共同的特征，就是单位产出的土地需求弹性释放，需要大量的土地，所以世界所有大型城市都会集中做创新型制造，走科学创新。

中国的创新人才指数在世界也就排第 45，深圳市人才荟萃，但是在世界城市的排名一次是 73、一次是 94。**我想说的是过去 15 年深圳发生重大变化的是 450 万企业劳动力，平均受教育年限已经从 7 年达到了 13 年，15 年间达到了别的国家 100 年才能发生的变化，但是人才也就如此。**

我 2018 年在哈佛待了 1 个月，在那里天天来回走，有很大感受。走在波士顿剑桥大街上，论漂亮，比深圳差太多了，但论产业密集是世界顶级，它是全球生物产业最为密集的一个地区，产业结构丰富、价值链完整、人才多样、资金充分、政策稳定，引进了大批创新的生物产业。其实我们知道波士顿剑桥主要是因为哈佛大学、麻省理工学院在那里，塔夫茨在它边上，以为那是一个科教城，它曾经在 100 年的时间里是麻省最重要的制造业中心，沉寂了 30 年，走向了生命科学，现在成为生命科学全球最顶尖的地方。它的形成需要超高水平的大学，且不说哈佛大学、麻省理工学院、波士顿大学，这几所大学中有三所世界顶级医学院，两所世界顶级药学院，有全球最高端的医疗资源，才带动了生命科学的集聚，一条街出现了全球 1/3 的生命科学创新公司。

这个城市是这样的，如果剑桥像我们某些城市一样，没有多元文化，全部大拆大建，都建成高楼大厦，创新企业是无法生存的。多元文化是极为重要的。

深圳还需要是特区吗？

张 军

我在 1992 年的时候，有幸拿到英国政府的奖学金，去英国南部一个城市大学做访问学生。我今天不爱吃薯条，是因为当时每周末我都去一个中国的餐馆里打工，工作就是切薯条和炸薯条。当时的老板是从宝安偷渡到香港的，但是今天他在深圳安度晚年，已经有 70 多岁了。

我在书里面讲了当年宝安偷渡的现象是如何引起高度关注的。唐市长（唐杰）刚才谈到深圳宝安精彩的故事，最早是从蛇口开始做工业区。我认为袁庚先生很有眼光，他将蛇口作为货柜码头，租金只有香港很少的比例，他认为这是可以做的。蛇口后来并入深圳，蛇口比深圳发展得还要早。深圳是小平同志定的，定义为特区。

差不多二十年前，特区的概念慢慢淡出，刚才唐市长谈到有关的机构都已经撤销了，我相信在相当一段时间内，大家还是将深圳看成特区，这一点非常重要。因为今天深圳取得的所有成就，其实跟"特区"两个字是脱不了关系的。在我看来，"特区"这两个字给深圳做了一道防火墙，确保了深圳在 20 世纪 80 年代不受计划经济体制的干扰。深圳真的很不容易，我在书里面就谈到了。一开始在非议指责和批评当中一步步地往前走。今天（2019 年 4 月 21 日）中午跟高尚全吃饭，他说 20 世纪 80 年代很多老同志到深圳来，立刻流泪。因为看到深圳热火朝天的景象受到感动？当然不是，是他们看到深圳变成了资本主义的样子，感到伤心而流泪。深圳如果没有小平同志给予"特区"两个字，没有给特区保护伞，没有小平同志 1984 年和 1992 年两次到深圳进行背书，很难想象深圳今天出现的湿地效应，政府和市场的关系可以处理得如此恰当，我认为是做不到的。中国改革开放以后，工业化和经济发展层面，最有活力的地方不是直辖市，不是中心城市，而是名不见经传的地方，昆山和宁波都是很好的地方，我相信东莞和惠州也是很好的地方，当然也包括深圳。从几十年的历史来看，深圳能走到今天，就是因为在一开始特区被给予了屏障，挡住了无数的有形之手，这使得深圳能够营造出让企业说了算、让市场说了算的制度，这种环境在国内的其他地方是非常少见的。当时做深圳特区的时候，为什么是宝安区，而不是北京、上海、天津？我记得有过一场讨论，我在书中也提到过。当时香港大学的教授在剑桥读书，写了一篇文章，分析了为什么中国政府要选择名不见经传的地方做特区，而不是选择上海和天津，当时的看法非常有趣，整篇文章最后的结论是，20 世纪 70 年代中国政府想要收回香港。他将这件事情跟收回香港联系在一起，我觉得他说对了一半。刚才樊纲教授谈到深圳成功的一个重要因素就是靠近香港，显然这是有考虑的。我们靠近香港，不是充分的条件，也不见得能确保特区在艰难的背景下，可以一步步地升级到今天发展的阶段。

　　没有选择上海、天津，而是选择深圳作为特区，这是英明的做法。我们看到特区在发展过程中，中央和党内一直有争论。保守派对深圳特区有非议，刚才高老说的老同志流下眼泪就是典型的例子，当时大家并不认同深圳的做法。因此邓小平 20 世纪

80 年代在深圳写下了非常著名的话。1992 年邓小平南下，只对深圳做了非常充分的肯定。

在那个时候，在党内尽管大家有不同的看法，但总体上来说，深圳特区的经验应该是打动了很多老同志。

深圳走到今天，经历了几个阶段，变成了中国科创的中心。我们探讨深圳的奇迹，最重要的是深圳如何用无形之手阻住有形之手。如果今天对一个成功的经济体，一个经济发展非常成功的城市，给予更高的行政级别，我个人觉得并不见得是很聪明的做法。对中国，乃至对全球来讲，我们依然需要深圳特区，而不是需要直辖市，即使以后深圳有望成为直辖市，但是我认为直辖市并不是深圳的未来，深圳需要能够继续承载 40 年来所形成的经验，这是深圳特有的，甚至是中国经济的未来。

深圳经济经历了产业多次的转型之后，今天所有的嘉宾都谈到深圳是用知识、技术创造财富的城市，张五常先生甚至谈到大家担心房价会不会对深圳的发展有负面影响，张先生的逻辑应该倒过来，深圳有今天的房价，是因为深圳创造了巨大的财富。深圳通过科技、知识创造财富形成了今天的格局，依然要保持特区的地位。特区不是行政级别，不是副省级城市，而是能够隔离行政干预，能够隔离政府命令的屏障。如果深圳继续拥有这种屏障，深圳在市场和政府的关系上，就能够保持过去所形成的"三八线"，如果做不到这一点，即使给予行政更高级别的地位，深圳也将丧失未来发展的前途。

《深圳奇迹》这本书中，我从各个角度来解读深圳奇迹的时候，都隐含了这个意思，在这里把它挑明。从资源分配角度来看，深圳要远离行政的中心，深圳是中国市场经济最发达、分管最密集、产业链最完备的一个地方。如果我们了解影响深圳今天格局的历史背景，我们就会发现这是特区屏障给予深圳的，深圳在未来的发展过程中，应该珍视屏障给深圳创造的独特的营商环境。

深圳靠的是什么？这里资源分配的权力不在于政府，而在于创业者，在于企业家，在于市场。二十几年前我写过十几万字的小书，当时我在唐市长提到的剑桥附近住，那里黑人很多，书中介绍了企业家是从哪里来的，创业者是从哪里来的，企业家是不能量化的，是不能定价的，不能定价就没有市场，就不能交易和买卖。这个时候，唯一能够发现创业者的就是给予每个人自由。有创业精神的人，通过选择自己，成为创业家和企业家，而不是通过劳动力市场或者是政府的选拔。深圳具备了创业者自己选择自己的环境，因此需要一种屏障，让有形之手不能插进来，这一点对深圳是巨大的考验。我作为《深圳奇迹》团队的一员，也是项目的负责人，我们写这本书，隐含了这种期待和期望。中国需要这种屏障，以确保深圳可以走到世界的最前沿。

图书在版编目（CIP）数据

深圳奇迹／张军 主编. —北京：东方出版社，2019.4
ISBN 978-7-5207-0736-7

Ⅰ.①深… Ⅱ.①张… Ⅲ.①民营企业—企业发展—深圳 Ⅳ.①F279.245

中国版本图书馆 CIP 数据核字（2019）第 003047 号

深圳奇迹
（SHENZHEN QIJI）

- -

主　　编：张　军
责任编辑：李　烨
出　　版：东方出版社
发　　行：人民东方出版传媒有限公司
地　　址：北京市朝阳区西坝河北里 51 号
邮　　编：100028
印　　刷：北京市大兴县新魏印刷厂
版　　次：2019 年 4 月第 1 版
印　　次：2020 年 10 月第 3 次印刷
开　　本：880 毫米×1230 毫米　1/32
印　　张：12.625
字　　数：300 千字
书　　号：ISBN 978-7-5207-0736-7
定　　价：62.00 元
发行电话：(010) 85924663　85924644　85924641

- -